本书入选 2018 年国家出版基金项目

本书获得
陕西师范大学人文社会科学高等研究院
出版资助

推荐词

葛承雍是研究中外文化交流史的著名学者，作者将多年的研究成果收进这部五卷本的文集中。从宏观的大写意到严谨的工笔画，以文物与文献相印证，完成了一系列学术界为之瞩目的具有开创性的论文，揭示出一系列隐秘不彰的中外文明交汇的史实，在时空坐标里闪耀出中华文化海纳百川的襟度，必将对后人有极大启迪。

孙机
国家文物鉴定委员会副主任，中央文史研究馆馆员，
中国国家博物馆研究院名誉院长，资深研究馆员，
时年九十

在中古胡汉文明的求知路上，葛承雍一步一个脚印前行，具有敢为人先、探微阐幽的学术风格。他对新文物和旧文本所作的阐释，使研究对象更加物质化和更加精神化。匠心独运的五卷文集，既是尝试集，又是新知集，实证与妙语兼而有之，引人入胜，耐人寻味，发人深思。

蔡鸿生
首届广东省优秀社会科学家，
中山大学宗教文化研究所原所长，中山大学历史系资深教授，
时年八十六

胡汉中国与外来文明

民族卷

Han And Hu: China In Contact With Foreign Civilizations II

Ethnics

葛承雍 著

胡馬度陰山

三联书店

Copyright © 2018 by SDX Joint Publishing Company.
All Rights Reserved.

本作品版权由生活·读书·新知三联书店所有。
未经许可，不得翻印。

图书在版编目 (CIP) 数据

胡马度阴山：民族卷 / 葛承雍著 . – 北京：生活·
读书·新知三联书店, 2019.9
（胡汉中国与外来文明）
ISBN 978-7-108-06670-1

Ⅰ.①胡⋯ Ⅱ.①葛⋯ Ⅲ.①中华民族 – 古代民族 –
研究 – 汉代 - 唐代 Ⅳ.① K289

中国版本图书馆 CIP 数据核字 (2019) 第 157035 号

责任编辑	张　龙
英文翻译	陈文彬　黄　融　于　冰
装帧设计	雅昌设计中心·田之友
责任印制	徐　方

出版发行　生活·讀書·新知 三联书店
　　　　　（北京市东城区美术馆东街 22 号 100010）
网　　址　www.sdxjpc.com
经　　销　新华书店
印　　刷　北京雅昌艺术印刷有限公司
版　　次　2019 年 9 月北京第 1 版
　　　　　2019 年 9 月北京第 1 次印刷
开　　本　787 毫米 × 1092 毫米 1/ 16　印张 17.25
字　　数　298 千字　图 188 幅
印　　数　0,001— 5,000 册
定　　价　128.00 元

（印装查询 :01064002715; 邮购查询 :01084010542）

本书简介

◆ 本书为《胡汉中国与外来文明》的民族卷，围绕"胡貌汉魂与异域文明"主题，积极探索汉唐时期胡汉之间的冲突与交融，从不同角度进行前沿性的研究。依据草原突厥、西域绿洲和中亚粟特的多方互动，结合考古发掘新成果和文物解读新收获，撰写了一系列原创性的论文，考证了唐玄宗的中亚嫔妃曹野那姬，推测了崔莺莺与蒲州粟特人的渊源，区别了胡姬与吴姬的差异，对中古入华黑人、印度人、突厥人、契丹人、奚人等进行寻踪，引起学界的热烈讨论，其对消失种族的思索记忆，对民族嬗变的阐幽发微，具有学术回顾和推进作用，对梳理中华"民族性"多元形成的根源颇有益处。

本书作者

◆ 葛承雍，陕西师范大学人文社会科学高等研究院学术委员会主任、特聘教授。

◆ 中国文化遗产研究院教授，西北大学双学位博士生导师。北京师范大学、首都师范大学"双一流"学科建设特聘教授。中央美术学院、中国人民大学、复旦大学、敦煌研究院等院校兼职教授。

◆ 1993年起为国务院特殊津贴专家，1998年入选国家"百千万人才工程"，现任中华炎黄文化研究会副会长。

◆ 研究领域：汉唐文明、丝绸之路、宗教文物、艺术考古、古代建筑等。

2018年3月作者在乌兹别克斯坦撒马尔罕考古博物馆"大使厅"壁画前

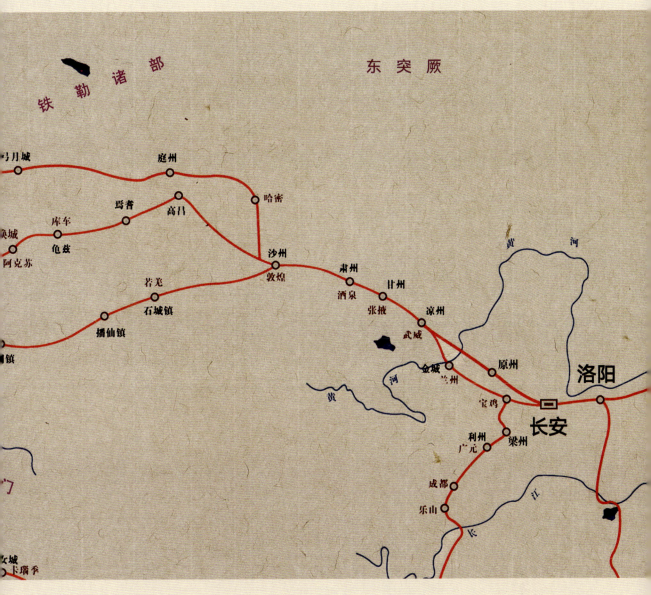

隋唐帝国与中亚、西亚示意图

胡汉研究一百年（总序）

一

  胡汉历史问题是欧亚大陆上民族史、边疆史、文化史、语言史的前沿问题，体现了中国历代王朝与域外周边国家以及西亚、地中海沿岸之间的往来互动。从广阔无垠的草原到茫茫无际的戈壁，从峻岭奇峭的大山到河川交叉的平原，胡汉碰撞演绎的历史与胡汉融合的文化遗痕清晰可见。一个世纪以来，中古胡汉演进图册不断被考古新发现所补充，唤起人们从历史记忆中醒来。

  人类的记忆常是文化的记忆，人类的历史也依靠文化的链环衔接与延续。千年前的中古时代已经离我们的记忆十分遥远，但是这个消失于历史深处的隋唐文化又距离我们很近很近，脍炙人口的唐诗常常被人们吟咏朗诵，斑斓多彩的唐服常常飘忽在人们眼前，风剥雨蚀的唐窟佛像不时展现在人们面前，花纹精美的金银器不断出现在各类奢侈品的海报上……今人借助隋唐大国的文化遗产仍然可以"究天人之际，通古今之变"，出国展览的大唐文物成为中华文化最具代表性的文化符号，其中的胡俑、壁画、金银器、纺织品等更是精美的艺术品。

  书写胡汉历史就是书写我们民族的心灵史，是提高我们民族思想境界的人生之学。胡人形象的陶俑、壁画等载体不是一幅幅威武雄壮的"群星谱"，但却是能够进入那个时代历史谱系的一组组雕像，彰显着那个时代的民族形象和艺术魅力。观摩着不同的胡人造型正反面形象，犹如端详观赏"肖像"，让我们发现了中古时代社会多元文化的民族正面。

  北朝隋唐对我们来说并不是一个幻象，因为我们可以通过雕塑、绘画、器物等种种载体看到当时人的形象，通过缩微的文物看到当时的卓越创造。所以我每次面对那些雕塑的胡俑、蕃俑、汉俑……观察那些壁画中深目高鼻、栩栩如生的人物，不是干巴巴、冷冰冰的感觉，而是湿漉漉、黏糊糊的情感，文物就是当时历史遗留下的精华版，对我们的思维理解有着直观的作用，并成为今人解读中国古代最辉煌时期的向导。

20多年来，我走访了海内外许多收藏有中国古代"胡""蕃"等外来文物的考古单位和博物馆，记述和拍摄了数以千计的石刻、陶俑、器物、壁画，闪现在我眼前和萦绕脑际的就是中古时期的胡人记忆。历史的经纬中总是沉潜着被文献忽略的人群，最精彩的史页里也匿藏着深深的外来民族元素，来自西域或更西方的胡人就常常被主观避开。所幸的是考古文物印证了史书记录的胡人活动，呼应了诗赋中对胡人的描述，厘清了一些旧史轶闻中存在的疑团，生动地折射出胡汉相杂的历史面貌。尽管学界有些人嘲笑我是"纸上考古"，但这其中的辛苦一点不比田野考古轻松，只有在破解疑难问题和写作论著的过程中才能体会到。

有时为了一个历史细节推敲往往要耗费几年时间，等待新证据的出现。比如狩猎中的驯鹰，我既听过哈萨克人也听过鄂伦春人的介绍，这不是史学意义上的考证，而是为了寻求新的认知和新的叙述角度。又如马术马球，我曾到京郊马球俱乐部向调马教练、驯马兽医和赛马骑手当面讨教，理解打马球的主要细节。我在新疆进行学术考察时，维吾尔族学者就对我说，胡旋舞、胡腾舞都应是手的动作最重要，扭腰、转脖、抖肩、伸腿以及扭动臀部，都是以手势为主。现在仿唐乐舞却将腿踢得很高，女的露大腿，那绝对是笑话。这就促使我思考理解古代胡人一定不能想当然，就像舞蹈，如果按照现代舞蹈理解，古代胡人的舞蹈就会与我们有着较大的隔阂。而在乌兹别克斯坦和塔吉克斯坦的考察，我又明白了乌兹别克族属于突厥民族，舞姿以双手为主；塔吉克族属于伊朗民族，舞姿以双腿为主。因此要贴近古代，需要认真考察思索。

我所从事的历史文物研究，不单是介绍历史知识或揭秘什么历史真相，更不是胡编乱说糊弄历史，我所看重的是发掘当时历史社会条件下所形成的社会风气、宗教信仰、文化品格和精神力量及其对当代人的影响，这样才能理解今天不同语言民族分布的历史渊源，才能够看清当下中国族群身份认同的问题实质，才能在诸如国家民族文化大事议题上掌控话语权。因为华夏民族遭受过太多的伤痛，留下过沉重的历史包袱，我沉在史料海洋里和考古文物堆中，通过文物、文字和古人灵魂对话，就是让今人知道历史上曾有一群人的生命散发出奇异的光彩。这样的文字比起虚构的文学更能有助于人们认知中华民族的文化，了解中华民族并没有落后挨打的宿命，从这个意义上说，我愿意继续写下去。

二

中古时代艺术的魅力在于给人以遐想，这种遐想不是瞎想，而是一种文化语境中的力量之感，是一种活着的文明史。艺术来源于真实，也高于真实，当那些千姿百态、造型各异的胡人蕃人形象文物摆在我们面前时，我常想这是不是一种活态的文化生物，它不是玄虚文字描写的，却是从点滴微观的真实细节做起的可信典型，从而使久远的人物又有了活生生的呼吸，以及有血有肉的生命。

我们通过一个个造型各异的胡服蕃俑，不仅调动了丰富的想象力，而且要通过它们再现重要文献记载的史实，像断片的串接活现出有历史依据的外族形象，力求还原或接近历史。有人说我是挖掘陶俑里的胡人艺术形象，实际上我更多的是读书识人，通过文献记载与出土文物互证互映，不仅想说清楚胡人陶俑的沉浮转变，更重要的是用胡俑的记忆串起当年的历史。

有人问：哪个胡俑会说话？用土烧制的胡俑确实不会说话，但是胡俑的造型是无言却有肢体语言，此处无言胜有言，不仅给人身临其境的感觉，也给人聆听其声的感觉。陶俑就好像是凝固的语言、缩微的雕塑、诉说的故事，是以"人"为本的构思创作。细心挖掘它，采集创意，权威解读，它就能成为文化的承载者、历史的记忆者。伴随着考古发掘和文物发现，汉晋至隋唐的陶俑如雨后春笋般出现，其中不乏优秀之作，有些被误判为赝品的艺术造型也从墓葬中挖出，着实令人吃惊。这些陶俑作品被人们记住，成为那个时代精神的象征，看到的人就能感受到它的风骨、硬骨，也能感受它的柔骨、媚骨。

生活，是陶俑创造者艺术敏感的源泉，正是异族种种生活状态成为创作者接通才华的渠道，许多胡俑造型摆脱了外在奇异怪诞的生理性描绘，更重视内在的心理刻画以表现人物的本来面貌。当然，我们也能看到很多粗制滥造、雷同相似的陶俑，但就是有几个造型独特的胡俑便会使我们眼前一亮，感叹当时工匠精彩绝伦的艺术创造。

泱泱大国的唐朝最重要的启示在于它扫除了萎靡不振心态带来的性格上的软化，我们崇敬那个时代，崇敬的不是某个具体的人，而是那个时代民族的心灵。找寻外来文明，研究胡汉互动，发现人性的共识与不同族裔的差异，而我们每一个人关心自己血脉的来历则是共同的追求。

唐代留给我们的不是到处能够"申遗"的遗址，更多的是无形却融入于血液中的制度和文化。三省制使得参与政府管理的官员互相制约不能为所欲为。科举制最大限度地打破门阀固化，释放富有才华的青年人的活力，使他们有了上升通道；他们远赴边塞为博取功名不惜献出热血和生命，获得一种尊严和荣誉感，就自己的所长而展现才华。如果说国都长安社会环境容易产生"光芒万丈"的诗人，或是浓缩很多"高才""天才"的文人，那么唐代也是一个盛产传奇的时代，洛阳、太原、成都、广州、扬州等城市通过外来文化的交流谱写了各自城市的传奇。

"拂栎花乱彩，响谷鸟分声。"（李世民《咏风》）"宛马随秦草，胡人问汉花。"（郑锬《入塞曲》）"胡人正牧马，汉将日征兵。"（崔颢《辽西作》）"背经来汉地，袒膊过冬天。"（周贺《赠胡僧》）"幽州胡马客，绿眼虎皮冠。"（《幽州胡马客歌》）像这类描写胡汉族群与艺术的诗歌俯拾皆是，钱起《校猎曲》"数骑胡人猎兽归"，鲍防《杂感》"胡人岁献葡萄酒"以及"胡歌夷声""胡啼蕃语""胡琴羌笛""胡云汉月"等，过去被认为对周边种族有贬低歧视之意的"胡"，越来越成为今天国际上公认的中性词，演变成为我们熟悉的对等文化交流的代名词。

在几千年的中国历史长河里，胡汉融合鼎盛时期不过几百年，但是留下的反思值得我们几代人体察醒悟，一个多元融合的民族不能总是被困在民粹单边的囚笼里。隋唐王朝作为多民族汇聚的移民国家，深深镌刻下了大国自信和文化优越的纹理。

三

北朝隋唐时期形成了一个由多元文化构成的多民族群体，这个群体又被统一意识形态和共同生活方式凝聚在一起，例如《旧唐书·滕王元婴传》载神龙初年，唐高祖第二十二子滕王元婴的儿子李茂宗"状貌类胡而丰硕"，很有可能他是胡汉结合的后代。又例如寿安公主是唐玄宗和曹野那姬中外婚姻的混血姑娘，被记录进《新唐书·公主传》，这类例子唐代应该是很多的。但我们并不是宣扬"和谐"、不谈"冲突"，族群之间的矛盾不会消融无踪。

胡人的脸庞并不能完全代表外来的文化，在中国古代墓葬习俗中，以胡人形象作为奴仆来炫耀墓主人的地位，是自汉代以来一脉相承的艺术表现形式。汉代画像石中就有胡人跪拜形象，东汉墓葬中的胡俑更有特殊性，不由地让我们想起敦煌悬泉置出土汉简中记载的二十余国外来使者、贵人和商人，也使我想起移民从来都是弱势群体，不断会受到本地官方和各色人的威胁，除非以地域、种族形成的聚落已成为有影响的移民据点。魏晋以后，遍布中国北方的外来移民聚落和北方民族中活跃的胡人，促成了以胡汉"天子""可汗"合衔为代表超越民族界限的国家管理系统，隋唐两代能发展到具有"世界性"元素的盛世，不是依靠胡汉血缘的混合，而是仰仗多元文化的融合，不是取决于血统，而是决定于心系何方。

曾有资深学者当面向我指出：现在一些研究者在书中大量使用史料以佐证胡人文化，乍一看，显得相当博学有深意，但却并不具有与其博学相当的思辨深度，这种研究成果所表现的仅仅是胡人历史线索的再现，缺失理论上的洞见，虽时有创新，却难以走出历史文献学的庸见，使得研究成果缺少一种脉络思考的深度，只是在历史研究中一次转身而已。

这番话对我震动巨大，使我认识到：高估胡蕃冲击或低估胡人活力，都不可取。胡人不是当时社会的主流，不是汉地原住民的形象，"胡汉"两字并不曾被作为任何某一个朝代的专属名称，胡人进入中原仍是以中华正朔为标志，但我们用文物再现和用文字释读，就是通过截取一个非主流横剖面，力争探索胡汉繁杂、华戎混生的交融社会，给予人们一个不同的视角认识真实的中古历史。特别是任何一个社会都存在着移入易、融入难的外来移民问题，没有史书背后的体悟恐怕只是一种隔靴搔痒的描写。如果我们将自己置入历史语境中，唯有以一个唐代的文化遗民、古典的学者文人身份，才能坦然地进入中华共同体的历史场景中。

在中古时期出现的"胡人"不是指某一个族群，而是一个分布地域广泛、民族成分复杂的群体，包括中亚、西亚甚至更远的人群。"胡人"意识是当时一种非常重要的多民族意识，在其背后隐藏着域内域外互动交流的潮流。海内外研究中古社会、政治、经济、宗教、科技、文化的学者都指出过隋唐经过对周边区域的多方经营，不仅有遥控册封蕃部的羁縻体制，还有胡汉共管"都护府"的军政体制，或者采用"和亲"方式妥协安抚归顺的其他族群，胡汉并存的统治方式保障了一个时期内的社会安定与政权稳定。

目前学界兴起用"全球史"的视野看待历史进程中的事与人，打破民族国家疆界的藩篱，开放包容的学术研究当然是我们的主张。我赞成对过去历史进行宏大的叙事，但同时也执着于对个体命运的体察，对历史细节的追问，对幽微人心的洞悉。我要感恩汉唐古人给我们留下如此壮阔的历史、文学、艺术等文化遗产，使得我们对"汉唐雄风"的写作不是跪着写，而是站着写，有种俯瞰强势民族的英雄主义崇拜；念汉赋读唐诗也不是坐着吟，而是站着诵，有股被金戈铁马冲击的历史大气。

每当我在博物馆或考古库房里看着那些男装女像的陶俑，眉宇间颇有英气的女子使人恍惚有种历史穿越感，深究起来"巾帼不让须眉"也只有那个时代具备，真实的历史诉求和艺术的神韵呼唤，常使我的研究情绪起伏跌宕，但绝不能削弱历史厚重感，减弱人文思想性，化弱珍贵艺术品质，只有借助胡汉融合的圣火才能唤醒我们的激情，因为圣火点燃的激情，属于中古中国，也属于全世界。

在撰写论文与汇集这部著作时，我并不是要充分展现一个文物学者、历史学者的丰沛资源，更不是炫耀自己的广博和庞杂让人叹为观止。单是搜集如此丰富多样的史料就是一件费时耗力的事情，更何况还要按照一定的逻辑和原则组织成不失严肃的历史著作，其中许多学者专家的提点，让我对他们不得不肃然起敬，尽管大名不再一一单列，可是他们的学术成果永远启迪着后人。

史学创新不是刷新，它是人的灵魂深处呼出的新气息，是一种清新峻拔的精神脉络。对历史的烛照，为的是探寻现实，族群间和民族间互助互利才是王道，告诉人们和平安定的盛世社会是有迹可循的。我常常担心以偏概全，论证不当，留下太多的遗珠之憾。期望读者看完我们研究中古胡汉交会的成果就要像呼吸到文明十字口里的风，吐纳出一种阔大不羁的胡风蕃俗混合的气息。

我自 2000 年选调入京后，没有申报过任何国家科研项目，没有央求任何机构或个人资助，在完全依靠自己平时读书收集资料的情况下，写下了近百篇论文，从而编辑成即将出版的五卷本《胡汉中国与外来文明》，孙机先生、蔡鸿生先生、林悟殊先生等学术前辈都教导我说，不要依靠政府项目资助急匆匆完成任务交差，精神产品绝不能生产垃圾。在没有任何研究经费的帮助下，我希望通过此书可以验证纯粹学术一定有适当的土壤，从而得以生存和结果。本书的出版经生活·读书·新知三联书店申报获得国家出版基金的支持，陕西师范大学人文社会科学高等研究院又给予出版经费的补助，再一次证明有价值的学术研究成果是会在文化大潮中坚守不败的，学术的力量是穿越时空的。为这个信念而做出的坚守，其意义甚至比学术本身更大。

葛承雍

2018年7月于北京方庄南成寿寺家中

目录

* 前言 —— 021
* 曹野那姬考——唐玄宗的西域姬妾 —— 025
* 崔莺莺与唐蒲州粟特移民踪迹 —— 039
* 论唐代长安西域移民的生活环境 —— 067
* 唐宋时代的胡姬与吴姬 —— 087
* 唐长安黑人来源寻踪 —— 105
* 唐长安印度人之研究 —— 129
* 新出土《唐故突骑施王子志铭》考释 —— 151
* 西安出土西突厥三姓葛逻禄炽俟弘福墓志释证 —— 165
* 东突厥阿史那摸末墓志考述 —— 181
* 考古新发现唐长安一方契丹王墓志的解读 —— 195
* 唐代奚族质子墓志解读 —— 209
* 新发现北朝多民族形象壁画墓的考古意义 —— 223
* 关于吐蕃在西域的研究反思 —— 237
* 秦国嫪毐为匈奴人之推测 —— 251
* 本卷论文出处 —— 264
* 本卷征引书目举要 —— 265
* 英文摘要 —— 267
* 后记 —— 273

前言

6—10世纪是中古社会大分化、大激荡、大一统的时代,其中民族问题最为复杂。每当我读到史书中有关残暴行为的描述时,心里总会激荡起难以平复的悲伤,《安禄山事迹》卷下云:"鞠仁令城中,杀胡者重赏。于是羯胡尽殪,小儿掷于空中,以戈承之。高鼻类胡而滥死者甚众。"安史之众,素号杂胡,粟特后裔自兼有突厥、奚、契丹诸部。像这样因为高鼻深目长相被误认为是胡人而在动乱中遇害的冤屈事件,在魏晋南北朝至隋唐的历史过程中,屡有发生。尽管这是千年前的历史记载,与当下有相当隔膜,但我还是深深体会到史学家描述时的颤抖笔端。民族残杀会给人们心灵上留下的伤痕有多么深刻,乱世造成的民族内伤与留下的痛苦会有多么沉重,很难抚平释然。

魏晋南北朝隋唐是一个族群杂汇的时代,纷乱庞杂的族群认同和种族表相的差异问题,影响到当时社会的方方面面,渗透到各种话语表述当中,犹如一面多民族的镜像,反映着文化、社会、政治局面的诸多变化。每当我吟诵到唐诗时,便有一番感叹油然而生。耿湋《凉州词》:"毡裘牧马胡雏小,日暮蕃歌三两声";武元衡《酬严司空荆南见寄》:"金笳曾掩胡人泪,丽句初传明月楼";元稹《法曲》:"女为胡妇学胡妆,伎进胡音务胡乐。火凤声沉多咽绝,春莺啭罢长萧索。胡音胡骑与胡妆,五十年来竞纷泊";王建《凉州行》:"多来中国收妇女,一半生男为汉语。蕃人旧日不耕犁,相学如今种禾黍。"历史积淀下来的民族纽带不像政治经济那样说得清道得明,但往往会成为我们判断民族或族群的一个重要因素。

隋唐三百年间,民族混杂与族群认同所产生的影响贯穿始终,胡汉融合的文化张力也渗入到社会的方方面面。

传统上,学界对中古民族问题的研究爱用"胡化"或"汉化"的二元分析框架，因为陈寅恪先生《唐代政治史述论稿》一书开篇便称："（种族与文化）此二问题实李唐一代史事关键之所在，治唐史者不可忽视者也。"从此种族问题成为进入隋唐民族研究的重要路径，具体地讲，不仅有政治仕途、经济利益和文化习俗等问题，还有家族血亲、身体特征、婚姻嫁娶等问题。近二十年前，我沿着陈寅恪先生探索崔莺莺族属的思路，撰写了《崔莺莺与唐蒲州粟特移民踪迹》一文，对他所提出的胡人姓名、善弹霓裳羽衣曲和胡人酿造乾和葡萄酒三点证据又做了五点新补充，继续推测崔莺莺可能原名为曹九九，是来自中亚的粟特女子。《北京青年报》学术版编辑从《中国历史文物》选编我发表的文章后，以"崔莺莺原来是外国人"为标题公布，顿时轰动了学术界，引起的大哗久久未能平息，赞许谩骂纷至沓来。一位著名大学的教授不惜借此大谈妓女的性生活，迫使我在《光明日报》上撰写《谈崔莺莺身世角色的探索》以回应。后来，我又沿着罗香林和蔡鸿生先生开掘的思路写了《曹野那姬考》，依据《新唐书》和出土文献考证寿安公主的母亲曹野那姬为中亚粟特人，《中国史研究》发表后又被报刊以"唐玄宗有一个洋贵妃"为题铺天盖地宣传。其实这些都是民族研究中常遇到的问题，花木兰、佘太君、穆桂英等族属都是如此。陈寅恪先生还提出白居易《琵琶行》中那个人老色衰嫁作商人妇的琵琶女，也可能是中亚粟特女子，只可惜旁证辅证还没有寻觅到确凿证据，有待后来的年轻人破解。

我们要善于利用考古文物新证据解读许多民族问题，不可忽视历史线索而轻意武断下定论。特别是"胡化"与"汉化"交错的地域，何谓"胡"何谓"汉"一直纠缠不清，特定历史环境有特殊的定义，不同人群有不一样的族群认同，很多入华的胡蕃后裔早就将自己归于汉族高门贵胄，墓志上赫赫刻以"大唐"子民的字样，至于那些"胡貌汉服"或是"胡服汉相"的陶俑、壁画人物比比皆是，难分族属。

从很多历史碎片中，我们能读出许多不为人知的史实，甚至可以感受到一种灵魂觉醒的惊喜，感受到一种超越历史的感悟。有些民族的变化令人瞠目，有些族群的延续让人吃惊。各民族有特长的艺人、工匠带来的异域工艺、绘画雕塑、新奇乐舞、金银珍宝、驯兽幻术、医药知识、天文历法以及军事技术等，以致中土汉地各阶层士民对"奇技淫巧"爱不释手，就是千年后人们面对这些文物遗宝仍然沉溺不能自拔。所以研究者在打捞碎片的时候，讲究对史实的多角度参证，并且要有幅度与层次，从传统的"华夏中心观"中走出，全面把握历史本来的真相，体现出一种枝繁叶茂的民族观与历史观。

近几年来，随着考古新发现的不断涌现，关于中亚粟特人的墓葬、石棺、墓志以及艺术品层出不穷，所以学术界研究中亚粟特人成为最火的前沿热点，成为民族史研究的重要课题。在北朝隋唐时期粟特人一直是人数最多、最经久不衰的离散群体。他们散布在中国各地，通过同胞关系、家族关系、贸易关系构成一个庞大的商业网络和小型生活聚落。对于那些游走于各地进行贸易的胡汉商旅而言，他们所生活的某个时期甚至比今人能想见的疆域还要大。从遥远的雪山到广袤的平原，从孤独的客驿到繁华的邸店，都有他们的身影。

当然，隋唐民族问题不只是针对西域胡人，突厥、回纥、党项、契丹、奚族、高丽、新罗、百济、吐蕃等"方外之人"都是当时民族问题需要面对的对象，史学家顶多记叙酋长、胡王、可汗、蕃将等头面人物，不可能记录下那么多普通外来族群的命运，外来的族群更像时代飓风中的微尘，像战乱动荡中的一缕青烟，常常被忽略不记。特别是在战乱动荡复杂的历史境遇中，外来的民族人物及其家族命运就更为多舛。我利用出土墓志撰写了一些罕见的民族人物的考证文章，很难从史籍中找寻到与他们的内心喜怒哀乐有关的记载，他们的家世渊源都在宏大的历史叙事中或墓志的空洞骈文中消失了。历史学家只是将这些外来民族简单记录在正史的"西域传""突厥传"等传记之中，掏空原本附在他们肉身上的一切，除了一个个名字，其他一切一无所有。

如果说"远方殊俗""异域化外"的民族研究就像拼凑五彩斑斓的图画，不如说混杂在一起的族群印记给了我们对民族历史记忆沉淀后的思考。在中国历史上最波澜壮阔的民族史诗中，从魏晋南北朝走向隋唐无疑是一个记忆高峰，人类学表述的从边缘族群流动走向中心的趋势得到突出呈现，这一时段的民族问题值得我们认真研究反思。

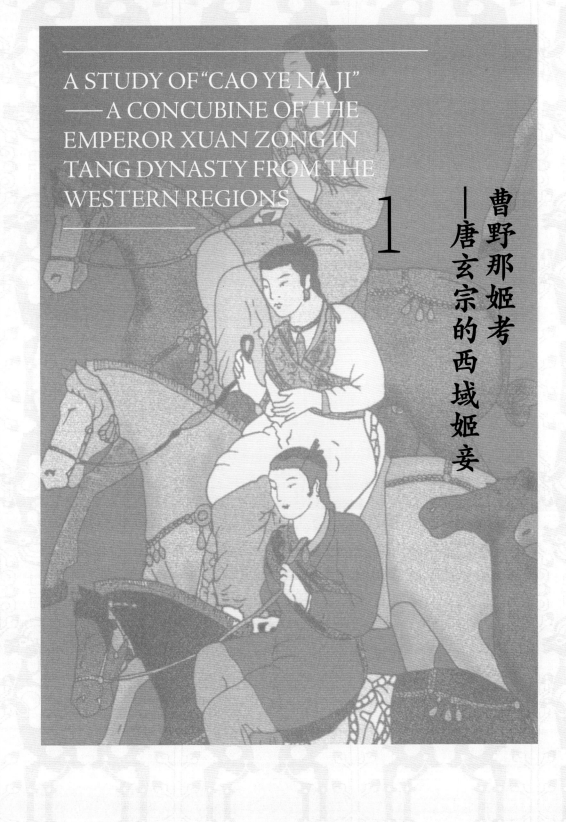

A STUDY OF "CAO YE NA JI"
—— A CONCUBINE OF THE EMPEROR XUAN ZONG IN TANG DYNASTY FROM THE WESTERN REGIONS

曹野那姬考
——唐玄宗的西域姬妾

1

曹野那姬考——唐玄宗的西域姬妾

对"曹野那姬"的考证首见于罗香林先生《唐元二代之景教》一文[1],蔡鸿生教授又补说论证,他认为唐玄宗时期的曹野那姬(寿安公主生母),胡姓胡名,但来历不明,究竟与长安酒家的胡姬有无关系,不知何年何月才能"发覆"[2]。由此,笔者思考唐代后宫中存在的胡风胡韵中,有某些至今还令人困惑的胡汉关系个案,存在着重新考证、重新阐释的空间。

一 曹野那姬姓名考证

据文献记载,唐玄宗总共有29个女儿、30个儿子,记录在案的后宫嫔妃则有刘华妃、赵丽妃、钱妃、皇甫德仪、武惠妃、柳婕妤、钟美人、卢美人、陈才人、郑才人等20人,还有一些嫔妃失传,其中最令人感到蹊跷的就是"曹野那姬",需要学术界仔细考量。如果说这是旧史新证的审读,那么随着近年唐代西域与中原胡汉关系研究的推进,我们可以得出比以往清晰得多、具体得多的认识。

---

[1] 罗香林《唐元二代之景教》上篇《唐代桂林西域人摩崖题刻与景教之关系》,香港中国学社,1966年,第88—89页。罗先生曾在胡名释义对音方面将"野那"与《圣经·新约》路加福音的"女先知亚拿(Anna)"勘同,"亚拿"与"野那"发音相似,推论曹野那姬有景教信仰,可能是寓居桂林之景教信徒或景教道友。
[2] 蔡鸿生《唐代社会的穆姓胡客》,《中国史研究》2005年增刊。近来蔡先生又写有《唐玄宗后宫的胡姬——罗著〈唐元二代之景教〉补说》一文,赐予笔者再作探索。蔡先生从曹野那姬母系血统胡貌考察,解释其女儿小字"虫娘"寓有"黑甲虫"(胡蜣螂)之意,"其虫深目高鼻,状如羌胡,背负黑甲,状如武士"。此说不无道理,而笔者则从生日忌讳的角度观察分析其名字来源的背景。

《新唐书》卷八三《诸帝公主传》：

> 寿安公主，曹野那姬所生。孕九月而育，帝恶之，诏衣羽人服。代宗以广平王入谒，帝字呼主曰："虫娘，汝后可与名王在灵州请封。"下嫁苏发。[1]

《酉阳杂俎》卷一《忠志》：

> 玄宗，禁中尝称阿瞒，亦称鸦。寿安公主，曹野那姬所生也，以其九月而诞，遂不出降。常令衣道服，主香火。小字虫娘，上呼为师娘。为太上皇时，代宗起居，上曰："汝在东宫，甚有令名。"因指寿安，"虫娘是鸦女，汝后与一名号"。及代宗在灵武，遂令苏澄尚之，封寿安焉。

《唐语林》卷四《贤媛》：

> 玄宗在禁中尝称阿瞒，亦称鸦。寿安公主是曹野那姬所生也，以其九月而诞，遂不出降。常令衣道衣，主香火。小字虫娘，玄宗呼为师娘。时代宗起

图1 胡人女陶俑，唐金乡县主墓出土

图2 石野那为主人祈福所造佛塔

图3 石野那所造浮图之石刻铭文

[1]《新唐书》卷八三《诸帝公主传》，中华书局，1975年，第3660页。

居,上曰:"汝在东宫,甚有令誉也。"因指寿安曰:"虫娘是鸦女,汝后可与一名号。"及代宗在灵州,遂命苏发尚之,封寿安公主也。

图4 石塔题记拓片,河南石刻艺术博物馆藏

这三条史料所载内容基本相同,就是说,唐玄宗的女儿寿安公主是由"曹野那姬"生育的,曹野那姬的出身来历没有介绍。宫廷女性除了皇后、贵妃等重要人物,一般均无生平记载。但这位"曹野那姬"似乎并没有被册封为"嫔妃",甚至连"美人""才人"等低级封号都没有,而只是魏晋隋唐时代平常称呼年轻貌美女性身份的"姬"。实际上,"姬"是代表女性身份的一种称谓。

"曹"姓是"曹国"出身的中亚粟特人入华后改用汉姓时所经常采用的姓氏,曹国是粟特地区的一个重要国家,地跨今天的塔吉克斯坦和乌兹别克斯坦,其发源地在今泽拉夫善河(横穿撒马尔罕)以北,外文写作 Kabudhan、Gubdan,唐代史书称其本土为"苏对沙那"。曹氏作为进入或居住在中国境内最常见的粟特姓氏之一,和其他"昭武九姓"一样,有着清晰的音译自其他语言的名字。在这方面,敦煌吐鲁番文书透露出丰富的姓名信息,大大扩展了我们对"曹"姓的认识。

曹野那姬的名字无疑是汉文转写,曹是以曹国为姓氏的粟特人通例称呼,"野那"二字明显是个粟特人常见的名字,吐鲁番出土的过所文书记载有曹延那(Yānakk)、曹野那(Yānakk)[1],以及罗也那(Yānakk),桂林西山石室有唐代景

---

[1] 《唐垂拱元年(685)康尾义罗施等请过所案卷》中"作人曹延那""作人曹野那",载《吐鲁番出土文书》第7册,文物出版社,1986年,第88—94页。《唐开元二十一年(733)正月西州百姓石染典买马契》中有"保人兴胡罗也那",《吐鲁番出土文书》(图录本)第4册,第279页。

龙三年（709）安野那（Yānakk）题名[1]，洛阳关林石刻艺术博物馆藏五级浮图有开元三年（715）石野那（Yānakk）题记[2]，其粟特语原意都是"最喜欢的人"。要成为"最喜欢的人"，俊男靓女都用此名，无非是男的想长得精神，女的想长得漂亮。在日本粟特语专家吉田丰《汉字拼写的粟特人名、重构的粟特文发音及其原意》表中[3]，我们可清晰地看到"野那"一词被粟特文准确对应上，尽管粟特人起名细节无法考证，但敦煌吐鲁番文书所揭示的"曹野那"等粟特人名，证明《新唐书》记载的"曹野那姬"史料是经得起核实，是靠得住的。

曹野那姬的名字没有改变胡音，说明她汉化尚不深。一般来说，如果外来粟特人在取名习尚上多用汉名，则说明其汉化已经很久很深，那就很难判断她是否为粟特人了。我们从 P.3559《唐天宝十载（751）敦煌郡敦煌县差科簿》上，就容易判断汉族和带胡风的化外裔民之间的区别。如悬泉乡有曹英峻、曹成金、曹大方、曹贞济等传统汉族的名字，而从化乡就有曹悉加耽延、曹罗汉陀、曹米毡、曹奴子、曹磨色多等粟特民族特征明显的姓名，虽然都姓曹，但汉族曹氏与粟特曹氏的文化熏陶是不同的。发音古怪或意义不清的名字大概可以认为是外来词的音译。

二 曹野那姬来历推测

曹野那姬的来历，虽系宫闱秘事，史无明文记载，但根据历史文献的线索以及近年来对入华粟特文化的研究，笔者推测无非有三个可能：

其一，来源于中亚粟特人进贡的胡人女子或"胡旋女"。中亚昭武九姓胡与唐王朝经常通过"贡"与"赐"的方式进行交往。天宝末年，进士鲍防《杂感》诗中描述胡人进贡盛况："汉家海内承平久，万国戎王皆稽首。天马常衔苜蓿花，胡人岁献葡萄酒。"实际上，西胡入贡不仅次数相当可观，而且贡品种类繁多，蔡鸿

---

[1] 见上引罗香林《唐元二代之景教》上篇《唐代桂林西域人摩崖题刻与景教之关系》，作者最先将"安野那"与"曹野那姬"做了对比联系，但他将"野那"作为女性名字，恐怕过于狭窄。我们翻检吐鲁番文书中出现的"野那"，可知男女均有使用。

[2] 河南（洛阳关林）石刻艺术博物馆藏有"石野那"题记："大唐开元三年正月二十七日家人石野那为曹主故王元邵造五级浮图一区为记。"本条资料由西安碑林博物馆保管研究部主任李举纲提供照片。

[3]〔日〕吉田丰《汉字拼写的粟特人名、重构的粟特文发音及其原意》，载《法国汉学》丛书编辑委员会编《粟特人在中国——历史、考古、语言的新探索》，中华书局，2005年，第128页。

图5 骑驼小憩女俑，陕西富平县美原镇唐墓出土

生先生据《册府元龟》统计[1]，唐代九姓胡从高祖武德七年（624）到代宗大历七年（772）近150年间，共入贡94次，其中曹国8次。特别是8世纪上半期由于阿拉伯帝国不断向东进攻，对中亚两河流域诸国步步进逼，迫使它们向中国求救。唐玄宗时代九姓胡自开元五年（717）至天宝十四载（755）共入贡56次。天宝四载，曹国国王哥罗仆禄呈贡表称："宗祖以来向天可汗忠赤，尝受征发，望乞兹恩，将奴国土同为唐国小州，所须驱遣，奴身一心忠赤，为国征讨。"明确希望从阿拉伯人威胁下挣脱出来，愿做唐朝的一个小州。在这种背景下，曹国贡品除了进献名宝、殊玩、异品、马豹等外，完全有可能进献胡人女子。天宝元年，曹国的进献只记载有名马，其他未说，但很有可能献有胡人女子，因为开元七年俱密国进献胡旋女子，开元十五年康国进贡胡旋女子，史国开元十五年也两次进献胡旋女子，米国在开元十七年一次进献胡旋女子三人。这已是昭武九姓胡的传统惯例。曹国最后一次进贡是在天宝十四载三月，虽然没有记载贡品内容，但国王设阿忽贡奉的估计仍是名马、胡旋女子等。

其二，来源于丝绸之路上的胡婢贩卖。唐代龟兹和于阗都置有女肆，西州继承高昌遗留下来的奴婢买卖市场也非常兴盛，尤其胡人奴婢买卖特盛，在吐鲁番文书

---

[1] 蔡鸿生《唐代九姓胡入贡年表》，载《唐代九姓胡与突厥文化》，中华书局，1998年，第49—52页。

图6 8世纪前半期女性壁画,塔吉克斯坦片治肯特建筑遗址出土,杜尚别历史研究所藏

中有买婢市券可为明证。《唐开元十九年唐荣买婢市券》:"得兴胡米禄山辞,今将婢失满儿,年拾壹,于西州市出卖与京兆府金城县(今陕西兴平县)人唐荣,得练肆拾匹。"《唐开元二十年薛十五娘买婢市券》称:"今将胡婢绿珠年十三岁,于西州市出卖与女薛十五娘,得大练肆拾匹。"[1]当时京城长安奴婢价格相当高,每口合绢250匹,而西州才40匹,长安价格是西州的6倍多,因而刺激来往中原的行客和兴生胡们购买胡婢带往关中、江淮地区。吐鲁番文书市券注明绿珠、失满儿是胡婢,有些用汉人女子名字的春儿、桃叶之类,也有可能是胡婢,阿斯塔那61号墓出土文书记载唐麟德二年(665)张玄逸家中失盗,怀疑婢女春香所为,婢女自辩云:"春香等身是突厥(人)"[2],夜宿在家并无盗窃之事。可见,婢女虽用汉人春香名字,实际却是突厥人。兴生胡是胡人奴婢主要的贩卖者和经营者,为了市易取利,他们是不管什么民族情结的,往往将本民族的同胞女子转手倒卖。

其三,长安粟特胡人聚落的粟特女子。中亚九姓胡流寓迁居长安的人员较多,特别是来往于丝绸之路上的兴生胡,常常以长安为贸易中转枢纽或目的地,吐鲁番文书《唐西州高昌县上安西都护府牒稿为录上讯问曹禄山诉李绍谨两造辩辞事》所记唐高宗时期,曹禄山与其兄曹炎延均是客居长安的兴生胡,与他们沿丝路北道同赴弓月城的还有"曹果毅、曹二(即曹毕娑)是胡,客

---

[1] 分见《唐开元十九年(731)唐荣买婢市券》《唐开元二十年(732)薛十五娘买婢市券》,载《吐鲁番出土文书》第9册,文物出版社,1990年,第27—30页。

[2] 阿斯塔那61号墓《唐麟德二年(665)婢春香辩辞为张玄逸失盗事》,载《吐鲁番出土文书》第6册,文物出版社,1985年,第465页。

图7 三彩侍女俑，1960年陕西乾县永泰公主墓出土

京师，有家口在"[1]。由此印证当时曹姓胡人商贾在长安不仅人数多，而且在丝绸之路上非常活跃。长安西市作为最大的消费市场和商品集散地，其主力为胡商，他们开设铺肆，坐商经营牟利，行商奔波供货，一般皆有家口寓居长安，娶妻生有子女，出现许多"土生胡"，即胡人血统二代或三代的移民后裔，因而，传承"曹"姓种族的胡人女子出现也就不足为奇了，长安酒肆中美貌如花的"胡姬"就有可能有曹姓胡人女子。当然，皇家梨园中也有不少胡人艺术家，尤其是传承三代的琵琶世家如曹保保、曹善才、曹纲等，享誉乐坛，胡姓曹家的女子作为乐户身份入宫后，也有可能被选为皇帝姬妾。

对比分析以上三条，笔者认为曹野那姬如果是出身于长安胡人乐户家庭，一般不会再使用"野那"这样的粟特原名，当时最容易接近皇帝的是胡旋女子，因此她很有可能是开元年间曹国进贡的胡旋女，作为"最喜欢的人"，也就是能歌善舞、仪态万方的漂亮女子，擅长"拂林妖姿，西河别部"才能进入后宫，赢得皇帝的喜爱。"有容止，善歌舞"的赵丽妃就是玄宗为临淄王时于潞州藩邸得幸的倡女，后生太子李瑛。杨贵妃也擅长胡旋舞，就是靠"善歌舞，晓音律"而令玄宗大悦。唐玄宗时期后宫飘散着外来的缕缕胡风，故曹野那姬倚仗胡旋女这条捷径进入后宫的可能性较大。

---

[1]《唐西州高昌县上安西都护府牒稿为录上讯问曹禄山诉李绍谨两造辩辞事》载，高宗总章元年（668）至咸亨四年（673）期间，曹果毅、曹毕娑、曹禄山、曹炎延等都是有家口寓居长安的昭武九姓商胡。见《吐鲁番出土文书》第6册，第470—479页。

三 曹野那姬女儿虫娘考证

名字是理解粟特社会历史的一个重要方面，许多粟特人经常以出生当月当日的保护神来命名，一些粟特语言学家倾向于以姓名起源的标准来研究粟特人。从史书记载可知，虫娘是寿安公主的乳名、小名，不是李唐皇室公主的正式名字。尽管我们不知道"虫"字对音比定是否与粟特语有联系，但起名时不会故意丑化、矮化自己的孩子，则是天下父母的心愿与通则。唐玄宗曾自称"鸦"，也不会是乌鸦的意思。所以我们要避免望文生义地去解字，或许有益于理解破读名字真正的含义。

笔者怀疑，虫娘之"虫"或许应为"冲"字，尽管唐音中"虫"与"冲"因不同声系不能通假，但在粟特人宗教节日信仰中，太阳和月亮的合日是不祥的征兆，在这一天，神灵不仅考验人们的贪婪，而且神灵使人神志模糊，据说这一天容易使人癫痫病发作。[1] 所以，合日就是冲日。曹野那姬怀孕九月生下女儿，不仅按古人说法不足十月，而且这一天遇到"月食"或"日食"，月亮盈亏造成"霉运"，导致人的一生不吉利，"冲"了好日子，因而唐玄宗"恶之"，甚至长大后也因八字冲人克夫"遂不出降"。按照当时皇家公主信仰道教的惯例，让她穿羽衣[2]，在宫内道家坛观消灾趋吉，所以玄宗又从五行生克为出发点，弥补缺憾选择称呼她为"师娘"。后来此事传出宫廷外，人们以讹传讹，误以为是"虫娘"，这才使得收入段成式《酉阳杂俎》所载奇闻怪事之中。

如果进一步怀疑"虫"是历日"重日"中"重"的同音字，也是与人们祸福休咎相关的神灵，尽管属于没有事实依据的迷信性质，但在当时皇家阴阳术士的头脑里也不是吉利日子，因为历日术数与人生衣食住行联系最密切，是古人最关心的事项，古代父母往往推算新生子女生辰八字而顺便推命，并有以五行本字或字根起名的习俗。"重日"属于犯忌的凶神，不宜于嫁娶，《协纪辨方书》引《天宝历》曰："重日者，以阴阳混合于亥，阳起于甲子而顺，阴起于甲戌而逆，至巳、亥而同，

---

[1] 阿布·拉依汗·比鲁尼《选集》第1卷，塔什干，1957年，第252页。古人常把精神失常、痛风突发和"自触霉头"等一些不幸归于月亮盈亏，认为日食、月食为凶险不祥之征兆，会影响天下局势、人君祸亡，关联河海灾难、疫疫健康、人种繁衍等，他们对月亮与地球之间相互影响的看法远远超过了我们先前的想象。又见江晓原《星占学与传统文化》对《开元占经》的分析，广西师范大学出版社，2004年。

[2] 1985年青海省民和县出土的唐代羽人陶质瓦当，周边装饰连珠纹，中心浮雕有翼羽人，羽人背上的双翼，为汉代以来道教遗物中所常见，这可能就是当时的一种道服。参见《中国文物精华》，文物出版社，1992年，第31页。

图8 戴帽女俑，唐郑仁泰墓出土

图9 唐代彩绘少女俑，西安出土

故曰重日。其日忌为凶事，利为吉日。"[1] 因而，巳、亥二日以地支论当属重日，"是阳中阳而阴中阴也，故曰重"。虫娘的生日很有可能是属于凶煞之神，其日犯婚嫁之忌，不利于趋吉避凶[2]，或许正是宫廷术士的占卜蛊惑，才令唐玄宗讨厌她的生辰八字。

按照唐代女子一般出嫁年龄，虫娘大概出生在开元后期。安史之乱爆发后，至德二载（757）唐玄宗从蜀郡返回长安，开元二十九年封为广平郡王的李豫已是天下兵马元帅，退位的玄宗请孙子李豫在灵州帮助虫娘封为寿安公主。灵州（今宁夏固原）是西北胡人帮助唐军平叛安史出入的要地，"与名王在灵州请封"之"名王"，殆指当时进出灵州的诸胡君长，类似胡貌的虫娘与胡人首领一起受封，无

---

[1] 《中国方术概观·选择卷（上）》，人民中国出版社，1993年，第218页。关于对"重日"的解释，参见邓文宽《敦煌具注历日选择神煞释证》，载《敦煌吐鲁番研究》第8卷，中华书局，2005年，第183页。邓先生提醒笔者，从"合日"到"旺日"（十四日至十七日）都有可能是犯忌的日子，因为历日就有七八种解释。

[2] 黄一农《嫁娶宜忌：选择术中的"亥不行嫁"与"阴阳不将"考辨》，载《社会天文学史十讲》，复旦大学出版社，2004年，第187页。同书第290、294页对"冲"和对生辰八字取名的分析也可参考，传统天象择日术数史的研究，很有机会成为开启古代通俗文化与生活礼俗之门的锁钥。

图10 头戴波斯帽身着胡服女俑，德国汉堡私人收藏

非是借胡人建功之力。[1] 看来唐玄宗很焦急，虫娘躲过了安史之乱的大劫难，但她毕竟从皇家殿堂跌进现实生活的尘寰，玄宗期盼她能有公主封号，以便最终能有一个圆满的婚姻结局，故而估计虫娘年龄不会小了。

从父女心理上说，唐玄宗不可能不喜欢自己的女儿，从他让虫娘穿羽衣或道服"主香火"，到后来成为太上皇时又请求自己的嫡系长孙唐代宗李豫给虫娘一个公主封号，以便谈婚论嫁，都恰恰说明他很喜欢这个与曹野那姬所生的混血女儿，有点舐犊情深、老年护子的爱怜，并没有冷漠无情、置之不理。唐玄宗忌讳虫娘的生日并不是不喜欢女儿本人，因而史书上才会留下这段有趣的记载。况且穿"羽衣"也不表示"恶之"，按照唐史记载，安乐公主、杨贵妃都"披羽衣"，安乐公主羽衣是百鸟毛裙，杨贵妃是凤羽金锦的霓裳羽衣，日本正仓院保存的著名"鸟毛立女屏风"就是工匠将鸟毛贴敷着衣，都是贵族妇女展现姿容的衣物。唐代道教"羽人"神仙的象征意义已从前人生存理想完全转化成了生存当下现世的享乐。

---

[1] 罗香林《唐元二代之景教》下篇《元代克烈部与汪古部之景教传播》中认为，安史之乱后征调的西域军旅中杂有景教僧侣，他们入灵州重建景寺。唐玄宗让自己和有景教信仰的曹野那姬所生女儿在灵武与名王请封寿安公主称号，是由于景教僧侣众多的关系。香港中国学社，1966年，第155页。

需要指出的是，唐代宗李豫本人"好学强记，通《易》象"[1]，颇能理解祖父李隆基对生辰八字的忌讳心理，所以，不仅将长自己一辈的虫娘封为寿安公主，而且最终把她嫁给了河南尹苏震的儿子苏发[2]，了结了唐玄宗的心愿。

总之，不悖情理又合乎逻辑的是，在唐玄宗后宫倾国倾城佳丽众多的背景下，曹野那姬作为一名来自域外的女子，其深目高鼻的胡貌肯定非常引人注目。我们不难想象她很有可能就像唐代壁画中所描绘的跳舞的胡旋女一样，"身轻入宠尽恩私，腰细偏能舞柘枝。一日新妆抛旧样，六宫争画黑烟眉"。[3]她曾经迷倒过风流一世的唐玄宗，演出了一场胡汉男女浪漫史，并生有一个名叫"虫娘"后封为寿安公主的女儿。正如元稹《胡旋女》所说："天宝欲末胡欲乱，胡人献女能胡旋。旋得明王不觉迷，妖胡奄到长生殿……"白居易《新乐府·胡旋女》载："胡旋女，胡旋女，心应弦，手应鼓……曲终再拜谢天子，天子为之微启齿。胡旋女，出康居，徒劳东来万里余。"因此，这段历史记载的故事框架和话语形式被纳入了民间笔记和官方史书，尽管一些细节无法再考证，但它毕竟是唐时皇家婚姻关系所反映的中西交流问题，足可书写出一部浪漫的中古经典艺术作品。

---

[1]《新唐书》卷六《代宗纪》，第166页。乾元元年（758）李豫被定为太子，同年登上帝位；宝应元年（762）唐玄宗作为太上皇死去。唐代宗李豫既然"通《易》象"，不会不知道《易·归妹》云："归妹，天地之大义。天地不交而万物不兴。"归妹即嫁女，男女结合与天地之交才能生万物，男女不及时匹配而出现怨女旷夫，会破坏祥和之气，这是儒、道共同推崇阴阳和谐的感应观念。所以李豫出嫁大龄的虫娘合乎古人"盛明之德"，绝非偶然。

[2]《新唐书》卷七四上《宰相世系四上》，第3149页。由于《酉阳杂俎》与《新唐书》记载文字不一，所以虫娘（寿安公主）究竟是嫁给了苏发还是苏澄，我们还需要继续钩沉线索。如果她嫁给了苏澄，则苏澄为沁州刺史，但时代靠后，可能有误。《唐会要》卷六"公主"条记载玄宗三十女，"寿安，降苏发"。

[3] 徐凝《宫中曲》，《全唐诗》卷四七四，中华书局，1960年，第5379页。

CUI YINGYING AND TRACES OF SOGDIAN EMIGRANTS IN PU ZHOU, TANG DYNASTY

2 崔莺莺与唐蒲州粟特移民踪迹

崔莺莺与唐蒲州粟特移民踪迹

唐代的小说家将史书"实录笔法"运用于创作之中,强调故事来源有根有据,仅以"传""记""纪""志""录"引入小说篇名者就有 65 种之多,这种"补史之阙"的主旨使唐人小说历史化倾向非常强烈。唐人小说的创作标准崇真求实、纪传实录,资料记载丰富翔实,因而成为一种文史遗产,受到史学家的关注。

陈寅恪先生善于从小说中发现历史,他把唐人小说作为社会生活的一面镜子进行严肃的历史研究,其中最典型的就是元稹《莺莺传》,他认为"此传亦是贞元朝

图 1　山西永济市普救寺外景

之良史料,不仅为唐代小说之杰作已也"[1]。因此,他在半个多世纪以前就写有《读莺莺传》一文。不过,这篇博识精思的论文并未引起学术界的广泛重视,只有蔡鸿生先生近来系统论述了《读莺莺传》的眼界和思路,阐发了其深思洞见的发覆之功。[2]

元稹《莺莺传》中的主角崔莺莺,据陈寅恪先生推测,其原型是与酒家胡有关的粟特女子,他参照胡姓、胡名和胡俗三项标准立说,旁搜侧刮,存疑求证,设想崔莺莺原名谐音为曹九九,出身于中亚昭武九姓粟特种族。莺莺所居之蒲州,出产名酒"河东之乾和葡萄",证明中原当时产名酒之地多是中亚胡族聚落区域,莺莺更有酒家胡的嫌疑。莺莺能奏乐,又善操琴,"鼓霓裳羽衣序"而哀音怨乱,也隐约可见胡姬的艺术特色。

陈寅恪先生一直到晚年仍在思考崔莺莺的种族来源,他在《元白诗笺证稿》附校补记(十一)中进一步认定"此女姓曹名九九,殆亦出于中亚种族","莺莺所居之蒲州,唐代以前已是中亚胡族聚居之地,可以证明","就莺莺所居之地域及姓名并善音乐等条件观之,似有辛延年诗所谓'酒家胡'之嫌疑也"。他对自己多年"神游冥想"的假说探索,并没有视为定论,谨慎谦虚地说:"兹姑妄言之,读者傥亦姑妄听之耶?"

由于历史文献的缺载和考古碑刻的残少,陈寅恪先生推测崔莺莺的种族来源问题至今尚未完满解决,但他推测的思路与求证的步骤却启示着我们需要继续研究,因此考察、分析唐代蒲州是否有中亚粟特移民踪迹非常重要。

一 唐蒲州与河中府

蒲州,地处山西西南端,因位于黄河中游东岸,又称河中或河东。相传舜帝在此建都时称蒲阪,秦昭襄王四年(前303)"取蒲阪",始置县。从秦汉到隋唐,因这里是晋、秦、豫三地之交通枢纽,设立蒲津渡关口扼守黄河两岸,所以历来为兵家必争之地。

---

[1] 陈寅恪《元白诗笺证稿》,生活·读书·新知三联书店,2001年,第120页。
[2] 蔡鸿生《从小说发现历史——"读莺莺传"的眼界和思路》,《中华文史论丛》第62辑,上海古籍出版社,2000年。

蒲州城作为河东地区重要城市（今永济县西南蒲州镇），一直是郡治、州治、府治所在地。北周明帝时因蒲阪正式定名为蒲州，隋大业三年（607）改为河东郡。据《元和郡县图志》卷一二记载："武德元年罢郡，置蒲州。"贞观时辖境相当于今山西西南部之永济、临猗、运城等市县地。开元元年（713）五月，升为河中府[1]，因位居长安、洛阳、太原三都中枢之故，唐廷下诏拟将这里改为中都，但因丽正殿学士韩覃上疏反对，费钱伤民，遂恢复为州。[2]天宝元年（742）又改为河东郡，乾元元年（758）复为蒲州，三年后又升为河中府。宝应元年（762）复为中都，元和二年（807）再复河中府治。

　　蒲州、河中府、唐中都的反复变更，正反映了蒲州城地理位置的重要，"控据关河，山川要会"。蒲州城西南离长安320里，东南至洛阳585里，恰好位于唐代两京之间，不仅是关中通往河东、河北各地的咽喉要冲，而且是长安、洛阳两京交通所常经的繁盛殷阗之都会。开元八年，蒲州与陕、郑、汴、绛、怀并称六大雄城。开元十二年，唐廷将同州、华州、岐州和蒲州定为"四辅"，以拱卫京畿长安。隋唐时期，很多皇帝、官吏、文人、商贾经常往返其间或留驻于此。《全唐文》卷三三六颜真卿《蒲州刺史谢上表》：蒲州"尧舜所都，表里山河，古称天险……扼秦、晋之喉，抚幽、并之背"。这是唐人当时对蒲州地理位置的认识，《全唐诗》卷三唐玄宗《早度蒲津关》："鸣銮下蒲阪，飞旆入秦中。地险关逾壮，天平镇尚雄。"同卷《登蒲州逍遥楼》："卜征巡九洛，展豫出三秦。昔是龙潜地，今为上理辰……黄河分地络，飞观接天津。"同书卷一九九岑参《宿蒲关东店忆杜陵别业》："关门锁归客，一夜梦还家。月落河上晓，遥闻秦树鸦。"走蒲州蒲津关比走潼关路远近百里，但道路平坦，人烟稠密，利于旅行，而潼关路道中险峻，拥挤艰难，故唐人多选蒲州为最佳路线来往两京之间。

　　安史之乱后，蒲州地理形势更显重要，唐廷将蒲州作为保关中、据河南的"深根固本"。唐代宗时河东兵变迭起，关中危急，吐蕃又屡次攻扰，长安人心大乱，将相之家储粮备装准备逃跑，所以大历年间，宰相元载又提出在蒲州建中都的建议："长安去中都三百里，顺流而东，邑居相望。有羊肠、底柱之险，浊河、孟门之限，以轘辕为襟带，与关中为表里"，"建中都将欲固长安，非欲外之也"，"河中

---

[1]《元和郡县图志》作开元元年，《旧唐书》和《唐会要》均作开元九年，此恐形近之讹。
[2] 韩覃《谏营建中都表》，《全唐文》卷二九六，中华书局，1983年，第3000页。

图2 普津渡铁牛全景

之地,左右王都,黄河北来,太华南倚,总水陆之形胜,郁关河之气色","有漕浊泛舟之便,无登高履险之虞,不伤财,不害人,得养威而时狩,如此则国有保安之所,家无系虏之忧矣"。[1] 元载还选兵五万屯驻蒲州,派官吏"于河中经图宫殿,筑私第"[2],但代宗没有同意。然而,我们从唐廷两次欲将蒲州升为中都的事例来看,蒲州控制长安、洛阳中间地带,又是面对北方的第一要冲,地理位置确实重要。

需要强调的是,蒲州城历为河东道、河东郡的治所,而开元十八年改太原府以北诸军州节度为河东节度使(治所在太原)。河东道在贞观时辖境包括山西全境及河北西北、内蒙古集宁以南地区,天宝后辖境屡有变动,乾元元年废。此后蒲州成为河中节度使镇守之所。这是我们必须注意的地理境界。

唐代的蒲州城位于黄河东岸,当时又称"舜城",古城址位于今永济市正西方向12公里。蒲州城土围墙大约始建于北魏登国元年(386),西魏大统九年(543)以后曾大力修筑,隋唐至北宋时城垣规模因地形险要而扩大,呈南北窄、东西长的长方形,分为大城(外城)和子城(内城),大城周围20余里。金哀宗正大八年(1231),蒙古兵攻打河中府,金军因兵力只有两万,不足以守卫大城,乃截其

---

[1]《元和郡县图志》卷一二《河东道一·河中府》,中华书局,1983年,第324页。
[2]《新唐书》卷一四五《元载传》,中华书局,1975年,第4712页。

图3 蒲津渡唐代胡貌铁人塑像

半为周长八里余的内城守护，即今天所存的正方形蒲州老城，据1980年县区测绘划定：蒲州内城长5400余米，外城为土城，周长5700余米。明洪武四年（1371），蒲州内城垣被重筑，俗称九里三，高三丈八尺，用砖包砌，但嘉靖三十四年（1555）遭遇大地震几乎倾覆殆尽，后调集民工多次重修。唐代的蒲州城内及城垣屡经战火严重破坏，历经千余年拆毁和演变已无法详考，但遗址不会变更很大，蒲州城西门外就是黄河渡口，蒲阪关、蒲津关、河关指的都是这里，开成五年（840）日僧圆仁和大中九年（855）日僧圆珍均从蒲津关来往长安。从1989年发掘出土的唐开元十二年（724）所铸建铁牛、铁人、铁柱等文物来看，它们距唐代护河堤1.3米，距现存蒲州西城墙51米[1]，虽然黄河几度改道，淤泥滩涂变化，但黄河古道东岸蒲州城始终未有大的移动。

《山西通志》卷五五记载[2]，唐蒲州城西黄河洲渚有北周宇文护建筑的鹳雀楼，城北有逍遥楼，城内有白楼、芳酝监、舜庙等，唐太宗、玄宗以及很多文人墨客均登临过这些古迹名胜，并作诗吟诵。而唐河中府治所名为"绿莎厅"，笔者推测"绿莎"或许是粟特语xšēvan的译音，即"首脑""头子"的称呼，可能为胡人比照粟特语统称州府官衙的叫法。此说法如能成立，则说明蒲州曾有昭武九姓胡聚落存在，暂且存疑。蒲津关渡口发掘出土的唐开元十二年四尊铁人形象中，就有高鼻深目胡服者，也许能从另一个侧面说明有胡人曾参与铁缆连舟的造浮桥活动。总之，唐蒲州城为大藩重镇，关城所聚，货积物累，百贾骈臻，移民杂居，可以想见当时仕宦过往、店肆连接、邸宅常满的繁荣景象。

蒲州城东3公里的普救寺，位于峨眉原头的古驿道旁，唐初道宣《续高僧传》二集卷二九《兴福篇》第九《蒲州普救寺释道积传》记载："隋初于普救寺创营大

---

[1] 《蒲津桥始末》，《山西文史资料》1999年第3、4期，第84页。
[2] 光绪《山西通志》卷五五《古迹考六》，中华书局点校本，1990年，第3986—3991页。

像百丈……其寺蒲阪之阳，高爽华博，东临州里，南望河山，像设三层，岩廊四合，上坊下院，赫奕相临，园硙田蔬，周环俯就。"可见普救寺隋代已有，唐代又扩建。唐慧立、彦悰撰《大慈恩寺三藏法师传》卷六记载贞观十九年（645）玄奘译经班子中，就有证义大德"蒲州普救寺沙门神泰""缀文大德蒲州普救寺沙门行友"[1]。唐代诗人杨巨源《同赵校书题普救寺》："东门高处天，一望几悠然。白浪过城下，青山满寺前。尘光分驿道，岚色到人烟。气象须文字，逢君大雅篇。"杨巨源是唐河中府人，贞元五年（789）进士，曾任太常博士、礼部员外郎、凤翔少尹、国子司业等职，作为河中人咏蒲州普救寺诗，不会有误。[2]他还写过《胡姬词》等。1985年秋和1986年夏，普救寺遗址曾两次发掘，不仅发现北周晚期石雕佛像和唐宋建筑构件，还出土了刻有"咸通十三年三月"的碑碣经幢残块等。[3]历史文献和考古实物都证明普救寺是唐蒲州的一座大寺，但历经千年巨变到1941年时，已是一片荒废景象[4]，仅存明代嘉靖四十三年（1564）重修的舍利塔（俗称莺莺塔），但此塔属于唐代十三级密檐式青砖结构，其四方形造型特点明显为唐塔风格，外观与长安荐福寺小雁塔曲线形制非常相似。清乾隆二十年（1755）编修的《蒲州府志》卷三说唐时普救寺名为西永清院，五代时郭威讨伐河中李守贞，破城后发善心才改院曰普救寺，这是编修者以讹传讹的误撰，不足为信。唐蒲州的普救寺，无疑是当时的名刹宏寺，吸引着无数善男信女，粟特胡人移居中原后入乡随俗改奉佛教的信徒也不少，崔莺莺（曹九九）去寺院礼佛也是很正常的事，文学源于生活，元稹写传奇尽管加工遮掩，但普救寺绝非无中生有的虚构。

二 蒲州移民及风俗

河东的蒲州由于地处"天下之中"，属于唐王朝控制的中心区域之一，又紧邻京畿关中地区，具有悠久的农业耕作和丰富的盐铁资源，以及被誉为"其民有先王遗教"的文化传统。但长期的经济开发与人口增长，不仅造成"土地狭小、民人

---

[1] 释慧立、释彦悰《大慈恩寺三藏法师传》卷六，中华书局，2000年，第131页。
[2] 《全唐诗》卷三三三，中华书局，1960年，第3720页。
[3] 仝毅《普救寺》，山西经济出版社，1999年，第4页。
[4] [日]水野清一、日比野丈夫著，孙安邦、辛德勇等译《山西古迹志》，山西古籍出版社，1993年，第246—251页。

众多"的矛盾，也造成当地"纤俭"的民俗。清乾隆二十年《蒲州府志》卷三说："其地狭隘而民贫俗俭，唐魏遗风，读诗者实切向往，但勤俭贞良与骄奢淫佚，习俗移人，时有迁流，赖主持风化者，维挽运会则人心古而淳风千载存矣。"[1]这虽是明清时期蒲州地区的风俗反映，但民俗之风的熏染可能延续较长，其间变化较大的仍是隋唐时代。

隋唐时蒲州作为"三河"（河东、河北、河南）交错地区，西接秦陇，东连河洛，北达幽燕，人物混居，华戎杂错，俗具五方，民风习尚没有明确的分界线，尤其是外来的移民带来不同的风俗，被当地人所吸收转化，因而隋唐时山西大部分地区有风俗混一的共通趋势，就连河东也是风俗刚强，如果说"唐人大有胡气"的话，那么山西人可谓浸染最深。[2]可以说，外来移民对民族风俗变化起到了决定性的作用。

"五胡乱华"之后，大量匈奴、鲜卑等北方游牧部众迁入山西境内；隋唐时期又有大量的突厥游牧部落南下移居，而突厥部落中杂有许多粟特人。被称为"九姓胡""杂种胡""胡人"的粟特人是一个经商逐利的民族，他们入华后，散布十分广泛。与河东蒲州相毗的长安、洛阳、并州（太原）、代州（雁门）等地都发现了许多粟特人聚落的出土石刻资料[3]，蒲州作为几条重要通道交会的必经之地，当然也会成为东迁粟特移民的中转站或聚落区。虽然曹、史、石、安、康、何、米、毕等姓氏人数不少（据1990年人口普查）[4]，但遗憾的是，至今永济、运城地区还没有确切的粟特人墓志被发现出土，我们只能通过历史文献排比探索，寻找踪迹。

第一，随突厥迁入的粟特人。

早在隋末李渊起兵进军至河东郡龙门时，担任突厥柱国的粟特人康鞘利就率领五百骑兵和二千匹马到此增援。[5]唐建立后，突厥屡次以"胡骑"攻掠并州、汾州等地，李渊"遣皇太子镇蒲州以备突厥"[6]。唐太宗即位后，利用突厥内部发生叛乱

---

[1] 周景柱等纂修《蒲州府志》卷三《风俗》，清乾隆二十年（1755）刻本，第50页。
[2] 安介生《山西移民史》，山西人民出版社，1999年，第470页。
[3] 荣新江《北朝隋唐粟特人之迁徙及其聚落》，载《中古中国与外来文明》，生活·读书·新知三联书店，2001年，第76—97页。
[4] 《永济县志》，山西人民出版社，1991年，第63页。
[5] 温大雅《大唐创业起居注》卷二，上海古籍出版社，1983年，第30页。
[6] 《旧唐书》卷一《高祖纪》，中华书局，1975年，第11页。

图4 胡帽男装女俑,身背墨书"阿栋"二字之名,1952年咸阳杨谏臣墓出土

之机,出兵沉重打击了突厥汗国,生擒颉利可汗。突厥部众降附南下人口众多,贞观三年(629)就安置一百二十余万口,仅长安地区就有万余家,其中一部分被安置在与关中毗连的河东地区。开元四年(716),漠南东突厥拔曳固、回纥、同罗、霫、仆固等五部降唐,也被安置内地,唐廷开元八年诏令:"敕关内、河东、河西入朝新降蕃酋等曰,嘉尔蕃酋,慕我朝化,相率归附,载变炎凉,而忠恳不渝。"[1] 说明河东地区有不少蕃酋与部落民众。由于粟特胡人依附突厥,并在突厥部落中另外组成"胡部",被称为"胡酋"的康苏密、安遂伽、史善应、安朏汗等都曾是隋唐时期参与突厥政治、军事活动的粟特人,所以每当突厥大批南迁时,总有一定数量的粟特人随同迁移,但史书中往往只记载突厥人的迁徙,很少提到萍踪漂泊的粟特移民。

第二,六胡州散落的粟特人。

---

[1] 宋敏求编《唐大诏令集》卷一二八《赐入朝新降蕃酋敕》,商务印书馆,1959年,第689页。

六胡州是唐朝为管理突厥降户中的昭武九姓而设置的，也是唐境内最大的粟特移民聚落，《新唐书·地理志》"关内道宥州宁朔郡"条记载调露元年（679）唐高宗"于灵、夏南境以降突厥置鲁州、丽州、含州、塞州、依州、契州，以唐人为刺史，谓之六胡州"。位置包括宁夏中卫以北，陕西靖边、定边以北及内蒙古黄河以南地区。由于六胡州是唐与突厥争夺之地，建置频频变动，唐廷不仅在六胡州市马，而且屡次征调六州胡出兵参战，开元九年（721）六州胡康待宾、安慕容、多览杀、何黑奴、石神奴、康铁头等聚众七万人反叛起事，半年后被唐军平定，唐廷决定移徙当时河曲六州残胡五万余口于水灾后的许、汝、唐、邓、仙、豫等州，"始空河南、朔方千里之地"[1]。然而，被迁徙的粟特胡"恋本""怀归"，逐渐逃回关内诸州，也有一些散落分居河东各地。安史之乱爆发后，六州胡参与叛乱的有数万人，被郭子仪唐军打败后又东下洛阳投奔安禄山。至德二载（757），六州胡又随安庆绪北上转为史思明部下。上元二年（761），范阳内讧后"高鼻类胡而滥死者甚众"[2]，六州胡再次被迫南下洛阳被史朝义招抚。安史之乱平定后，六州胡流寓石州（今山西离石），贞元二年（786）降于河东节度使马燧，被迁往云、朔地区防御党项、回纥。六州胡在战乱辗转中，反复迁移又惨受杀戮，散落混居河东各地，蒲州地域也应有其兵士家属或后代。

第三，随回纥流寓的粟特人。

天宝三载（744），回纥取代突厥称雄漠北，唐朝册封回纥酋长骨力裴罗为怀仁可汗，承认其独立地位。天宝十四载安史之乱爆发，唐廷派蕃将石定番等紧急求援于回纥以平定叛乱，回纥大臣葛逻支率数千人进入河东，此后近万骑回纥兵入援驻扎在沙苑（今陕西大荔县境）设行营，欲从蒲津关东入收复洛阳，但唐廷担心回纥抢掠蒲州，让其从陕州出击，保护了蒲州居民。但大历十三年（778）"回纥使还，过河中，朔方军士掠其辎重，因大掠坊市"。[3]这是留屯河中府的朔方军士抢掠截取回纥使者财宝的事件，但也反映了蒲州城内坊市当时还比较富裕，能使士兵们获得财物。回纥一方面在中原富庶地区行军剽掠，另一方面与唐朝互市贸易，巧取豪夺。绢马买卖交易中有不少粟特胡商参与，他们成为回纥汗国的贸易代理人，回纥

---

[1]《旧唐书》卷八《玄宗纪》，中华书局，1975年，第184页。《资治通鉴》卷二一二，玄宗开元十年八月条，中华书局，1956年，第6752页。

[2]《资治通鉴》卷二二二，唐肃宗上元二年司马光征引唐人记载的《蓟门纪乱》和《河洛春秋》，第7110页。

[3]《资治通鉴》卷二二五，大历十三年三月条，第7251页。

为其在色楞格河畔筑富贵城（拜八里）进行安置，粟特人成为聚居在回纥境内的商人阶层，他们依仗回纥武力保护和特权待遇，利用唐廷的忍让宽容，在长安等地经商谋利，常常自称是回纥人，故史书记载大历十四年"诏回纥诸胡在京师者，各服其服，无得效华人。先是回纥留京师者常千人，商胡伪服而杂居者又倍之，县官日给饔饩，殖货产，开第舍，市肆美利皆归之，日纵贪横，吏不敢问。或衣华服，诱取妻妾，故禁之。"[1]这些"诸胡"就是善经商的九姓胡，建中元年（780），回纥宰相顿莫贺发动政变，杀掉登里可汗，同时派兵击杀九姓胡附回纥者二千人，自立为毗伽可汗。"九姓胡闻其种族为新可汗所诛，多道亡"[2]，当时振武军（今内蒙古和林格尔西北）节度使张光晟上奏德宗："回纥本人非多，比助其强者群胡耳。"[3]很多粟特人追随回纥进入中原，唐与回纥关系紧张时，他们既不得亡又不敢归，只能混居汉人中，成为新移民。

第四，经商谋利的粟特人。

粟特人素以经商而闻名，"善商贾，争分铢之利。男子年二十，即远之旁国，来适中夏，利之所在，无所不到"[4]。东汉时河西与洛阳就有大量从西域来的粟特胡商，魏晋时胡商不仅活跃在北方平城、邺城等地，还迁徙到南方的益都、建康等城市。隋代河东闻喜人裴矩曾在张掖、洛阳等地招徕西域胡商互市贸易。唐代中期粟特人的商业活动达到极盛，他们不仅沿用丝绸之路经商主干道，而且经由突厥、吐蕃、回纥等控制的地区进行多边贸易。大批粟特商人从行商转变成坐商，长期留居中原内地，逐渐成为唐朝境内各城市之间贸易的活跃成员。其移民特征越来越显著，在长安、洛阳、太原等城市形成集体生存的聚落，并不同程度保存着胡人生活的原状。当然，粟特人不是个个经商，他们原来立国于中亚绿洲地区，半农半牧，掌握较高的养马和农业灌溉技术，所以迁移中原北方后具有立足干旱地区生活的本领，如同州（今陕西大荔）、蓝田等地的粟特人就已从事种植业。但粟特聚落中农业所占比重很小，大部分人还是经商贸易，甚至不乏腰缠万贯的大富商，"长安县人史婆陀，家兴贩，资财巨富，身有勋官骁骑尉，其园池屋宇、衣

---

[1]《资治通鉴》卷二二五，大历十四年七月条，第7265页。
[2]《资治通鉴》卷二二五，建中元年八月条，第7288页。
[3]《全唐文》卷四四五张光晟《请诛回纥表》，中华书局，1983年，第4536页。
[4]《旧唐书》卷一九八《西戎传·康国》，第5310页。

服器玩、家僮侍妾比侯王"[1]。安史之乱后，由于屡经战乱与反复迁移，粟特商胡中被迫舍产弃业、改弦易辙者不少，一些贫穷潦倒的下层人民，如开酒肆的酒家胡、开旅馆的邸店主、卖熟食的鬻饼胡和卖蒸胡等，他们为了立足生存，只能从屡遭破坏的两京大都市迁往中小城镇，而蒲州位于交通枢纽，不仅是粟特人的中转站，也为粟特商人提供了立足地。唐政府为了控制散居逃亡的粟特人，有时采取"招辑商胡，为立店肆"[2]的措施，这就有可能使商胡重新聚集。鉴于历史文献中有许多西域粟特人在河东道北部生活的记载，估计有些粟特人也分散在河东道南部一带，蒲州有粟特移民生活的推测不会是空穴来风。

蒲州有粟特人的踪迹，有两条史料可寻找线索。

一是万岁登封元年（696），营州（今辽宁朝阳）契丹造反围攻檀州（今北京密云），武则天"大发河东道及六胡州，绥、延、丹、隰州稽胡精兵，悉赴营州"[3]。稽胡又称山胡、步落稽，他们与胡人杂处，逐渐融合，这说明河东道当时有为数众多的胡人聚落精兵，才能调集出征，而河东道当时的首府是蒲州，不会没有胡人。

二是大历十四年（779），李怀光为河中尹及邠、宁、庆、晋、绛、慈、隰等州节度观察使。他以蒲州河中府为根据地，直至贞元元年（785）因军饷待遇不均反叛被讨伐杀死。李怀光在蒲州时，"左右皆胡房"[4]，其中最著名的是石演芬。石演芬"本西域胡人，事怀光至都将，尤亲信，畜为假子"[5]，他因告发李怀光平叛朱泚不出力而被杀，临死前说："公以我为腹心，公乃负天子，我何不负公？且我胡人，无异心，惟知事一人，不呼我为贼，死固吾分。"唐德宗为此追赠石演芬兵部尚书，赐其家属钱三百万。李怀光死后，其属下胡人受安抚宽待，继续留在蒲州生活。

这是蒲州有粟特胡人最明确、最直接的记载，石演芬的"芬"字在粟特语中是"荣幸""运气"之意，是粟特男人常用的胡名。[6]李怀光是渤海靺鞨人，本姓茹，其先徙于幽州，以战功赐姓李，他统领朔方军，手下部将多为胡人也就不奇怪了，连他的外孙也叫"燕八八"（即李承绪）。安史之乱后引起的北方动荡，使许多粟特

---

[1] 敦煌文书 P.3813《文明判集》，见刘俊文《敦煌吐鲁番唐代法制文书考释》，中华书局，1989年，第444页。
[2] 《旧唐书》卷一八五下《良吏下·宋庆礼传》，第4814页。
[3] 《全唐文》卷二一一陈子昂《上军国机要事》，第2135页。
[4] 《旧唐书》卷一二一《李怀光传》，第3494页。
[5] 《新唐书》卷一九三《忠义下·石演芬传》，第5555页。
[6] 蔡鸿生《唐代九姓胡与突厥文化》，中华书局，1998年，第40页。

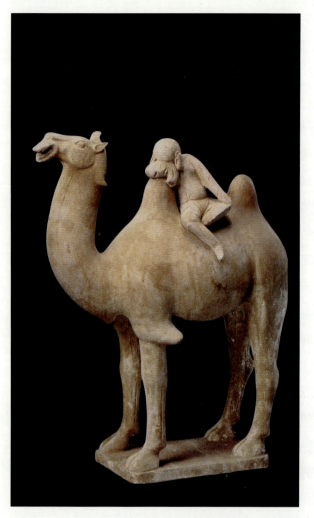

图5 坐驼女俑，1987年西安韩森寨唐墓出土

人的行踪往往随各地节度使攻守力量而四处飘零转移，安史叛军曾一度占领蒲州地区，至德二载（757）三月郭子仪收复蒲州，推断当时双方都有很多粟特人跟随到此。如世袭鸡田州刺史的铁勒阿跌部大人李良臣追随郭子仪平叛安史，宝应二年（763）死于河中府，其妻史氏封为燕国太夫人，很可能是粟特人。[1]贞元二十年（804）以后，河中府的蒲州城还有粟特人的踪迹，如河中府副使曹确、康日知等。不过本文讨论的范围是贞元二十年元稹创作《莺莺传》时蒲州粟特人的历史背景。

三 崔莺莺生活原型考索

唐代蒲州有粟特人活动踪迹，特别是天宝到贞元年间更有历史文献记载，这一背景有益于我们按照陈寅恪先生的思路进一步考索。

首先，崔莺莺原名为曹九九。

陈寅恪在《读莺莺传》一文中认为："莺莺虽非真名，然其真名为复字，则可断言。鄙意唐代女子颇有以'九九'为名者……'九九'二字之古音与莺鸟鸣声相近，又为复字，故微之（元稹）取之，以暗指其情人，自是可能之事。"[2]并举元稹两首诗《代九九》《曹十九舞绿钿》二题为例[3]，又疑曹十九之"十"乃"九"之讹，则此女姓曹名九九，殆亦出于中亚种族。

唐代昭武九姓中有康、安、曹、石、米、何、史等诸国，其中"曹"，有

---

[1]《李良臣碑》，载《山西碑碣》，山西人民出版社，1997年，第114页。
[2] 陈寅恪《读莺莺传》，载《元白诗笺证稿》，生活·读书·新知三联书店，2001年，第113页。
[3]《全唐诗》卷四二二，第4638、4640页。

时亦称苏对沙那、劫布呾那、伽不单等，位于今乌兹别克斯坦撒马尔罕北古布丹（Gubdan）。他们以国为姓，以示不忘其本，因而入华粟特人"康""安""曹""石""米""何""穆"等姓更为常见，被视作典型的"中亚胡人标记"。陈寅恪先生依据《北梦琐言》卷五"中书蕃人事"条："唐自大中至咸通，白中令入拜相，次毕相諴、曹相确、罗相劭、权使相也，继升岩廊。崔相慎猷曰，可以归矣，近日中书尽是蕃人。盖以毕、白、曹、罗为蕃姓也。"其中曹确任相前还担任过河中府副使，从而推测"崔"姓为"曹"姓。

入居中原的曹姓中亚粟特人很多，北朝有琵琶世家曹婆罗门、曹僧奴、曹妙达祖孙三代，曹妙达的妹妹因善弹琵琶获北齐皇帝宠遇而封为昭仪，《旧唐书·音乐志二》说曹家"受龟兹琵琶于商人，世传其业"。北齐的名画家曹仲达，唐代的琵琶演奏家曹保、曹善才、曹纲（刚）等都著称当世。白居易《听曹刚琵琶兼示重莲》云："拨拨弦弦意不同，胡啼番语两玲珑。谁能截得曹刚手，插向重莲衣袖中。"此外，还有女琵琶师曹供奉及曹赞、曹触新、曹者素等。出土的唐长安墓志中有曹明照父女一家[1]。吐鲁番文书中记载有居长安的兴生胡曹禄山兄弟以及曹毕娑、曹果毅等。元稹《琵琶》云："学语胡儿撼玉玲，甘州破里最星星。使君自恨常多事，不得功夫夜夜听。"[2]这说明元稹对琵琶胡儿很熟悉，因为当时善弹琵琶者往往以曹姓徒弟或后裔而炫耀，莺莺姓"曹"而不姓"崔"极有可能。元稹为了抬高个人身份，假托高门大姓崔、卢、李、郑，将曹九九改为崔莺莺，标榜门第，攀附豪族，这是当时社会的流俗。

从敦煌吐鲁番出土文书来看，粟特人华的女子普遍使用汉名，如"胡婢绿珠"[3]、桃叶[4]、绿叶、春儿[5]等，她们作为奴婢被米、曹、康、石等兴生胡携带贩卖至长安等地，如果不是公验文牒案卷确切说明，很难从名字上发现她们是胡人女子。陈寅恪先生论述辨认唐代胡人血统标准，与汉名大异其趣的音译胡名是一条路子，这对胡人男性来说相对容易，但对胡女来说就相对困难了，除了历史文献一般不记载女性名字外，像胡女改为汉名就很难辨认了。崔莺莺原名为曹九九，莺莺、

---

[1] 向达《唐代长安与西域文明》，生活·读书·新知三联书店，1957年，第20页。
[2] 《全唐诗》卷四一五，第4590页。
[3] 《吐鲁番出土文书》第9册，文物出版社，1990年，第29页。
[4] 《吐鲁番出土文书》第7册，文物出版社，1986年，第94页。
[5] 《吐鲁番出土文书》第9册，第31页。

九九都是所谓的"双文",原型之名当用复字,这在唐代女子取名中很常见,如《北里志》中的郑举举、王苏苏等;唐代出土墓志中也有很多这样的例子,如郑意意、赵懿懿、刘孃孃、史婵婵等。陈寅恪先生的精密分析确是需要旁搜侧刮的功夫。

其次,崔莺莺的出身与身份。

关于崔莺莺的出身与身份,很多人曾从崔、郑等门阀世家角度做过解释,陈寅恪则另辟蹊径认为"莺莺所出必非高门,实无可疑也"。因为"唐世倡伎往往谬托高门",如《游仙窟》中的崔十娘被描写为"博陵王之苗裔,清河公之旧族";《霍小玉传》介绍霍小玉出身时声称"故霍王小女,字小玉,王甚爱之";唐代小说作者介绍人物时总是以崔、卢、李、郑、韦、裴、柳、薛、杜等姓氏为门第出身。[1]《莺莺传》也一样,作者给崔莺莺披上高贵荣华的伪装:"崔氏之家,财产甚厚,多奴仆。"陈寅恪指出:"其所以假托为崔者,盖由崔氏为北朝隋唐之第一高门"[2],即高门七大姓为当时社会上层贵妇人的泛称,如果崔莺莺真是出自高门甲族,则张生不会抛弃崔莺莺而选择门第显赫的韦丛结婚,正因为莺莺非名家之女,舍其别娶的张生才会被唐代士子视作改邪归正、浪子回头的典范。陈寅恪从"时人多许张(生)为善补过者"这句话,感悟到唐代社会承袭南北朝旧俗,评量人品高下依然看重门第婚姻,几百年社会风气形成的士子特殊心态,是"始乱终弃"的社会根源。

那么崔莺莺的真实出身与身份是什么呢?陈寅恪先生推测她出身于粟特人华后的"酒家胡",她本人是蒲州酒家胡的丽人,即胡姬。在唐代胡汉相融的社会生活中,酒家胡与胡姬屡见诗文咏叹,号为"谪仙"的李白多次描写过他们,如《前有一樽酒行二首》:"琴奏龙门之绿桐,玉壶美酒清若空。催弦拂柱与君饮,看朱成碧颜始红。胡姬貌如花,当垆笑春风。笑春风,舞罗衣,君今不醉将安归。"《白鼻䯁》:"银鞍白鼻䯁,绿地障泥锦。细雨春风花落时,挥鞭直就胡姬饮。"《送裴十八图南归嵩山二首》:"何处可为别,长安青绮门。胡姬招素手,延客醉金樽。"《少年行》:"五陵年少金市东,银鞍白马度春风。落花踏尽游何处,笑入胡姬酒肆中。"当时的酒家胡们在民间坊市开设酒店,社交广杂,为了与各种酒肆竞争,他们必须使出浑身解数招揽顾客,甚至以胡姬的异域歌舞与美貌展示给中原汉人,尽管酒家

---

[1] 程国斌《唐五代小说的文化阐释》,人民文学出版社,2002年,第42—44页。
[2] 陈寅恪《读莺莺传》,载《元白诗笺证稿》,第116页。

胡名不见经传，但开设酒店的胡人多让胡姬担任女招待，这对唐代文人墨客、年轻士子吸引很大，他们纷纷将胡姬写入诗歌。贺朝《赠酒店胡姬》："胡姬春酒店，弦管夜锵锵。"章孝标《少年行》："落日胡姬楼上饮，风吹箫管满楼闻。"王维《过崔驸马山池》："画楼吹笛妓，金碗酒家胡。"杨巨源《胡姬词》："妍艳照江头，春风好客留。当垆知妾惯，送酒为郎羞。香渡传蕉扇，妆成上竹楼。数钱怜皓腕，非是不能留。"施肩吾《戏郑申府》："年少郑郎那解愁，春来闲卧酒家楼。胡姬若拟邀他宿，挂却金鞭系紫骝。"张祜《白鼻䯄》："为底胡姬酒，长来白鼻䯄。摘莲抛水上，郎意在浮花。"特别值得注意的是，元稹也熟悉酒家胡，他写《赠崔元儒》诗云："殷勤夏口阮元瑜，二十年前旧饮徒。最爱轻欺杏园客，也曾辜负酒家胡。些些风景闲犹在，事事颠狂老渐无。今日头盘三两掷，翠娥潜笑白髭须。"[1]

其实，元稹不仅熟悉酒家胡与胡姬，对盛唐以来胡人生活也非常了解，他写的《胡旋女》《西凉伎》《琵琶》等都细腻深入，栩栩如生，"蒲萄酒熟恣行乐，红艳青旗朱粉楼。楼下当垆称卓女，楼头伴客名莫愁。乡人不识离别苦，更卒多为沉滞游"。《西凉伎》中"胡腾醉舞筋骨柔"，其中的"胡腾"应是"胡姬"[2]。他在《法曲》中感叹："自从胡骑起烟尘，毛毳腥膻满咸洛。女为胡妇学胡妆，伎进胡音务胡乐。火凤声沉多咽绝，春莺啭罢长萧索。胡音胡骑与胡妆，五十年来竞纷泊。"尽管他把崔莺莺打扮成大家闺秀、高门千金，但描绘胡旋女"妙学香莺百般啭"仍透露出莺莺原型的痕迹。他还说过"胡旋之义世莫知，胡旋之容我能传"，也替蒲州河中府的倡伎写过《崔徽歌》："崔徽本不是娼家，教歌按舞娼家长……"[3]这位名叫崔徽的倡伎曾在唐德宗兴元年间（784）与蒲州幕使裴敬中相爱累月，裴敬中返回后，崔徽"以不得从为恨，因而成疾"，并请画家丘夏把她的仪容写真下来托寄给裴敬中，"崔徽一旦不及画中人，且为郎死"。这个动人的爱情故事，早于《莺莺传》的创作，对元稹有着直接影响。

《玉台新咏》卷一收载东汉辛延年《羽林郎》："昔有霍家奴，姓冯名子都。依倚将军势，调笑酒家胡。胡姬年十五，春日独当垆。长裾连理带，广袖合欢襦。头上蓝田玉，耳后大秦珠。两鬟何窈窕，一世良所无……"陈寅恪推测崔莺莺类似这

---

[1]《全唐诗》卷四一四，第4581页。
[2] 龚方震、晏可佳《祆教史》，上海社会科学院出版社，1998年，第239页。
[3]《全唐诗》卷四二三，第4652页。

首诗中的酒家胡，暗示莺莺本人身份为"胡姬"。他判别莺莺身份的另一条解释是，《莺莺传》又被称为《会真记》，传中张生所赋及元稹所续均有"会真诗"而得名，从道教著述中可知"真"字与"仙"字同义，"会真"即遇仙或游仙之意。自六朝到唐代，"仙（女性）之一名，遂多用作妖艳妇人，或风流放诞之女道士之代称，亦竟有以之目倡伎者"。对"会真"的释义和"仙"字的训诂，学术界中有不同看法[1]，因为用仙字称呼女子是极普通的事，仙者，妓也，将仙女与妓女二者合流值得商榷。笔者也认为崔莺莺被推测为"胡姬"有可参证的暗合之处，但胡姬类似于倡伎则不一定准确，即使胡姬向文人士子大胆表白爱情也不见得就是卖色倡伎，即不能将莺莺身份定位为倡伎。

再次，蒲州名酒与酒家胡。

陈寅恪先生考证中国自汉以来史籍所载述中亚胡人善于酿酒，如《晋书·吕光传》说龟兹"胡人奢侈，厚于养生，家有蒲桃酒，或至千斛，经十年不败"。所以他说"自汉至唐，吾国产名酒之地多是中亚胡族聚居区域"[2]，并揣测白居易笔下的琵琶女"自言本是京城女，家在虾蟆陵下住"，也是酒家胡之类，因为长安虾蟆陵乃产名酒"郎官清"之地。至于莺莺居住的蒲州，也是名酒产地，他提出三条史料可证明。一是《水经注》卷四"河水四蒲坂县"条："（河东）郡多流杂，谓之徙民。民有姓刘名堕者，宿擅工酿，采挹河流，醖成芳酎，悬食同枯枝之年，排于桑落之辰，故酒得其名矣。"二是北周庾信《庾子山集》卷五《就蒲州使君乞酒》："蒲城桑叶落，灞岸菊花秋。愿持河朔饮，分劝东陵侯。"三是《唐国史补》卷下所列当时各地名酒有"河东之乾和蒲萄"。这三条证据确凿无疑，深达幽微，揭示了蒲州有酒家胡之可能存在，表现了陈寅恪由疑求证、博学精思的学术研究理路。

早在北魏时，河东蒲阪就有香味浓烈、清白如浆的"桑落酒"，作为佳酿贡品备受欢迎，"每云索郎有顾，思同旅语。索郎，反语为'桑落'也"[3]，酒名可能来源于鲜卑徙民的语言称呼。隋代河东蒲阪设置酒官负责土贡桑落酒，由蒲州刺史监之。唐代更以"乾和葡萄酒"闻名四方。笔者认为，"乾和"是突厥语qaran的音译汉名，原义为"盛酒皮囊"或"装酒的皮袋子"。从语源上说，"乾

---

[1] 程国赋《〈莺莺传〉研究综述》，《文史知识》1992年第12期。
[2] 陈寅恪《元白诗笺证稿》附校补记，第376页。
[3] 王仲荦《北周地理志》（下），中华书局，1980年，第774页。

和葡萄酒"肯定是操突厥语的胡人叫法,这证明唐代蒲州有胡人从事葡萄酒的酿造。葡萄及葡萄酒的原产地在西域,它们的输入在相当程度上是靠酒家胡于民间移传的,但中原地区经营葡萄酒的胡人不可能长年不断地从西域运来,必须利用他们自己的酿造术就地酿酒。蒲州的酒家胡和葡萄酒,唐初就已存在。贞观年间曾任太乐署丞的王绩,"平生唯酒乐,作性不能无。朝朝访乡里,夜夜遣人酤"。他是绛州龙门(今山西河津)人,弃官回乡,酷爱美酒,是胡人酒店的常客,其《过酒家五首》之五云:"有客须教饮,无钱可别沽。来时长道贳,惭愧酒家胡。"[1] 王绩题壁的酒家,乃是粟特胡人所经营,他是这里的常客、熟客,所以经常赊酒喝,并赞美胡人酿酒:"竹叶连糟翠,蒲萄带曲红。相逢不令尽,别后为谁空?"如果说"竹叶"系指绿色的竹叶青名酒,那么色泽呈红的葡萄酒就是酒家胡的特色了。绛州龙门与蒲州相邻,该地有酒家胡与葡萄酒,又可为陈寅恪先生的论断补充新的证据。值得注意的是,《唐国史补》的作者李肇为元和年间人,其记载都是开元至长庆年间的事情,这说明河东乾和葡萄酒至少发端于开元时期,即"胡化"最盛之际,现种植、现酿造、现卖酒的"酒家胡"们聚居在蒲州地区岂不是很自然的事吗?《蒲州府志》卷三"特产"条记载明代蒲州才有葡萄,显然是有误。

综合陈寅恪先生对崔莺莺原名曹九九以及出身寒门酒家胡的有关论述,不仅令人感受到他研究思路的开阔,而且体会到他推测假说时逐层剥离考证的功夫,他甚至求证出莺莺的肤色白皙、莺莺善弹的霓裳羽衣舞本自中亚流行之婆罗门舞,以及道宣《续高僧传》中对唐蒲州普救寺的记载,真是"博识宏文,嘉惠来学","覃思妙想,希踪古贤"[2]。正如蔡鸿生教授所说,晚年自号"文盲叟"的寅恪先生,其实目光如炬。凭着一双深达幽微的慧眼,他透过蒲州普救寺的风流韵事,展示了一部唐代中期的士习民风史。[3] 这足以让后学领悟到陈寅恪史学的魅力,体会到以小见大、学问求通的大师风范!

---

[1] 《全唐诗》卷三七,第484页。芮传明认为此诗作于王绩在长安为官时期,可能有误,因为长安夜禁出行,不能出外酤酒。见氏著《中国与中亚文化交流志》,上海人民出版社,1998年,第295页。
[2] 1979年俞平伯为《陈寅恪文集》题词,上海古籍出版社,1981年。
[3] 蔡鸿生《学镜》,博士苑出版社,2001年,第49页。

附：谈崔莺莺身世角色的探索—— 与宁宗一先生商榷

近年来，我国中原地区出土了不少唐代中亚粟特民族及其后裔的墓葬碑刻与各类文物，这些新的出土资料使海内外学者越来越重视研究粟特人的来龙去脉和历史作用，也促使我们重新检验陈寅恪先生早在20世纪40年代初所作《读莺莺传》一文时提出的崔莺莺的身世角色问题，说是"清算"也好，说是"反思"也好，均无哗众取宠之心，但却耐人寻味，值得钩沉，目的就是考察唐代胡汉交融的外来文明。

中古时期的唐代，疆域广阔，民族混杂，唐王朝以自信博大的胸怀大量接受外来文化，使之融会到中国文化的整体当中。其中来华最久、最活跃的族类就是被称为"胡商""胡人"的粟特人，粟特移民及其后裔形成的"胡化"现象，作为外来风曾风靡一时，向达先生名作《唐代长安与西域文明》对种种"胡化"开放景象有过考证。随着出土文书和考古文物的不断涌现，许多学者追踪整理新资料再现了唐代与西亚、中亚之间湮没已久的文明联系和文化性灵，使中西文化交流史迈入了一个外来文化研究的新境界，不少观点令人耳目一新。

陈寅恪先生游学海外多年，放眼世界做学问是他郑重告诫后人的遗训："今世治学以世界为范围，重在知彼，绝非闭户造车之比。"更可贵的是，他把唐代小说当作当时社会生活的一面镜子，作为严肃的历史研究组成部分，所以他认为元稹的《莺莺传》"亦是贞元朝之良史料，不仅为唐代小说之杰作已也"。这句话画龙点睛地提示我们不可把小说与历史的文化边界绝对分开。

在唐代社会生活中，"胡姬"或"酒家胡"是屡见于李白、张祜、贺朝、杨巨源等十多位诗人诗作中写实的一种职业，包括元稹本人也将"酒家胡"写入诗歌，但无人能够确指究竟谁是酒家胡中的"胡姬"。陈寅恪先生披沙拣金、独辟蹊径地发现两个可疑的对象：一为琵琶女，一为崔莺莺。陈寅恪先生从20世纪40年代提出此问题，直到60年代再探悬案才正式补充说："就莺莺所居之地域及姓名并善音乐等条件观之，似有辛延年诗所谓'酒家胡'之嫌疑也。"前后二十年，足见陈寅恪先生对自己的推测假说一直没有放弃，始终以学者执着的眼光关注着文史遗产的探索。

崔莺莺身世角色之疑问，涉及唐代西域胡人血统鉴识辨认问题，后来学者综合陈寅恪先生论述，认为其辨别标准和分析方法应包括五项：胡貌、胡姓、胡名、胡俗、胡气。从表面上看，这五项标准与崔莺莺其人其事似乎完全对不上号，生搬硬套，无济于事，那么，寅恪先生把莺莺的原型推测为"酒家胡"中的"胡姬"有什么根据呢？我们顺着他推测的思路可看到，他是参照胡姓、胡名和胡俗三项标准立说，采取了旁甄侧证、剥茧抽丝的功夫。

其一，莺莺即所谓"双文"，原型之名当用复字。又莺莺的谐音"九九"，曾被唐代女子取以为名。元稹本人写过《代九九》《曹十九舞绿钿》两首诗，倘"十"为"九"之讹，则"此女姓曹名九九，殆亦出于中亚种族"。曹姓中亚粟特人入居中原的很多，以善奏琵琶世家而闻名中国。

其二，莺莺所居之蒲州，出产名酒"河东之乾和葡萄"，证明当时中原产葡萄名酒之地多是中亚胡族聚居区域，她就更有"酒家胡"的嫌疑了。

其三，莺莺能奏乐，善操琴，"鼓霓裳羽衣序"而哀音怨乱，《霓裳羽衣曲》是以西域音乐为主旋律的唐代舞曲，由此隐约可见胡姬的艺术特色。

陈寅恪先生对崔莺莺身份角色的推测，是在察觉到崔莺莺与曹九九之间的某种暗合之处和同一性之后，又补充居住地和善音乐两个条件，勾勒出一个"酒家胡"的大体轮廓。但他对自己多年"神游冥想"的心得，并没有强加于人，而是低调地称："兹姑妄言之，读者傥亦姑妄听之耶？"由疑求证、证后存疑的学者风范跃然纸上。

笔者作为一名后辈"读者"，对陈先生的高度严谨和谦逊是赞佩无已的，但对他释义"会真"一词的考辨不敢定夺，因"真"字与"仙"字同义，而唐代"仙"（女性之一名）多用作妖艳妇人或风流放荡的女道士之代称，更有人目之倡伎者。因为笔者毕竟不是做文字训诂研究的，也没有说过崔莺莺原型是倡伎，而是按照陈寅恪先生不失章法的推测和考证，结合他当时看不到的出土文献和考古文物，力求透过历史的迷雾去揭示蒲州丽人的西域血统，为此撰写了《崔莺莺与唐蒲州粟特移民踪迹》一文，发表于《中国历史文物》2002年第5期，继其思路又补充了五点新证，以进一步证实他的推测。报道学术新闻的编辑在介绍笔者这篇论文时，有意无意间将题目延伸改动，重新标为"崔莺莺是外国人"，大概是为了吸引读者的眼球吧。

近日读宁宗一先生《崔莺莺：妓女？外国人？》(《光明日报》2003年6月25日"文学遗产"版)，不觉大吃一惊。宁先生随意演绎道："如果我们把陈氏和葛先生的考据成果合二为一，那结论就很有点意思了，原来唐人元稹写的竟是一个外国妓女！我想任何一位理智清明的读者都不会接受这过分滑稽的结论的。"对此，笔者不能不正本清源，以免混淆视听。

图1 新疆吐鲁番唐代骑马女性俑，纽约大都会博物馆藏

陈寅恪先生《读莺莺传》，首先从南北朝以来至唐代中叶士大夫社会风习的变动史来分析"始乱终弃"的社会根源，张生、崔莺莺情变的悲惨结局，正是唐代士子浮浪习气的一个缩影。鲁迅先生在《中国小说史略》中曾说："元稹以张生自寓，述其亲历之境，虽文章尚非上乘，而时有情致，固亦可观，唯篇末文过饰归，遂坠恶趣。"这种文过饰归的"恶趣"，就是唐朝承前代门阀士族旧俗，"凡婚而不娶名家女，与仕而不由清望官，俱为社会所不齿"。这是当时社会以"婚姻""官宦"二事评量人品高下的标准。以"张生"面貌出现的元稹自然从属于士大夫类型的社会群体，也表现了他在数百年社会风气压迫下畏惧人言的特殊心态，正因如此，元稹才抛弃社会地位低下的莺莺而另娶门第显赫的韦丛。尽管元稹讳莫如深地给莺莺披上高贵豪华的伪装："崔氏之家，财产甚厚，多奴仆"；但莺莺若真是出自高门甲族，就不会有"始乱终弃"的悲剧。故陈寅恪先生在揭穿元稹一生"巧婚""巧宦"行迹时，认为崔莺莺应属寒门弱女，并推测莺莺有"酒家胡"痕迹。这体现了他透过小说虚幻而考证史实背景的敏锐目光。如果元稹不采取真名隐去、闪烁其词的文学手法，那么多学者还需要探讨"张生"是元稹本人吗？还需要探讨张生初恋

图 2 陕西乾陵永泰公主墓壁画

女子的原型吗？如果小说中塑造了崔莺莺"酒家胡"的鲜明形象，值得陈寅恪先生耗费二十年时间去运用他的博学精思推测吗？按照宁先生所谓的标准，"小说就是小说，它不可能提供一个实实在在的历史人物供考据家作为考据的真实根据，因为任何一个成功的艺术形象不会是历史上某一个具体的人"。这正是某些人自己理解的现代文学评论。而唐代小说作家恰恰将史书"实录笔法"运用于创作之中，强调故事来源有根有据，仅以"传""记""纪""志""录"引入小说篇名者就有 65 种之多，这种"补史之阙"的主旨使唐人小说历史化倾向非常强烈。唐人小说作为一种文史经典遗产，历来受到史学家的关注，这也是学术界奉行的"文史不分家"之共识。

遗憾的是，依据宁先生的"文学性研究和审美化批评"，陈寅恪"归根结底是史家"，只有"史家眼光"，不懂文学研究，趁早别进入文学的领域，"以史证文要小心"，否则"陈氏还有失察处"，走上"文学跨学科的研究的歧路"。宁文字里行间散发着画地为牢、保守陈旧的味道，未免有些太狭隘了。如今研究唐代民族关系以及中外关系的学者，没有不征引唐诗描写胡人活动的做法，研究唐史的专家也大量引用唐代笔记小说中的相关内容，文史不可能完全分开，一刀两断。

具有讽刺意义的倒是宁先生连笔者撰写的论文看都不看，仅凭报纸上的介绍就大动肝火，又是"感到悲哀"，又是"更为不安"，还有"实在百思不得其解"，而笔者的论文发表时恰恰申明：

> 对"会真"的释义和"仙"的训诂，学术界中有不同看法，因为用仙字称呼女子是极普通的事，仙者，妓也，将仙女与妓女二者合流值得商榷。笔者也认为崔莺莺被推测为"胡姬"有可参证的暗合之处，但胡姬类似于倡伎则不一定准确，即使胡姬向文人士子大胆表白爱情也不见得就是卖色倡伎，即不能将莺莺身份定位为倡伎。

宁先生对笔者这样"无名小辈"的"狗尾续貂"文章可能不屑一顾，但连商榷乃至批评对象的原作都不看，这种罕见的"一家言"符合哪一家的学术规范呢？凭空编造说笔者得出了"崔莺莺是外国妓女"的结论，莫不是"文字狱"或"莫须有"阴风又卷土重来？陈寅恪先生在1958年受批判时，梁方仲教授曾劝说青年教师不要乱起哄，没有看或者看不懂"寅恪三稿"（指《隋唐制度渊源略论稿》《唐代政治史述论稿》《元白诗笺证稿》）的人，是毫无资格七嘴八舌的，他的名言"乱拳打不倒老师傅"曾不胫而走，这两位先生均已作古多年，但他们对学术大胆探索的勇气一直鼓舞、启发着笔者。陈寅恪先生用历史的显影液，浸泡还原崔莺莺的身世图像，本来就是一件不易的事情，用现在的话说属于"前沿课题"，属于"破译密码"，他自辟新径本来也是一种探索，正如专治中外关系史的蔡鸿生先生所说："古今相通的历史视域，是只有深思才能洞见的。晚年自号'文盲叟'的寅恪先生，其实目光如炬，凭借一双深达幽微的慧眼，他透过蒲州普救寺的风流韵事，展示了一部唐代中期的士习民风史，堪称嘉惠后学的博识宏文。"

笔者对陈寅恪先生那种来自辩证思维的学术翅羽向来敬佩，因为其考证的魅力是单纯的小说本身研究所无法比拟的，是在故纸堆中穿凿附会、东拉西扯所无法企及的，因此按照他《读莺莺传》的思路根蒂补充了五条新证，目的都是证明蒲州有中亚粟特种族移民聚落与后裔（土生胡）存在，这是"酒家胡"或"胡姬"产生的前提条件，也是推测崔莺莺有"酒家胡"嫌疑的基本因素。宁宗一先生认为这五条新证没有一条可以安到崔莺莺的头上，"实在找不到任何一条可以和《莺莺传》挂上钩"。恕笔者直言，浅薄地提问崔莺莺在哪个胡人酒店做"胡姬"，轻率地追问哪

图3 胡服女俑，1991年长安县唐墓出土

个胡人与崔莺莺有血肉关系，都是不成逻辑的强词夺理，如果记载明确还需要探讨吗？在中唐乱世纷杂的时代里，《莺莺传》的小说表现形式用障眼法隐去一些"胡风"的东西是很正常的，仅仅拘泥于《莺莺传》的表面描述，研究又如何能深入，长满锈斑的历史之门又如何开启。这正表明宁先生根本不懂或不知陈寅恪先生提出三条与小说中莺莺有关的依据，根本不清楚陈先生开阔性的眼界与思路，试问：唐代诗人约30首描写"酒家胡""胡姬"的诗歌是凭空捏造的吗？元稹小说创作能离开当时胡汉杂居的文化环境吗？小说中的崔莺莺没有生活原型吗？元稹《法曲》诗中感叹"女为胡妇学胡妆，伎进胡音务胡乐""胡音胡骑与胡妆，五十年来竞纷泊"又是从哪里冒出来的呢？

笔者对小说中的崔莺莺素无研究，也没考证过"乱"字表示性行为的适用范围，更没有探讨过莺莺内心深处所震颤出来的爱情旋律，不会用金代、元代、明代文人改编作品去印证唐代的创作，笔者只是想通过寅恪先生研究崔莺莺为"中亚种族"的推测，来印证千年前的外来文明影响，反思当时的文化交流与融合，梳理族群演变的脉络，注目新出土文物资料中的粟特移民迁徙的信息。尽管寅恪先生的推测和笔者所提的新证都有待于继续深入研究，这种学术研究的方法思路有什么错吗？笔者不希望把一次严肃的学术探讨搞成庸俗的闹剧，不愿意把新探索和凑热闹混在一起，更不喜欢去臆测失之荒唐的"外国妓女"。当有人总爱对"外国妓女"津津乐道大做文章时，却很少深刻思考中古时期一种外来文化的传播与影响，这才是真正的悲哀和令人不安。

　　小说本是伟大的谎话，但这"谎话"有时比史书更见真实。一部称得上经典的古代小说，会隐匿着一个民族的心灵秘史。陈寅恪先生对崔莺莺身世角色的探索具有理性的视野，我们不能随意做简单的否定或小觑，在众说纷纭、莫衷一是时，一种学术观点的独特价值值得格外重视。历史是探询过去和"还原"真相最犀利的眼光，是透视远去的唐韵胡风的最明亮眼睛。

3

ON THE LIVING CONDITION OF THE IMMIGRANTS FROM THE WESTERN REGIONS IN CHANG'AN OF TANG DYNASTY

论唐代长安西域移民的生活环境

论唐代长安西域移民的生活环境

移民是一个城市的活力所在,唐长安是中国历史上外来移民人数最多最活跃的国家都城。移民中最突出的就是来自被称作"胡人"的西域移民及其后裔。从西安地区出土的大量陶俑或壁画可看到,高鼻深目络腮胡须的胡人形象比比皆是,造型各异,从将军武士、文臣官吏到骑驼商人、歌舞乐人,神态不一,栩栩如生。许多出土墓志也真实记载了西域移民的活动事迹,有力地填补了史书遗缺。学术界由此断定唐长安是一个"国际大都市",是当时经济文化"开放、流动、融合"的汇聚地。与前朝后代相比,笔者也赞同这样的判断,但人们往往对西域移民进入长安后,其生活随着时代变化而呈现出的差异特点重视不够,本文试作一点审视。

一

初唐时,由于唐廷急于稳定周边,联络盟友,征服四夷,扩疆拓土,特别是为了应对突厥汗国和其他民族的侵犯压力,所以对西域移民采取笼络手段和礼遇政策。不管以何种路径和方式进入长安的胡人,唐廷都没有将他们作为国

图1 西魏大统十年(544)胡人俑,1984年咸阳窑店侯义墓出土

图2 唐显庆二年（657）骑马胡俑，1972年礼泉张士贵墓出土

都里的下等人，反而表现出足够的"怀柔"善意，甚至允许其与汉人通婚。即使一些胡人违法乱纪，唐廷也没有对他们采取群体"有罪推定",《大唐新语》卷九记载贞观年间，有胡人劫盗金城坊人家，雍州长史杨纂要将京城所有胡人都捉来审问，司法参军尹伊认为不妥，因为胡汉杂处，"亦有胡着汉帽，汉着胡帽，亦须汉里兼求，不得胡中直觅。请追禁西市胡，余请不问"。这样的破案思路不株连其他胡人，显示了面对外来移民的自信与宽容，因而大批胡人向往长安，蜂拥而至。在北方突厥兵临城下的危急时刻，唐廷也没有乱了手脚，而是分别对待，具体处置，朝廷的包容促使许多胡人从军，担当起保卫长安的责任，甚至以宿卫皇宫为荣耀。

胡人远来，被朝廷视为外国来朝，这是文治武功的理想境界，尽管有些汉人官吏对重用胡人有担忧，如武后时薛登上《请止四夷入侍疏》，但朝廷为了地缘战略利益顶住了汉臣压力，蕃将汉兵在军功面前比较平等，有时还有意提高胡人奖励"等级"，"开怀纳戎，张袖延狄"，以鼓励他们为朝廷效忠卖命。一般来说，唐廷为新移民提供较为公平的生活环境，打通他们及其子弟提升上进的通道，"爱之如一"，从而使西域胡人能和长安汉人和谐相处。所以，许多胡人并不讳言他们的胡族家世渊源，在家族墓志上镌刻自己"家世西土""发源西海"，描述自己"本西域康国人""西域安息国人""其先安国大首领"[1]等，明确保存有清晰的异族观念和

---

[1] 关于西域胡人墓志的研究，论者较多，代表作有向达《唐代长安与西域文明》，生活·读书·新知三联书店，1957年，第13—24页；李鸿宾《唐代墓志中的昭武九姓粟特人》，《文献》1997年第1期；荣新江《北朝隋唐粟特人东迁及其聚落》，载《国学研究》第6卷，北京大学出版社，1999年。

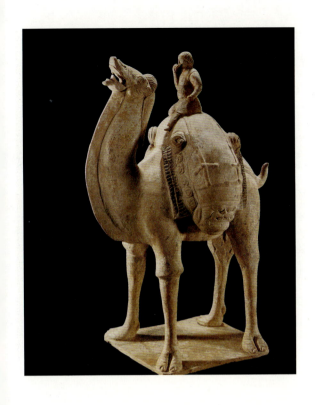

图3 戴毡帽吃胡饼骑载皮囊骆驼胡人俑,1980年山西太原隋斛律澈墓出土

外夷心态,甚至夸耀入华后"外来户"辉煌的贵胄门第来源,以便在唐朝等级社会中占有一席之地。

唐朝宗室本身出自鲜卑外族,种族观念淡薄,华夷政策兼容,《新唐书》卷一七〇《王锷传》记载:"天宝末,西域朝贡酋长及安西、北庭校吏岁集京师者数千人,陇右既陷不得归路,皆仰廪鸿胪礼宾,月四万缗,凡四十年,名田养子孙如编民。"这些逗留长安的胡人给唐廷增加很大的经济负担,他们一面领取官府供给,一面举质取利、买田置宅、娶妻生子,有的居住四十余年,仅检括出来就有四千多人,加上早已脱籍的胡人,数量更多,官府将不愿回归者全部编入神策军,并依据身份安排不同官职,继续为唐朝效力。

虽然安史之乱搅得周天寒彻,但反叛的源头和渠道当时人们还是清楚的。始作俑者仅仅是安禄山、史思明之流,甚至在长安时任户部尚书的安禄山堂弟安思顺还先奏乃兄谋反,罪名戴不到所有胡人头上。即使在安史反叛的重灾区,受到拉拢和引诱的胡人也并不全都追随叛军,有很多胡人还参加了平叛战争,朝廷"以蕃制蕃"的策略仍在实施,一些蕃将严防死守,英勇对抗安史叛军赢得了汉臣的敬佩,民间众多汉化很深的胡人主动断绝了与安史叛军的联系。特别是朝廷借助回纥等异族胡兵平叛,陡然提高了胡人的地位,更使汉臣以谦卑的情怀来期盼强劲的胡兵镇压叛军。

但在收回长安、洛阳后,回纥胡人倨傲态度与抢掠行径,敦促汉臣反思曾经高高在上的心态,刺激汉族士大夫们反思自己脆弱的特权,经历过震撼、屈辱、躲避的汉族官员涌出一种对胡人蛮横无理、不仁不义的反感。汉族臣僚开始处处提防制衡蕃臣胡将,士大夫们气势磅礴、声色俱厉地宣扬大唐的恩威,不断斥责胡人的贰心不忠，他们认为"胡人官至卿监、封国公者，著籍禁省，势倾公王，群居赖宠，更相凌夺"[1]，是长安藏奸宿乱的祸根，在唐廷中弥漫着一种规避风险、提防排挤外来民族的氛围，并直接导致早已身心交瘁的唐廷统治者做出一些浅薄愚蠢的决策。

自中唐开始，胡人在长安的生活和事业面临着许多起点上和程序上的不公平。在汉人眼里，胡人应该多一些惜福感恩，少一些跋扈轻狂，于是处处压制圈禁他们，对胡人将帅更是猜忌防备、怀疑惧怕，血气方刚、直率单纯的胡人受到汉臣的掣肘，一般会隐忍不发，怕被排挤出长安，生存不易只能委曲求全，退避三舍，可他们心里充满冤屈怨气，一有机会，播种的侮辱仇恨很容易就变成一种分离的破坏力，诸如仆固怀恩、李怀光等在胡将蕃兵鼓动下抗争反叛的事例，在中唐后屡屡发生。初唐胡汉融合的正常秩序到盛唐"爱之如一"的大国心态，逐渐变化为中唐猜忌的心理与晚唐的排外情绪。

二

在重农抑商、重儒轻商的中国封建社会里，经商贩卖是大多数汉人所不愿做的。盛唐以前社会安定、生活环境稳定优越，这给了胡商很大的机遇，他们要在京城长安和中原经济发达地区生存发展，从事商贸获利不失为一条生计发展之路。唐朝规定，商人只要取得边境州县的通行证（过所）即可前往内地进行贸易，这也是导致大量各类胡商来华经商异常活跃的原因之一。

来自西域的胡商不畏艰险，善于筹算，有的拥有巨资，有的博学多闻，有的善于识宝，他们的到来在一定程度上刺激了唐朝的商业经济。胡商从事的行业各种各样，仅从《太平广记》等笔记史料描写来看，有的从事药材生意，有的开设珠宝店铺，有的出售金银、玉器，有的开办波斯邸，有的从事"酒家胡"、胡饼店等饮食行业，其中既有富商大贾，也有小商小贩，胡商的出身也高低不等，《集异记·李勉篇》中，波斯老胡曰："我本王贵种也，商贩于此，已逾二十年。"《原化记·鬻饼胡篇》云，京城鬻饼胡商自称："某在本国时大富，因乱，遂逃至此。"敦煌文书 P.3813《文明判集》第 114—126 行记载长安胡商史婆陀："家兴贩，资财巨

---

[1]《新唐书》卷一四五《王缙传》，中华书局，1975年，第4716页。

◀ 图4 4世纪萨珊波斯（309—379）镀金国王狩猎狮子银盘，1927年卡马河发掘，圣彼德堡博物馆藏

▶ 图5 4世纪萨珊波斯沙普尔二世狩猎银盘，皇宫工坊为国王制作的赠送礼品

◀ 图6 5世纪萨珊波斯银盘中琐罗亚斯德教中掌管水与生育的女神阿娜西塔，孔雀围绕她身边

▶ 图7 7—8世纪萨珊波斯银盘

◀ 图8 7—8世纪帝王狩猎公羊银盘，俄罗斯圣彼得堡皇家博物馆藏

▶ 图9 7—8世纪帝王谒见银盘，俄罗斯圣彼得堡皇家博物馆藏

图10 片治肯特古城壁画（临摹）

富，身有勋官骁骑尉，其园池屋宇、衣服器玩、家僮侍妾比王侯。"在唐人眼中，他们的巨富生活非一般人可比，但"婆陀阛阓商人，旗亭贾竖，族望卑贱，门地寒微"，没有值得夸耀的门阀。特别是胡商家庭亲兄弟也见利忘义，互不救济，被

图11 片治肯特古城壁画（临摹）

唐人理解为性格贪婪，伦理废弛，耻于与其来往，这与玄奘《大唐西域记》中描绘窣利（粟特）胡人特点是一致的："风俗浇讹，多行诡诈，大抵贪求，父子计利，财多为贵，良贱无差。"胡风汉俗文化背景大异其趣，使许多西域移民只能在自己认可的圈子里聚居生活。

由于安史之乱后对外陆路时通时断，兴贩贸易受到很大影响，滞留长安的胡商生计无着，只好经营借贷业务，以质举取利为生。这又诱发唐人的嫉妒，他们向胡商借贷后恃势不还，大和五年（831）唐文宗颁布诏令称："如闻顷来京城内衣冠子弟及诸军使，并商人、百姓等，多有举诸蕃客本钱，岁月稍深，征索不得，致蕃客停滞市易，不获及时。方务抚安，须除旧弊，免令受屈，要与更改。自今已后，应诸色人，宜除准敕互市外，并不得辄与蕃客钱物交关。委御史台及京兆府切加捉搦，仍即作条件闻奏。其今日已前所欠负，委府、县速与征理处分。"[1] 这里所谓的"蕃客"即指外来胡商，他们索偿不得，饱受委屈，致使停滞市易，可知从业环境非常恶劣。开成元年（836）六月，京兆尹又奏称："举取蕃客钱，以产业、奴婢为质者，重请禁之。"乾符二年（875），朝廷南郊赦文中提出禁止举债入钱买官

---

[1]《册府元龟》卷九九九《外臣部·互市》，中华书局，1960年，第11727页。

◀ 图12 蕃人面相三彩俑，巴黎吉美博物馆藏

▶ 图13 唐三彩胡人俑，巴黎吉美博物馆藏

或纳粮求职，特别强调如果借波斯番人钱，要按赃物罚款没收。[1]实际上，朝廷也"籍京师两市蕃旅、华商宝货举送内库"[2]，说明从胡商手里强夺巧取的歪风一直没有根绝，这不仅严重削弱了胡商的经济实力，而且使他们无法正常生存。

中唐时期，胡商贸易在一定程度上缓解了安史乱后经济衰退带来的冲击，尤其是胡商的流动性有助于沟通南北商业，互通有无。当然，胡商在盛唐到中唐的经济运行秩序转变中，也助长了奢侈挥霍之风的增长攀升。长安达官贵人和社会富人稍遇稳定太平即追求生活享受，刺激胡商"贡献"珍珠、玛瑙、象牙、犀角、精玉、玻璃等奇珍异宝。许多胡商经营珠宝买卖，为了追求暴利不惜剖身藏珠，中唐以后笔记小说里有不少胡人贱身贵珠、身亡宝存的故事。《南部新书》记长安"西市胡人贵蚌珠而贱蛇珠。蛇珠者，蛇所吐尔，唯胡人辨之"。尽管朝廷屡次禁断珠玉器玩，不许进献异域珠宝，但在唐人看来，珍宝价值昂贵，又是财富的象征，因此寻宝斗宝的活动屡禁不止。"胡客法，每年一度与乡人大会，各阅宝物。宝物多者，

---

[1]《唐大诏令集》卷七二《乾符二年南郊赦》，商务印书馆，1959年，第400页。
[2]《新唐书》卷二〇八《宦者传·田令孜》，中华书局，1975年，第5885页。

◀ 图14 唐代胡人俑，巴黎吉美博物馆藏

▶ 图15 唐蕃女彩陶俑，巴黎吉美博物馆藏

戴帽居于坐上，其余以次分列。"[1]这种较量贵贱和交换宝物的斗宝活动，是胡人商客夸耀财富的独特方式，汉人却认为这表现了胡商投机致富、唯利是图的本性。

总之，唐人对胡商存在一种复杂而矛盾的心理，经济上羡慕其富有，动辄以几十万甚至上千万的金钱买卖奇珍异宝，称呼他们"千金贾胡"。李义山《杂纂·不相称》将"穷波斯"列为十一种"不相称"情况，表现了唐人的矛盾心理，他们既实用主义地希望借助胡商的财力来解决自己的危机与困难，又惧怕胡人力量过大，内心不情愿胡商掌握唐朝的经济命脉，不仅文化上宣传儒家的义利观，渲染胡商的吝啬贪婪，对胡商采取"边缘化"的鄙视态度，而且在经济遇到危机时，对他们实施比较宽泛的打击剥夺手段，导致许多善于经营的正派胡商也生存困难，难以维系他们的正常生活。

三

西域胡人带来的文化也是"胡风"盛行的标志之一，胡人表演艺术主要是音

---

[1]《太平广记》卷四〇三《宝四·魏生》，中华书局，1961年，第3252页。

图16 唐代鎏金伎乐银带銙,内蒙古博物院藏

乐、舞蹈、杂耍等,胡旋舞、胡腾舞等乐舞在民间盛行一时、风靡不衰,但在贵族阶层和士大夫官员们中,既有津津乐道的欣赏,又有居高临下的鄙视,对胡人文化的态度经常随着政治和社会形势变化而反复,一般而言,都是将西域艺人视作"西向悲泣"、三教九流的江湖流浪者。

如唐中宗曾在两仪殿设宴,"酒酣,胡人袜子、何懿等唱'合生',歌言浅秽"。有大臣遂上书谏劝:"伏见胡乐施于声律,本备四夷之数,比来日益流宕,异曲新声,哀思淫溺。始自王公,稍及闾巷,妖伎胡人、街童市子,或言妃主情貌,或列王公名质,咏歌蹈舞,号曰'合生'"。[1]面对胡乐的冲击与胡歌的流传,正统的汉臣鄙视或敌视胡人"夷狄音乐"是伤风败俗的靡靡之音,甚至提高到国家衰亡层面上去向皇帝说教,认为凡属胡乐,除招待异域来宾外,对内一律不得使用。

又如源于西域康国的泼胡王乞寒戏,每年"十一月鼓舞乞寒,以水交泼为乐"[2]。相传波斯萨珊王朝,百姓曾饱受干旱之苦,在国王祈祷下,天降大雨,百姓获救,从此感谢王恩以水相泼成为仪式。这种民间驱邪消灾的粟特节庆,曾在长安流行很久,每年十一月各坊里居民组成浑脱队,擂鼓挥旗,裸体喧噪,相互泼水,腾跃竞逐,具有强烈的娱乐性和观赏性。从皇帝到百姓都喜爱这种大众游戏,但此类带有浓郁异国情调的民间狂欢,既与朝廷提倡的传统礼仪不相容,又被汉人视为夷狄巫术余音遗响,所以唐中宗、睿宗、玄宗时有大批官员屡次上书,认为"安可以礼仪之朝,法胡虏之俗",呼吁禁止泼胡乞寒这类"裸体跳足、挥水投泥"的"胡俗""胡风",开元元年(713)被"无问蕃汉,并加禁断",天宝初韩朝宗再次

---

[1] 《新唐书》卷一一九《武平一传》,第4295页。
[2] 《新唐书》卷二二一《西域下·康国传》,第6244页。

图17 1976年赤峰喀喇沁旗出土中唐鎏金卧鹿花纹银盘，外底錾刻55字铭文，证明此为宣州进献朝廷的贡品

上书要求严令禁止。

再如源于中亚的胡旋舞、胡腾舞一直在长安宫廷内外盛行，皇家贵族和官僚士大夫虽喜欢这类急速旋转如风的舞蹈，却又对胡人表演者持歧视戏弄的态度，嘲笑"石国胡儿人见少，蹈舞尊前急如鸟……手中抛下蒲萄盏，西顾忽思乡路远"，讥讽"胡腾儿，胡腾儿，故乡路断知不知"。中唐时元稹《胡旋女》中甚至把胡旋女和"妖胡"联系起来："天宝欲末胡欲乱，胡人献女能胡旋。旋得明王不觉迷，妖胡奄到长生殿。"白居易《胡旋女》中也责备："胡旋女，出康居，徒劳东来万里余。中原自有胡旋者，斗妙争能尔不如。"元、白描写胡旋女的本意是批判"世风不古"，将这些能歌善舞的胡人男女，形容为归乡无路的下等人，或讥讽为"弃土不识离别苦"的寻欢作乐者。

此外，西域幻术戏法自汉代以来多次传入中原地区，相传大秦、天竺幻术不断与中国的散乐杂技相结合，吞刀吐火、屠人截马、断舌剖肠、画地为川等惊险刺激的表演场面，被称为"胡戎之乐，奇幻之戏"。统治者一度允许西域幻术戏法流行，目的是盛张国家威势，壮异域臣服景观。但由于幻术戏法与祆教传教手段紧密联系，裸袒戏谑引起许多汉人的惊恐，被列入奇诡凶兆怪术，视作有损风化的乱纪败俗，高祖时长安官吏就提出"百戏散乐，本非正声，此谓淫风，不可不改"[1]。高宗显庆元年（656），禁胡人为幻戏者，但民间屡禁不止，乐此不疲，一直延续到中唐。唐朝统治集团中一些恪守祖制传统的臣僚，对外来文化疑虑重重，很容易萌生出敏感的排外心态。

---

[1]《大唐新语》卷二《极谏第三》，中华书局，1984年，第18页。

图18 骑驼蕃妇陶俑，1987年山西黎城县出土

四

西域传来的宗教中，祆教、景教、摩尼教号称"三夷教"，这三种外来宗教得到唐廷的正式认可，在长安建有寺院，朝廷的宽容是为了安定西域移民的人心，鼓励胡人为唐朝效忠服务，但在长安占优势地位的佛道两教却不容"杂夷"宗教扩大地盘，并影响朝野士民也对"三夷教"持贬斥态度，不时发起对祆教、景教、摩尼教僧侣的谩骂、诽谤和攻击，迫使朝廷颁布对他们传教范围的限令，只允许在外来移民的生活圈子中活动。

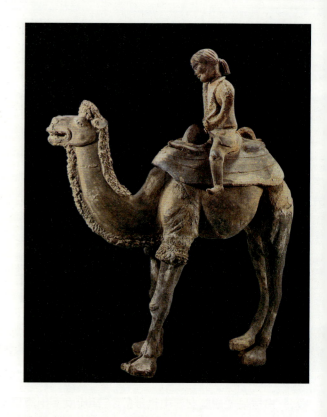

祆教起源于波斯琐罗亚斯德教，俗称拜火教，在唐朝以前已传入中国，据《通典》记载："武德四年，置祆祠及官，常有群胡奉事，取火咒诅。"长安布政坊等胡人聚居地有五所"胡祆祠"，祆教祭祀活动带有强烈娱乐成分，"每岁商胡祈福，烹猪羊，琵琶鼓笛，酣歌醉舞"[1]。唐朝禁止汉人信仰祆教，但祆教风习却随着胡商活动在民间渗透，私下传布。会昌五年（845）外来诸教遭受毁灭时，管理火祆教徒的萨宝府也随之罢废。1955年发现的波斯后裔祆教徒苏谅妻马氏墓志，表明祆教在晚唐禁而不止，仍然存在，民间同情者或信奉者大有人在。

景教作为基督教在东方传播的一个教派，最初入唐以"波斯经教"为名。贞观十二年（638），唐太宗诏令在长安义宁坊建立"波斯寺"，景教在朝廷的认可和支持下开始传教，高宗时得到进一步发展。从武则天到玄宗即位，景教一度受挫，受到佛教徒和儒士的攻击，许多士民嘲笑讪谤，不仅景教徒处境困难，整个景教都面

---
[1]《朝野佥载》卷三，中华书局，1979年，第64页。

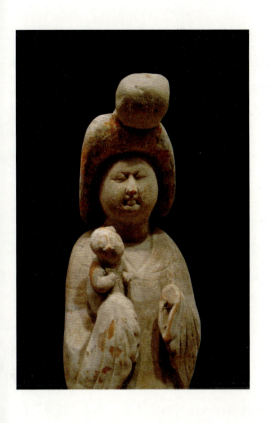

图19 抱婴女俑，陕西历史博物馆藏

临危机。景教士被迫改变生存方式，为皇室修功德，进献奇器异巧，提供外来天文术等，才改变了被压迫的局面。中唐后景教在民间开展慈善活动，使他们遭受的非难减少，但在会昌毁佛时仍没逃出衰微的厄运。

摩尼教高级僧侣慕阇乌没斯拂多诞在武则天时到中国，其教义得到朝廷赞许，但遭到"群僧妒谮，互相击难"，所以没被允许在内地传教。25年之后，玄宗开元七年（719）吐火罗再次以慕阇精通天文为由，请求唐玄宗垂询摩尼教法，摩尼教才得以在长安设置法堂。可是开元二十年又被禁止在民间传播，敕令称"末摩尼法，本是邪见，妄称佛教，诳惑黎元，宜严加禁断。以其西胡等既是乡法，当身自行，不须科罪者"[1]。故外来移民"西胡"可以信奉摩尼教，但向汉族民间传播的势头却受到了遏制。直到安史之乱后，摩尼教借助回纥力量逐渐在长安再度流传，代宗大历三年（768）摩尼教徒建立京师大云光明寺，才有了一席之地。随着回纥势力的衰亡，摩尼教徒又受到处处非难，会昌三年被朝廷彻底禁止，京城女摩尼七十二人死，其余流放，下落不明，踪迹难寻。

唐后期，朝臣普遍认为唐朝境内所有的外国宗教都属于"邪法"，建议一体进行打击，会昌五年唐武宗毁佛时，为"显明外国之教，勒大秦、穆护、祆三千余人还俗，不杂中华之风"[2]，祆教、景教等全部属于被禁之列，共有三千余人被迫还俗，维系外来移民聚落凝聚力的精神纽带从此被割断。

这种宗教压迫引发的一场冤罪，以及随之而来的种族驱逐，自然伤害了普遍的

---

[1]《通典》卷四〇《职官典》二二《秩品五》，中华书局，1988年，第1103页。
[2]《唐会要》卷四七《议释教上》，中华书局，1955年，第841页。

人心,也是统治者在国运不济失去自信宽容后软弱无力的表现。尽管历史文献没有记载胡人以后的命运,但他们在前途未卜、忧心忡忡的情况下,不可能再为唐王朝出力效忠,反而有可能加入各地藩镇军阀反叛的阵营,成为离心离德的一股力量,加速了唐朝的动荡与灭亡。

五

大多数西域胡人进入长安后都想把国都作为自己的立身之地,试图与汉人和谐共存,和平共处,因此使出浑身解数表现友好。他们传入了中亚、西亚的饮食、医药、香料、织锦、玻璃、葡萄酒等物质文化,也传入了西域音乐、舞蹈、美术、雕塑等艺术文化,不仅使长安官府吸纳了波斯天文、历算、建筑等科技文化,也使民间融合了宗教、节庆、方术等精神文化,极大地补充丰富了唐文化。

但西域移民毕竟有自己的特点,胡人体态相貌、服饰装扮、生活习俗、思维习惯都与本土汉人有所区别,人口占多数的汉人往往因不习惯胡人的特点而产生鄙视排拒的心态,例如胡人"体有臊气",这是白种人所特有的体味,于是"狐臭"与"胡臭"相通,成为对胡人歧视性的指称。[1] 男性胡人截发长髭,眍目磋齿,女性胡人梳辫盘髻,香油涂发,又引起汉人先入为主的惊异之感。即使"胡姬"之类的年轻胡人女性顾盼生姿、面容美貌,也被认为不符合举止雅重、温良恭顺的汉人审美观念,在唐人笔记小说中,常常借"狐"(胡)隐喻影射,将胡姬描写成魅惑诱人的"狐狸精"或"妖狐"[2]。《太平广记》卷二五六引《云溪友议》载唐陆岩梦桂州筵席上赠胡女诗:"自道风流不可攀,那堪蹙额更颓颜。眼睛深却湘江水,鼻孔高于华岳山。舞态固难居掌上,歌声应不绕梁间。孟阳死后欲千载,犹有佳人觅往还。"诗的前段讥讽胡女自诩风流,调侃胡女的长相,后段嘲笑胡女舞态歌声不够超绝,文人尚且如此刻薄,一般民众对胡人外貌的歧视就更可想而知。

西域胡人中除佛教僧人穿着缁服外,普通百姓以穿白衣为常服,慧琳《一切经音义》卷二一说:"西域俗人皆着白色衣也。"按照玄奘《大唐西域记》卷一解释西域服色禁忌:"吉乃素服,凶则皂衣。"胡人这种崇尚白色的服饰装扮,与汉人喜爱

---

[1] 陈寅恪《胡臭与狐臭》,载《寒柳堂集》,上海古籍出版社,1980年,第142页。
[2] 王青《早期狐怪故事:文化偏见下的胡人形象》,《西域研究》2003年第4期。

的服饰颜色恰恰相反，造成的心理反应更是不同，被认为是"服妖"的不祥之兆。

胡汉通婚在唐代比较普遍，《东城老父传》载元和年间"北胡与京师杂处，娶妻生子，长安中少年有胡心矣"。《广异记》说唐天宝年间"东平尉李麐初得官，自东京之任，夜投故城。店中有故人卖胡饼为业，其妻姓郑，有美色。李目而悦之，因宿其舍，留连数日，乃以十五千转索胡妇。既到东平，宠遇甚至。性婉约，多媚黠风流。女工之事，罔不心了，于音声特究其妙。在东平三岁，有子一人。其后李充租纲入京，与郑同还"。撇开故事中胡妇死后变"牝狐"的荒诞细节，以及胡妇被丈夫十五千就转卖的命运，故事结局是李麐常被呼作"野狐婿"，其具有西胡血统的孤儿远寄人家，遭受歧视，不给衣食，说明胡人女子试图融入汉族家庭仍面临困境，"少年胡心"的混血儿在当时的生活境遇更不会有多好。胡汉通婚家庭遭受的不公平待遇，尽管史书没有过多事例详细记载，但不难想象社会上的排拒心态与歧视行为。

此外，在唐人笔记小说中还有一些关于胡人神怪奇异的民间传说，有的讲美丽胡女化身变为鬼狐，有的讲苍首老胡畏狗成为怪尾狐，有的讲商胡狡猾敛财吝啬如青鬼，有的讲壮胡劫掠行人似歹鬼，这些负面形象都反映了当时社会对外来移民抱有偏见不愿接纳的情况，长安胡人生活环境有着不容乐观的隔阂一面，他们担心排挤、恐惧迫害，只能聚居一起互相照应，这可能是胡人及后裔多集中于西市周围里坊的原因之一。

遗憾的是，我们在历史文献和出土文书中看到的多是外来移民对大唐朝廷歌功颂德、进贡献物的顺耳之言，很难找到官员及文人士大夫对唐廷一些保守排外思想的逆耳之音，或许是当时官方删除了触犯时忌的批评谏言，这就使得唐廷上下只

图20 胡人调鸟俑，大英博物馆藏

图 21 唐代骑驼俑,美国纳尔逊美术博物馆藏

看到国运通泰,不愿反观自身和准确认识外部世界,一遇外来冲突,马上做出狭隘的敌意反应。

外来移民是一个国家社会结构流动的标志,更是一个城市的活力所在。长安始终是外来移民最活跃的城市之一,它比其他城市承载过更多的劫难屈辱。隋末唐初动乱,突厥兵临城下,安史叛军蹂躏,吐蕃占据半月,军阀混战烧杀,藩镇轮流攻掠,黄巢占领京城……频繁上演历史悲喜大剧,旅居长安的外来移民也遭受了无数次冲击。西域移民在这个国都生存繁衍发展,需要朝廷海纳百川,官府优待宽容和百姓融合相处,随着政治沉抑、军事冲突、民族摩擦而造成的环境变化,使他们常受到不公正的对待与歧视。"愿求牙旷正华音,不令夷夏相交侵"[1],"非我族类,其心必异",这些思想酿成政治的保守和文化的封闭。如果说文化、信仰和价值观的多样性是人类文明发展的重要特征与重要动力,那么没有外来移民的交流,就没有人类博采众长、文化融合的进步。我们不能只讲盛唐文明的雄风复兴,却不讲唐朝时代变化背景下失去包容的封闭导致的文明衰落,只有进行反思对比,才能扩展今人重构文明的视野。

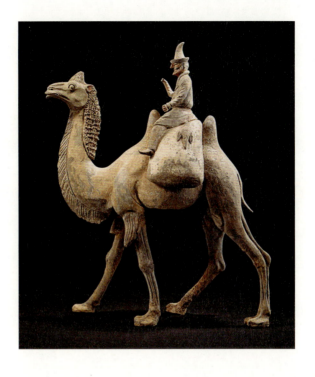

图22 胡人骑驼俑,比利时布鲁塞尔艺术博物馆藏

---

[1] 白居易撰,谢思炜校注《白居易诗集校注》卷三《讽谕三·法曲歌》,中华书局,2006年,第284页。

HU-JIS AND WU-JIS IN THE TANG AND SONG PERIOD

唐宋时代的胡姬与吴姬

4

唐宋时代的胡姬与吴姬

胡姬与吴姬作为唐宋时代下层社会的平民女性,表现出南北不同文化的流风余韵。胡姬大胆粗犷,但不艳俗,吴姬俊雅细腻,但不柔弱;胡姬作为外来的西域女性引人瞩目,吴姬作为江南水乡的女子则唤起了世人的联想关注。唐宋文人与胡姬、吴姬的互动,以通俗清新明快的尚俗写实手法表现出来,这些文字提供了许多史书没有记载的南北方独特社会生活细节。尽管唐宋历史文献里没有留下对胡姬与吴姬的细节记载,但诗词歌海中溅起一些零散描述的浪花,值得人们从文化角度去考察和复原历史。

一

在唐代文人眼中,胡姬的容貌白皙漂亮:"为底胡姬酒,长来白鼻騧。摘莲抛水上,郎意在浮花。"(张祜《白鼻騧》)"胡姬貌如花,当垆笑春风。笑春风,舞罗衣,君今不醉将安归?"(李白《前有一樽酒行二首》)这些对胡姬体貌的表述被人频繁引用,表明具有西域容姿的女子对文人墨客、年轻士子有着莫大的吸引力。

胡姬的职业以"酒家胡"店内的女招待为多,招揽酒客献殷勤只是为了谋生,但容貌装束却魅力无穷:"银鞍白鼻騧,绿地障泥锦。细雨春风花落时,挥鞭直就胡姬饮。"(李白《白鼻騧》)"五陵年少金市东,银鞍白马度春风。落花踏尽游何处,笑入胡姬酒肆中。"(李白《少年行二首》)"胡姬春酒店,弦管夜锵锵。红毹铺新月,貂裘坐薄霜。玉盘初鲙鲤,金鼎正烹羊。上客无劳散,听歌乐世娘。"(贺朝《赠酒店胡姬》)"何处可为别,长安青绮门。胡姬招素手,延客醉金樽。临当上马

◀ 图1 唐代树下美人绢画，1972年吐鲁番阿斯塔那187号墓出土

图2 初唐舞乐屏风，1972年新疆吐鲁番张礼臣墓出土

▶ 图3 初唐舞乐屏风，1972年新疆吐鲁番张礼臣墓出土

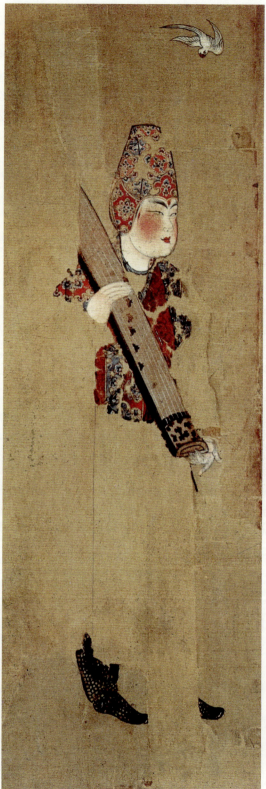

时，我独与君言。风吹芳兰折，日没鸟雀喧。举手指飞鸿，此情难具论。同归无早晚，颖水有清源。"（李白《送裴十八图南归嵩山二首》）唐代诗人中李白可能是描写胡姬最多的作家，证明当时胡姬给他留下的新奇感非同一般。

特别是京城长安青门附近的"酒家胡"当时比较著名，除李白描写过这里的胡姬外，岑参两首送别诗也都写了青门的胡姬："送君系马青门口，胡姬垆头劝君酒。为问太原贤主人，春来更有新诗否？"（岑参《送宇文南金放后归太原寓居因呈太原郝主簿》）"青门金锁平旦开，城头日出使车回。青门柳枝正堪折，路傍一日几人别。东出青门路不穷，驿楼官树灞陵东。花扑征衣看似绣，云随去马色疑骢。胡姬酒垆日未午，丝绳玉缸酒如乳。灞头落花没马蹄，昨夜微雨花成泥。黄鹂翅湿飞转

图4 女俑，甘肃庆阳唐穆泰墓出土

图5 女俑，甘肃庆阳唐穆泰墓出土

低,关东尺书醉懒题。须臾望君不可见,扬鞭飞鞚疾如箭。借问使乎何时来,莫作东飞伯劳西飞燕。"(岑参《青门歌送东台张判官》)

胡姬的另一特点是能歌善舞,乐艺娴熟,在琵琶、胡琴、筚篥、箜篌等浓烈的西域管乐伴奏下,尽兴表演。"书秃千兔毫,诗裁两牛腰。笔踪起龙虎,舞袖拂云霄。双歌二胡姬,更奏远清朝。举酒挑朔雪,从君不相饶。"(李白《醉后赠王历阳》)"平明小猎出中军,异国名香满袖薰。画槛倒悬鹦鹉嘴,花衫对舞凤凰文。手抬白马嘶春雪,臂竦青骹入暮云。落日胡姬楼上饮,风吹箫管满楼闻。"(章孝标《少年行》)"敕勒金隤壁,阴山无岁华。帐外风飘雪,营前月照沙。羌儿吹玉管,胡姬踏锦花。却笑江南客,梅落不归家。"(温庭筠《敕勒歌塞北》)"踏锦花"指在织有锦花的小圆毯子上腾踏起舞。

胡姬色才兼备似乎更能激发男子求爱红香之心、艳羡占有之欲。"年少郑郎那解愁,春来闲卧酒家楼。胡姬若拟邀他宿,挂却金鞭系紫骝。"(施肩吾《戏郑申府》)杨巨源《胡姬词》说:"妍艳照江头,春风好客留。当垆知妾惯,送酒为郎羞。香渡传蕉扇,妆成上竹楼。数钱怜皓腕,非是不能留。"这都暗示胡姬有留客宿夜、私情相悦的现象。

边塞诗中有云:"都尉出居延,强兵集五千。还将张博望,直救范祁连。汉卒悲箫鼓,胡姬湿采旃。如今意气尽,流泪挹流泉。"(杨凝《从军行》)胡姬娱宾遣兴不可能随军出征,大概是诗人借汉卒、胡姬的视角移情入景,想象出边关萧瑟的景象。

晚唐时善写新词的温庭筠曾描写金钗装束的胡姬:"一朝辞满有心期,花发杨园雪压枝。刘尹故人谙往事,谢郎诸弟得新知。金钗醉就胡姬画,玉管闲留洛客吹。记得襄阳耆旧语,不堪风景岘山碑。"(温庭筠《赠袁司录》)

在唐代文人咏史诗中,绝色胡姬也备受瞩目:"仜道骄奢必败亡,且将繁盛悦嫔嫱。几千瓮镜成楼柱,六十间云号殿廊。后主猎回初按乐,胡姬酒醒更新妆。绮罗堆里春风畔,年少多情一帝王。"(韩偓《北齐二首》)这里"胡姬"实指具有胡人血统的北齐后主淑妃冯小怜,作者巧妙地选择胡姬作为历史见证人,指责北齐后主偏爱女色、荒淫失国,令人感慨万端。

与汉族闺阁妇女相比,带有浓烈异域他邦风采的胡姬更能使唐朝诗人着意尚奇。他们以胡姬的丰姿各异展现个人创作的新颖别致和传奇经历,契合他们写作时追求新鲜的情感,不管是怜香惜玉还是知音关怀,不管是寄托期望还是赞美讴歌,不管是暗送秋波还是戏谑调笑，都以个人独特的审美视觉去塑造胡姬的人物形象。

令人目眩神迷的胡姬经过唐朝男性文人的铺陈加工，有着清新秀丽的脱俗气质，但距真实的胡姬究竟有多远，既不易概括也难以形容。胡姬内心的悲凉、灵魂的哀伤和对远方乡愁的呼唤，不会从深沉的历史感中凸显。胡姬的人生际遇充满了被歧视、被侮辱的悲剧，具体细节被文人有意隐瞒掩饰，没有文献野史可供征考，亦难寻任何蛛丝马迹，需要人们去竭力猜想。

在宋代，胡姬悄然消失了，"胡姬"成了一个历史遗痕的称谓。但宋代文人受"内外制"影响，常常把唐代与"当代"联系，似乎仍然延展着唐人的一脉情结，他们在诗词创作中附和唐人的观感，喜欢"唐音宋调"，在想象的填词空间里继续描写着"胡姬"，将胡姬作为一个强烈的象征符号，塑造成国家强盛的表征，并传输给民众。

有人借胡姬抒发感触："星星素发，只有鸣笳楼上发。看舞胡姬，带得平安探骑归。故人渐老，只与虎头论墨妙。怀抱难开，快遣披云一笑来。"（吴则礼《减字木兰花》）

有人用胡姬寄托自己的联想："桃蹊柳曲闲踪迹。俱曾是、大堤客。解春衣，贳酒城南陌。频醉卧、胡姬侧。鬓点吴霜嗟早白。更谁念、玉溪消息。他日水云身，相望处，无南北。"（周邦彦《迎春乐》）

有人揣测咏叹胡姬的美貌："暮霞霁雨，小莲出水红妆靓。风定，看步袜江妃照明镜。飞萤度暗草，秉烛游花径。人静，携艳质，追凉就槐影。金环皓腕，雪藕清泉莹。谁念省，满身香，犹是旧荀令。见说胡姬，酒垆寂静。烟锁漠漠，藻池苔井。"（周邦彦《侧犯》）

有人仿效唐人诗句与胡姬对话："怪被东风相误，落轻帆，暂停烟渚。桐树阴森，茅檐潇洒，元是那回来处。相与狂朋沽绿醑，听胡姬，隔窗言语。我既痴迷，君还留恋，明日慢移船去。"（杨无咎《夜行船》）

有人超越时空希图再现胡姬劝酒的景象："曾唱阳关送客时，临岐借酒话分离。如今酒被多情苦，却唱阳关去别伊。欢会远，渺难期。黄垆门掩昼阴迟。青楼更有痴儿女，谩忆胡姬捧劝词。"（周孚先《鹧鸪天》）

宋代文人对胡姬的虚构想象没有社会背景和生活原型，诗词自然缺乏洒脱阔大、飘逸清新的艺术魅力，把前人的历史碎片移花接木，幻化成真，盛世残梦，犹如用典，嫁名的"胡姬"只剩下一个华丽的外壳，恍如隔世，蹩脚失真，难以逾越

◀ 图6 仕女图残片，1972年新疆吐鲁番出土

图7 仕女图残片，1972年新疆吐鲁番出土

▶ 图8 仕女图残片，1972年新疆吐鲁番出土

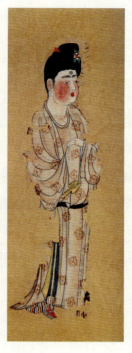

唐人创造的意境，更偏重于案头象征叙述之作，但也说明唐代的胡姬形象对后世宋人的创作影响深远，胡姬成了契合时代要求的典故与符号。

二

吴姬又称吴娃、吴娘，原指吴地明目皓齿、小小盈盈的美女，引申泛指模样玲珑的江南年轻女性。生活于江南湖光水色的吴姬，说着吴侬软语，穿着淡绫吴装，唱着吴音小调，无疑对文人骚客有极大的吸引力。唐朝文人对江南吴姬风姿的描写也很真切，尤其是来自长安看惯北方胡姬的文人，更有参照对比的大写意画。李白《对酒》诗曾赞美："蒲萄酒，金叵罗，吴姬十五细马驮。青黛画眉红锦靴，道字不正娇唱歌。玳瑁筵中怀里醉，芙蓉帐底奈君何。"

从吴姬的身份职业看，范围较广，特点各异。有的吴姬是酒店女招待："风吹柳花满店香，吴姬压酒唤客尝。金陵子弟来相送，欲行不行各尽觞。"（李白《金陵酒肆留别》）有的吴姬擅长机杼织布："金梭札札文离离，吴姬越女羞上机。鸳鸯浴烟鸾凤飞，澄江晓映余霞辉。"（齐己《还人卷》）"江南人家多橘树，吴姬舟上织白纻。土地卑湿饶虫蛇，连木为牌人江住。"（张籍《江南行》）有的则是采莲女："桂

◀ 图9 唐天宝三载（744）弈棋仕女图残片，1972年新疆吐鲁番阿斯塔那187号墓出土

▶ 图10 仕女图残片，1972年新疆吐鲁番出土

棹兰桡下长浦，罗裙玉腕轻摇橹……徘徊莲浦夜相逢，吴姬越女何丰茸。共问寒江千里外，征客关山路几重。"（王勃《采莲归》）文人们笔下的吴姬犹如风俗画中的浅俚人物，突出了下层民间生活的细节。

吴姬最突出的特点是擅长歌唱《采莲曲》《竹枝词》等南方民间小调，"西山作宫潮满池，宫乌晓鸣茱萸枝。吴姬自唱采莲曲，君王昨夜舟中宿"（张籍《乌栖曲》）。"远风南浦万重波，未似生离别恨多。楚管能吹柳花怨，吴姬争唱竹枝歌。金钗横处绿云堕，玉箸凝时红粉和。待得枚皋相见日，自应妆镜笑蹉跎。"（杜牧《见刘秀才与池州妓别》）"楚客秋思著黄叶，吴姬夜歌停碧云。声尽灯前各流泪，水天凉冷雁离群。"（鲍溶《吴中夜别》）"人日春风绽早梅，谢家兄弟看花来。吴姬对酒歌千曲，秦女留人酒百杯。"（鲍防《人日陪宣州范中丞传正与范侍御传真宴东峰亭》）"闻说江南旧歌曲，至今犹自唱吴姬。"（罗隐《秋日泊平望驿寄太常裴郎中》）"残香随暮雨，枯蕊堕寒波。楚客罢奇服，吴姬停棹歌。"（李群玉《晚莲》）

有的吴姬还善于轻歌曼舞："莫道秋江离别难，舟船明日是长安。吴姬缓舞留君醉，随意青枫白露寒。"（王昌龄《重别李评事》）"南国有佳人，轻盈绿腰舞。华筵九秋暮，飞袂拂云雨。翩如兰苕翠，婉如游龙举。越艳罢前溪，吴姬停白纻。"（李群玉《长沙九日登东楼观舞》）"前溪""白纻"均是当时著名的舞蹈名。

图11 唐代调教鹦鹉俑，澳大利亚墨尔本美术馆陈列展出

吴姬的妩媚动人给文人留下难忘印象，每每写入诗歌。"苍莽寒空远色愁，呜呜戍角上高楼。吴姬怨思吹双管，燕客悲歌别五侯。千里关山边草暮，一星烽火朔云秋。夜来霜重西风起，陇水无声冻不流。"（温庭筠《回中作》）"繁极全分青帝功，开时独占上春风。吴姬舞雪非真艳，汉后题诗是怨红。"（齐己《和李书记》）"上林天禁里，芳树有红樱。江国今来见，君门春意生。香从花绶转，色绕佩珠明。海鸟衔初实，吴姬扫落英。切将稀取贵，羞与众同荣。为此堪攀折，芳蹊处处成。"（孙逖《和咏廨署有樱桃》）

诗人为了说明与吴姬相遇的真实，诗歌中还特意交代地点、时间和主人公的对话。李白曾有诗云："朝沽金陵酒，歌吹孙楚楼。忽忆绣衣人，乘船往石头。草裹乌纱巾，倒被紫绮裘。两岸拍手笑，疑是王子猷。酒客十数公，崩腾醉中流。谑浪棹海客，喧呼傲阳侯。半道逢吴姬，卷帘出揶揄。我忆君到此，不知狂与羞。一月一见君，三杯便回桡。舍舟共连袂，行上南渡桥。"明快的情调中尽显吴姬性格的外向活泼。

从地域看，吴姬和越女既有联系又有区别："吴姬越艳楚王妃，争弄莲舟水湿衣。来时浦口花迎入，采罢江头月送归。"（王昌龄《采莲曲二首》）

爱发议论的诗人也将吴姬写入咏史诗中。薛能《吴姬十首》描述宫中"夜锁重

门昼亦监,眼波娇利瘦岩岩。偏怜不怕傍人笑,自把春罗等舞衫。龙麝薰多骨亦香,因经寒食好风光。何人画得天生态,枕破施朱隔宿妆。"贯休《酷吏词》:"吴姬唱一曲,等闲破红束。韩娥唱一曲,锦段鲜照屋。宁知一曲两曲歌,曾使千人万人哭。"陆龟蒙《景阳宫井》诗中把陈后主贵妃张丽华也比作吴姬:"古堞烟埋宫井树,陈主吴姬堕泉处。舜没苍梧万里云,却不闻将二妃去。"

宋代失去了北方大漠的气魄,更注重南方的开发与经营,由于国力孱弱、党派林立、利益倾轧,使敏感的文人刻意逃避现实,他们将吴姬作为美的载体去开拓丰富的想象空间。吴姬虽然频频点缀在文人笔下,但宋代文人描写吴姬比唐代文人更加细腻,更注重对吴姬容貌体态的细部刻画:"是处小街斜巷,烂游花馆,连醉瑶卮,选得芳容端丽,冠绝吴姬。绛唇轻、笑歌尽雅,莲步稳、举措皆奇。出屏帏。倚风情态,约素腰肢。当时。绮罗丛里,知名虽久,识面何迟。见了千花万柳,比并不如伊。未同欢、寸心暗许,欲话别、纤手重携。结前期。美人才子,合是相知。"(柳永《玉蝴蝶·五之三·仙吕调》)"粉绡轻试,绿裙微褪,吴姬娇小。一点清香著芳魂,便添起,春怀抱。玉脸窥人舒浅笑。寄此情天渺。酒醒罗浮角声寒,正月挂,南枝晓。"(高观国《留春令·粉绡轻试》)尽管这类词作不代表全部宋词,但显露出的浓重脂粉气息、艳情倾向和病态趣味,反映出宋代文坛内倾的另一种风尚。

在宋代文人笔下,吴姬虽不乏绮丽婉媚,但仍有着江南女子清新天然的标格。"不问青枝和绿叶,仿佛吴姬,酒晕无端上玉肌。"(胡平仲《减字木兰花》)吴姬能歌唱,善舞蹈,"吴姬十五语如弦,能唱当时楼下水。良辰易去如弹指,金盏十分须尽意。明朝三丈日高时,共拼醉头扶不起。"(晏几道《玉楼春·一尊相遇春风里》)"唤吴姬学舞,风流轻转,弄娇无力。"(辛弃疾《苏武慢》)"吴姬唱,燕姬舞。持玉斝,温琼醑。恨人生欢会,一年几许。"(黄机《满江红》)尤其是"吴姬唱,秦娥舞,拼醉青楼暮"(易祓《蓦山溪》),使仕宦途中求取功名的士大夫犹如置身于江南吴姬的莺喉娇啭中,别有一番意境。

吴姬会当垆酿酒,"光浮碗面啜先春,何须美酒吴姬压。"(张炎《踏莎行》)"吴姬压酒浮红蚁,少年未饮心先醉。驻马绿阳阴,酒楼三月春。相看成一笑,遗恨知多少。回首欲魂销,长桥连断桥。"(洪瑹《菩萨蛮·湖上》)

吴姬劝酒延客、侍酒助兴常常浓烈沁人,"楼上青帘新酒软,吴姬绰约开金盏。的的娇波流盼,采菱歌罢行云散,望断侬家心眼。"(郑仅《调笑转踏》)"天台狂客,醉里不知秋鬓白。应接风光,忆在江亭醉几场。吴姬劝酒,唱得廉颇能饭否。西雨东晴,人道无情又有情。"(戴复古《减字木兰花·寄五羊钟子洪》)"正何须,阳关肠断,吴姬苦劝人酒。"(刘辰翁《酒边留同年徐云屋三首》)

吴姬的打扮颇受文人注意,亦形诸笔墨:"魏台妆,吴姬袖,妖妍多少。"(无名氏《踏青游》)"鸾钗绊,游丝细。鸳袖惹,香尘腻。想吴姬越女,踏青才尔。争似江南樗栎社,俚歌声拂行云里。"(吴潜《满江红·再和》)

宋代许多文人已缺少建功立业的壮志,一踏上旅途,离愁别绪、依依情意,经常爱用吴姬形象来体现一缕怀念,"年少登瀛词客,飘逸气,拂晴霓。尽带江南春色、过长淮。一曲艳歌留别,翠蝉摇宝钗。此后吴姬难见、且徘徊。"(张先《定西番》)"长忆西湖,湖上春来无限景。吴姬个个是神仙,竞泛木兰船。楼台簇簇疑蓬岛,野人只合其中老。别来已是二十年,东望眼将穿。"(潘阆《酒泉子》)

一旦沦落他乡,在月冷霜袍、粉愁香冻的情况下,宋代文人更吟思西湖吴姬的纤毫玉腕、娇面俗态,"沈冻蝶,挂么凤,一杯正要吴姬捧。想见那,柔酥弄白,暗香偷送。"(高观国《贺新郎》)"客毡寒,兰房悄,金炉爇红兽。好个霜天,消遣正宜酒。嫩橙初截鹅肪,肌肤香透。又还记,吴姬纤手。"(无名氏《祝英台近》)

在田园山乡宁静明秀的境界里,吴姬有着清水芙蓉一般的美,"菊暗荷枯一夜霜,新苞绿叶照林光。竹篱茅舍出青黄,香雾噀人惊半破。清泉流齿怯初尝,吴姬三日手犹香。"(苏轼《浣溪沙·咏橘》)在湖泊水乡闲游时,吴姬的红影又有着迷人的美,"催唤吴姬迎小艇,妆花烛焰明相映。饮到夜阑人却醒,风雨定,欲归更把阑干凭。"(朱敦儒《渔家傲》)"红荻黄芦秋已老,妆点楚江头。更有吴姬拨小桡,来往自妖娆。款款舣舟临别岸,短缆系花梢。料得前身是莫愁,依旧有风流。"(卢炳《武陵春》)

在游子惆怅空怀、驿送江南数千里时,更是想念萍水相逢的吴姬,"半含霜,轻噀雾,曾怯吴姬,亲赠我,绿橘黄柑怎比。"(晁补之《洞仙歌》)怀念吴姬袖中香味,回忆共同度过的美好时光,"少年百万呼卢,拥越女、吴姬共掷。被底香浓,尊前烛灭,如今消得。"(张元干《柳梢青》)"爱日烘晴旬日间,谩邀朋辈为跻攀。无穷望眼无穷恨,不尽长江不尽山。星点点,月团团,倒流河汉入杯盘。饱吟风月三千首,寄与吴姬忍泪看。"(韩玉《鹧鸪天》)

吴姬不是"披风抹月"的一群江南女子,她们"醽醁新翻碧玉壶,水精钗袅绛纱符。吴姬亲手碎菖蒲。彩索系时新睡起，榴花剪处要人扶。心情还似去年无。"（周紫芝《浣溪沙》）"一声羌管吹呜咽，玉溪夜半梅翻雪。江月正茫茫，断桥流水香。含章春欲暮，落日千山雨。一点著枝酸，吴姬先齿寒。"（孙舣《菩萨蛮》）宋代文人虽然缺少唐代文人的浪漫气质，但笔下的吴姬带有浓厚的民间气息，不知不觉间净化心灵，化解情感寂寞，寄托精神安慰，这就是宋人好写吴姬的原因。

三

中国传统文学是从历史中分离出来的，于是就有了"文史不分家"的说法。唐代诗歌创作的文化意识也植根于历史土壤之中，诗人写诗必定和时代息息相关，不仅写怀古咏史诗，而且写具体的现实生活，写民众的细情琐事，描绘出一幅幅生动的民间生活画卷，有着历史实感的巨大价值，有许多宝贵资料是史书难以保存的。

史学界倾向把历史典籍视为历史的正脉，喜欢谈论历史与文学的区别，进而推论历史文献是真实的，文学诗歌是虚构的，似乎很多人都认同这种观点。虽然从抽象理论上说，这种观点很正确，一定要从诗人想象考证史实确实很难，但笔者认为它不完全符合唐代文学诗歌的实际，李白、杜甫、白居易等诗人有很多作品在民间广泛流传，在此过程中，人们何尝不是将其当作揭示历史真相的"史诗"呢？笔者强调的这一点，对于人们认识胡姬与吴姬非常重要。在官方正统史书不记载胡姬与吴姬这类社会下层女子的情况下，还原文学诗歌中的历史以补足正史就显得非常必要。历史只是骨架，文学填充血肉，这才能回应"文史皆是人学"这句至理名言。

"胡姬"称谓最早见于汉代辛延年《羽林郎》："昔有霍家奴，姓冯名子都。依倚将军势，调笑酒家胡。胡姬年十五，春日独当垆。长裾连理带，广袖合欢襦。头上蓝田玉，耳后大秦珠。两鬟何窈窕，一世良所无。"《续玉台新咏》记录南北朝陈朝诗人张正见《艳歌行》中有"满酌胡姬酒，多烧荀令香"之句，徐陵《乌栖曲》也有"卓女红粉期此夜，胡姬沽酒谁论价"的诗句。可见胡姬的出现远在唐代之前，并引起文人墨客的痴迷。

唐代中西交流广泛，西域胡人入华者众多，这已为考古资料和出土墓志令人信服地证明，不仅有史、何、石、米等国男人，亦有康、安、曹等国女子。虽然直接

图12 敦煌千佛洞壁画中的唐代女性形象,张大千临摹

描写胡姬的诗歌只有上述所引的十余首,加上描写"酒家胡"的诗也不过近30首,但这些诗歌已能搭起复原胡姬形象的框架。尽管人们对胡姬和酒家胡的理解还有所不同[1],但大多数人均认为胡姬绝非虚构形象,而是唐代文人的写实之笔[2]。

与外来西域移民和"土生胡"后裔的胡姬相比,江南的吴姬则相应较多。"吴姬"真正作为下层女子的称谓,最早似乎见于魏晋[3],魏韦诞《景福殿赋》云:"吴姬擢歌,越女鼓枻,咏采菱之清讴,奏渌水之繁会。"晋傅玄《傅子》云:"列和善吹笛,吴姬之声,无以加也。""郝素善弹筝,虽伯牙妙手,吴姬奇声,何以加之。"《宋书·五行志四》记载晋武帝太康二年王濬平吴后,"收吴姬五千,纳之后宫"。这里所有善歌奇声、弹筝吹笛的宫中女伎都被称作吴姬。唐代将江南女子佼佼者泛称为吴姬,主要包括今江苏大部和浙江、安徽部分地区的妇女,并将吴姬与越女相提并论作为美女的代称。

---

[1] 芮传明《唐代"酒家胡"述考》,《上海社会科学院学术季刊》1993年第2期,认为酒家胡是指经营酒业的男性胡人。曾玲玲《唐代"酒家胡"的身份和技艺》(《华夏文明与西方世界》,博士苑出版社,2003年)则认为"酒家胡"一词没有明显的性别特征,因目前未发现描写在酒肆营业的男性胡人诗词,所以酒家胡指的是经营酒业并陪席侍酒的胡姬。笔者更倾向于酒家胡是男性胡人的看法,因为胡人女性入华的毕竟很少,即便"土生胡"后裔也为数不多,正因当垆胡姬很少又具有异域风貌,才成为文人骚客写作的对象。

[2] [日]石田干之助《唐代长安的胡姬》,《史学杂志》1929年第12期,向达《唐代长安与西域文明》"西市的胡店与胡姬",生活·读书·新知三联书店,1957年,第34页。

[3] 《册府元龟》卷九七一、卷九七二《外臣部·朝贡》,中华书局,1960年。唐开元年间俱密、康国、史国、米国等皆进贡有胡旋女子或女乐。

从唐宋文人勾勒胡姬与吴姬的诗词写照中，我们可以观察到对胡姬、吴姬这两个女性群体充溢着男性主体意识的描绘，男性站在自己的角度和立场，用男性的话语来表现对胡姬素腕红袖、吴姬柳态纤腰的兴趣。特别是"诗仙"李白既写胡姬也写吴姬，表明这两个女性群体牵动着他的审美关注，他敏锐观察到北方胡姬与南方吴姬的迥异区别，提示后人：

其一，胡姬是赞美胡人女子的独特标记，一般不作歌伎的代称，虽然有的胡姬也能歌善舞，可大多是指市井酒肆中的胡人女子。据《册府元龟》记载，西域诸国进贡的歌舞艺人均称"胡旋女子"，官方不叫胡姬[1]。而吴姬成分复杂，有时与"秦娥""楚姬"等其他地域女子总称相连，往往成为歌伎的代称丽辞。

其二，胡姬风貌是天生丽质，花动仪容，妩媚浪漫，韵胜仙风，在文人眼中新颖奇特，但不娇娆作态；吴姬风貌是柳态细腰，浅晕修蛾，脸色朝霞，资质绰约，在吴派诗人眼中清婉柔秀，即使有些吴姬浓妆艳抹，属于宫廷女性，也有别于闻名遐迩的北方胡姬。

其三，胡姬人少，是因为外来西域移民中女性较少，但她们的新奇使得"女为胡妇学胡妆，伎进胡音务胡乐""胡音胡骑与胡妆，五十年来竞纷泊"。吴姬人多，则是六朝隋唐以来江南人口增加，特别是江南女性参与生产劳动，扮演了不亚于男子的角色，"女劳男逸"是一种普遍的社会习俗，统称为吴姬的女性大量出现也就寻常了。

其四，胡姬不是蛾眉专宠的宫廷嫔妃，也不是达官贵人家里的歌伎舞姬，而是民间市井的下层平民女子，身份不属于贱民地位的奴婢；吴姬则是从为上层统治者服务的宫女逐步泛指江南民间纯朴劳作的妇女，即使有些属于享有相对自由的歌伎，但也是社会下层的女子。

从上述摘引的多篇诗词的主旋律和基调来看，对胡姬和吴姬的描写充满赞美和夸张，现仅从新题乐府民歌的渊源来分析：

北朝乐府民歌反映的是北方民族特有的直爽、粗犷和果决，这是唐人诗歌创作的真正源头，文人自然追求风流倜傥、纵横痛快，对胡姬是粗豪骠悍、狂放不羁。

---

[1] 春秋时期，"吴姬"仅有一见，为鲁昭公之妻吴孟子，即姬孟子，由于鲁、吴皆姬姓，同姓不婚，故称"吴姬"，实指姓氏。《汉书》中记载汉成帝时王立《谏立赵皇后疏》："骊姬乱晋，吴姬危赵"，系指赵武灵王的慧后，姓名为姚孟，是吴广之女，或称吴娃、吴姬。由此可知，吴姬作为下层女子的称谓在汉代还未出现。

图13 五代南唐，周文矩（传）《宫中图》，分藏美国克利夫兰艺术博物馆、哈佛大学福格博物馆、大都会艺术博物馆

胡姬不是窈窕淑女，喜欢跨马挂鞭具有英豪气质的阳刚男子，喜欢西域的雄风健舞、胡音羌笛，谙熟胡姬喜好的男儿自然以此为荣，融入笔端。

南朝乐府民歌受江南齐梁文化影响，充溢着声情摇曳的细语柔音，但吴姬在唐代文笔改造下被塑造得光可鉴人，充溢着青春活力，尽管是外部临摹传写，但飘逸中透露出清新动人的气象。宋代文人脑海里唐代诗人打下的烙印还未模糊，可他们毕竟没有唐代豪放洒落的创作氛围，转而回归到素朴淡雅、雍容浓艳的双重美学境界，重心焦聚在吴姬的清水芙蓉之美和旖丽脂粉之气上，呈现出一种闲适从容的书卷色彩。

唐宋之际，文人"豪放气"逐渐转向"婉约气"，"英雄气"变为"儿女情"，借乐府民歌文学形式对胡姬与吴姬的述说与描写也发生了变化，这是需要我们注意的一个认定。诚然，唐宋文人喜好描写胡姬与吴姬，一方面将她们比作理想中的倾慕佳人、红颜知己，另一方面炫耀自己的风流艳遇，在个性张扬的时代更成为一种时尚，无论是姿态撩人的胡姬还是姿色惊人的吴姬，文士笔下的这些女性均不是娇羞腼腆、扭扭捏捏，而是落落大方、性格开朗，满足了他们的感情寄托与心理需求，由此才出现不少胡姬与吴姬题材的诗词，也提供给今人了解那个时代文人心态和社会心态的文本。

不过，"亦官亦文"的唐宋文人对胡姬、吴姬的赞美大多是重貌轻情、崇尚风流，并不是纯挚爱情或异类恋爱，尤其是宋代文人受绮靡浮艳文风影响，一味地描写外貌服饰、姿态神情、低斟浅唱，忽视女性的心理活动，没有下意识的同情和良心的宽容。在诗词中，女性的诉说极少，刻画出的胡姬与吴姬大多哑然失语、稍纵即逝，似乎是远距离的观察，胡姬、吴姬的命运成为一段不为人提起的隐秘史。

值得提及的是，在目前发掘的几千座唐墓中，出土的男性胡人俑很多，但胡人女子俑始终未见，即使壁画、石刻、器物上有胡旋舞图画场景，也无西域女性容貌。2002年出版的《唐金乡县主墓》考古报告中[1]，作者推测两具女俑"疑为胡姬"，尽管胡服装束有异域审美倾向，或如有学者阐释眉高眼深鼻宽[2]，但顶多是接近外族妇女形象，就此判断说是胡姬不知有何根据。一个高贵的皇亲王公之女生前是否会和下层胡姬交往且不说，单就胡姬的身份也不会作为陪葬俑，万万不可随意联想，胡乱套用，否则胡姬作为西域女子的标志性符号就会失掉认知价值。

总之，对胡姬和吴姬的描写，不是消遣性文字游戏或限题限韵随意唱和之作，而是社会生活繁荣和文化时尚风行的一道亮丽风景线，正因为唐宋地域文化不同，社会心理意识不同，审美观念也不同，胡姬和吴姬的个体形貌才可能在历史流传中映显，以她们的本色"原装"径直出现在男性文人作品中，仿佛进入历史的镜像之中。我们固然不能用历史的帽子箍套文学的头颅，不削文学的足掌适应历史的鞋履，但胡姬与吴姬作为南北不同的女性群体，活生生的独特历史现象值得我们巡礼追问和反思探讨。

---

[1] 王自力、孙福喜编著《唐金乡县主墓》，文物出版社，2002年。
[2] 齐东方《〈唐金乡县主墓〉书评》，载《唐研究》第9卷，北京大学出版社，2003年，第582页。

ON THE ORIGIN OF THE BLACK PEOPLE IN CHANG'AN CITY OF TANG DYNASTY

5

唐长安黑人来源寻踪

唐长安黑人来源寻踪

唐长安的黑人来源问题，一直是困扰海内外学者的难题。自从20世纪40年代西安地区出土唐代黑人俑后，这一问题引起了学术界的广泛注目，50年代以后又出土了多尊黑人俑，更使人们排比推测，寻踪觅源，做出了不少探索研究[1]。但在历史文献缺乏详细记载的情况下，尽管可以猜想演绎，却无法最终定论。特别是笔者认为唐代黑人俑被推断来自古代非洲，还存在一些不尽合理之处，有待进一步发掘考证与深入研究。

一 昆仑与昆仑奴

我们所称呼的唐代黑人，往往以肤色为判别标志，并不清楚黑人的国别、种姓或民族。严格地说，唐代黑人俑绝大部分并不属于人类学上的黑种人（Negro race），其原因是由于地理的疏远和语言的隔阂，唐人无法清楚细分黑人的来源，只是笼统称为"昆仑"或"昆仑奴"。

中国古籍记载的"昆仑"错综复杂、莫衷一是，如《尚书·禹贡》谓昆仑为西戎一个国名；《尚书正义疏》引郑玄注释则认为昆仑乃一个山名；《尔雅》又说昆仑为一河水名；《山海经·海内西经第十一》也说"海内昆仑之墟在西北，帝之下都"；《庄子·天地篇》和《穆天子传》则都记有"昆仑之丘"，即为西部一座大山。

---

[1] 关于唐代黑人最近的研究论文，见孙机《唐俑中的昆仑和僧祇》，载《中国圣火》，辽宁教育出版社，1996年，第251—259页；崔大庸《唐代黑人形象初探》，香港《中国文物世界》第108期（1994年8月号）；蔡鸿生《唐宋佛书中的昆仑奴》，《中外关系史论丛》第7辑（2000年）。

◀图 1 黄釉昆仑俑，辽宁朝阳出土

▶图 2 唐代绿釉昆仑奴俑，芝加哥艺术博物馆藏

◀图 3 昆仑奴俑，多伦多安大略博物馆藏

▶图 4 昆仑奴俑，大英博物馆藏

此外，《逸周书》《竹书纪年》《吕氏春秋》等所记昆仑之名层出不穷，兹不赘引。秦汉以后袭用昆仑之名者更多，时而为山脉名，时而为海岛名，又为地名，又为人名，真是变幻莫测，南辕北辙，使后人茫然难以辨明。

唐代各类史书和笔记小说中，大量提及昆仑之名，或用昆仑二字作地名，或用昆仑二字作名词专指黑人，甚至以昆仑二字作形容词来描述脸面乌黑者，可谓形形色色，难辨难明。但从唐宋史书上考察，"昆仑"有几种表述：

第一，古地区名。唐书中泛称今中南半岛南部及南洋诸岛为昆仑。义净《南海寄归内法传》卷一记载南海诸洲有十余国，"从西数之，有婆鲁师洲；末罗游洲，即今尸利佛逝国是；莫诃信洲；诃陵洲；呾呾洲；盆盆洲；婆里洲；掘伦洲；佛逝补罗洲；阿善洲；末迦漫洲；又有小洲，不能具录也。斯乃咸尊佛法，多是小乘，唯末罗游小有大乘耳。诸国周围，或可百里，或数百里，或可百驿。大海虽难计里，商舶惯者准知。良为掘伦初至交广，遂使总唤昆仑国焉。唯此昆仑，头卷体黑，自余诸国，与神州不殊。赤脚敢曼，总是其式，广如《南海录》中具述"[1]。据考证，这些南海诸洲国家故地在今印度尼西亚苏门答腊岛、爪哇岛，马来西来、新加坡以及越南南端的昆仑岛等。[2]

第二，古王号及官名。唐代中南半岛南部的古代国家有以昆仑为王号者，《太平御览》卷七八八引竺芝《扶南记》曰："顿逊国属扶南国，主名昆仑。"也有以昆仑为大臣称号者，《太平御览》卷七八六引三国吴万震《南州异物志》："扶南国在林邑西三千余里，自立为王。诸属皆有官长，及王之左右大臣皆号为昆仑。"扶南领土包括今柬埔寨、越南南部、泰国东南部以及马来半岛南端一带，曾领属过多个小国。

第三，古国名。唐宋专以昆仑为名的国家，比较著名的有《南海寄归内法传》卷一记载的"掘伦"（昆仑），日本学者高楠顺次郎认为是越南南部昆仑岛（Pulo Condore）[3]。《宋史》卷四八九《外国列传·阇婆国传》载"其国东至海一月，泛

---

[1] 义净著，王邦维校注《南海寄归内法传校注》，中华书局，1995年，第13—17页。
[2] 义净著，王邦维校注《大唐西域求法高僧传校注》卷上，中华书局，1988年。这些考证，因缺乏更多资料，多属推测，有人还认为是泰国南部，尚需进一步研究。
[3] *A Record of the Buddhist Religion as Practised in India*（高楠顺次郎英译本），By I-Tsing, trans. by Takakusu. Oxford, 1896。日译本见《国译一切经》"和汉撰述部"通卷第八四，小野玄妙译，昭和三十四年（1959）。

海半月至昆仑国"。其地在今印度尼西亚马鲁古群岛。《宋高僧传》卷二九《慧日传》所记的昆仑国,推测为唐代诃陵国的异译,位于今印度尼西亚爪哇岛。樊绰《蛮书》卷十载:"昆仑国正北去蛮界西洱河八十一日程,出象及青木香、旃檀香、紫檀香、槟榔、琉璃、水精、蠡杯等诸香药、珍宝、犀牛等。蛮贼曾将军马攻之,被昆仑国开路放进军后,凿其路通江,决水淹浸。进退无计,饿死者万余,不死者,昆仑去其右腕放回。"《新唐书·南蛮列传》"骠国"条所载的大昆仑和小昆仑,故地当在今缅甸南部萨尔温江口附近。慧超《往五天竺国传》"建驮罗国"条云:"乃至五天昆仑等国";又"波斯国"条云:"常于西海泛舶入南海,向狮子国取诸宝物,所以彼国云出宝物。亦向昆仑国取金,亦泛泊汉地直至广州,取绫绢丝绵之类。"[1]

此外,昆仑还用作海洋名,如周达观《真腊风土记》:"又自占城顺风可半月到真浦乃其境也。又自真浦行坤申针,过昆仑洋入港。"

由唐宋史书的记载可知,"昆仑"一词在唐代被广泛用于地名、国名、官名、种族名等,已脱离了古书中"昆仑"山名的含义,常常泛指东南亚各国,与西北地域的昆仑山名大相径庭、相差甚远。这种词源所指的变化,为我们理解唐代黑人"昆仑"的来源奠定了地域方向,即昆仑是泛指中南半岛及马来半岛以南的南海诸地,与西部的昆仑山没有关系。

张星烺先生曾认为:"就唐宋各书所记,昆仑国当即暹罗国也。唯各书皆仅言其人卷发黑身,无有言其人貌之丑陋者,亦无一书称其人为即昆仑奴者。"[2]暹罗是泰国的古国名,但昆仑国就是暹罗国的结论,还不能令人信服。岑仲勉先生凭对音认为,昆仑即金邻。[3]巴人(王任叔)认为,"昆仑"一词为国王或大臣的称号,应与扶南有关。[4]还有人认为,昆仑为西域喀喇转音,义原训黑,但西域昆仑与南海昆仑不一定有词源上的联系。据刘义棠先生考证,"昆仑"一词,来自突厥语Qurum的音译,Qurum或Kurum,意为"黑烟灰",用于人则形容其黑,故"昆仑奴"即"黑奴"。[5]需要注意的是,昆仑国的说法虽常见于唐宋史书记载,如天

---

[1] 慧超著,张毅笺释《往五天竺国传笺释》,中华书局,1994年,第76、101页。
[2] 张星烺编注《中西交通史料汇编》第2册,中华书局,1977年,第18页。
[3] 岑仲勉《南海昆仑与昆仑山最初译名及其附近诸国》,《中外史地考证》上册,中华书局,1962年,第115—117页。
[4] 巴人《昆仑及昆仑民族考》,载《南亚东南亚论丛》,中国社会科学出版社,1989年,第289页。
[5] 刘义棠《中国西域研究》,台北正中书局,1997年,第259—269页。

宝十二载鉴真和尚东渡日本的相随弟子就有"昆仑国人军法力"[1]，但新、旧《唐书》以及《宋史》中都没有为昆仑国立传，可见所谓的"昆仑国"只是一种俗称，并非正式的国号。昆仑作为南海诸国的泛称，大抵相类于明清时代中国人把欧洲人统称为泰西人或洋人一样，没有明确专指哪一国一族。

图5 唐举臂昆仑奴舞蹈俑，美国洛杉矶博物馆藏

至于"昆仑奴"，更是中外学者长期讨论的一个热点问题。笔者认为，昆仑奴与昆仑一样，是对唐宋时代黑色皮肤人种的通称，当时对凡是经贩卖或进贡到中国来的黑色人种，只要从事奴仆、马夫、水手、艺人诸类低贱工作，都可称为"昆仑奴"。自然，中国人皮肤黝黑者也被称为昆仑，如《晋书》卷三二《后妃传下》记载孝武文李太后说："时后为宫人，在织坊中，形长而色黑，宫人皆谓之昆仑。"可知昆仑的俗称由来已久。

《旧唐书》卷一九七《林邑国传》说："自林邑以南，皆卷发黑身，通号为昆仑"。同卷《真腊国传》云："真腊国在林邑西北，本扶南之属国，昆仑之类"。慧琳《一切经音义》卷八一考述："昆仑语，上音昆，下音论，时俗语便亦作骨论，南海洲岛中夷人也。甚黑，裸形，能驯伏猛兽犀象等。种种数般，即有僧祇、突弥、骨堂、阁篾等，皆鄙贱人也。国无礼义，抄劫为活，爱啖食人，如罗刹恶鬼之类也。言语不正，异于诸蕃，善入水，竟日不死。"这里所说的几种昆仑人，"僧祇"在今马来西亚吉打附近，据《隋书·南蛮列传》所记，其地是赤土国的

---

[1] [日]真人元开著，汪向荣校注《唐大和上东征传》，中华书局，1979年，第85页。

图6 唐黑人戏弄泥俑，新疆吐鲁番出土

图7 昆仑奴陶俑，西安考古研究院藏

都城[1]。"骨堂"似为古笪，Kauthara 的对音，为今越南芽庄的梵名古称。"阁蔑"即吉蔑，为 Khmer 的对音，指柬埔寨高棉人。除"突弥"不详外，其余均为东南亚地区棕黑色民族。张星烺也承认："昆仑国或与交趾，或与交、爱诸州并列，或与大秦并列，究为马来半岛抑非洲，不敢臆断，姑置之于此。"[2]其实，昆仑及昆仑奴按照唐宋人的地理知识，都很清楚是指南海诸国，或泛指恒河以东地域，只是张星烺先生力主唐代中国的昆仑奴是由大食人从非洲带来的黑人，故显得前后矛盾，不能自圆其说。

另一个重要的证据是，《晋书·扶南传》记载南海扶南国人"皆丑黑，拳发，倮身，跣行"。《梁书·扶南传》也说"今其国人皆丑黑，拳发"。《新唐书·扶南传》载"其人黑身，卷发，倮行"。中国与扶南国的交往从3世纪开始已经较多，伯希

---

[1] "僧祇"，有人认为是波斯文 zangi 的音译，泛指南海各地的种族；也有人认为僧祇与僧耆均为古代阿拉伯语 Zinj 的音译，专指非洲东岸的黑种人，东非黑人居住的沿海地区称 Zinjibar；还有人认为僧祇即宋朝人所称的层期。但对照慧琳《一切经音义》中昆仑为"南海洲岛中夷人也"，笔者认为将僧祇硬扯到东非黑人，似乎过于牵强附会。

[2] 《中西交通史料汇编》第2册，第24页。

和考证扶南为今柬埔寨西境。[1]《三国志·吴志》记孙吴时安南将军、番禺侯吕岱以及朱应、康泰等皆从事过对扶南诸国的宣化，扶南进献过乐人和方物。初唐时扶南进献过白头人，盛唐以后，扶南被兴起的真腊所吞并。而扶南王及左右大臣皆号昆仑。这种扶南国的昆仑人曾多次入华，南朝宋武帝就"宠一昆仑奴，令以杖击群臣，尚书令柳元景以下皆不能免"[2]。需要注意的是，《梁书·诸夷传》所载狼牙修国（今泰国南部）在天监年间遣使臣阿撒多"奉表"于梁朝，并为梁元帝画《职贡图》[3]。图中狼牙修使臣形象通身涂染黑色，头发卷曲，上身袒露，肩披横幅，下着短裤，跣足而行，清晰地描绘了南海昆仑人的样貌。以此线索追寻，南海昆仑似乎包括了今东南亚诸国，它们与中国的交往是非常频繁的，时断时续地记载于史书之中。

图8　昆仑奴陶俑，香港文化博物馆展出

二　非洲黑人与南海昆仑人

自从张星烺先生于1929年提出唐代黑人来源于非洲之后[4]，史学界响应者甚多，并试图找出新证据进行补充说明。张星烺的主要依据有以下几条：

一是杜佑《通典·西戎传》引用的杜环《经行记》。天宝十载（751），杜环在

---

[1] 伯希和《扶南考》，见冯承钧译《西域南海史地考证译丛》第2卷第7编，商务印书馆，1962年，第75页。
[2] 《资治通鉴》卷一二九，孝武帝大明七年（463）五月条，中华书局，1956年，第4064页。
[3] 《职贡图》现收藏于南京博物院，相传为唐代阎立本或阎立德所画。金维诺考订为北宋熙宁间摹本，见《职贡图的时代与作者》，《文物》1960年第7期。岑仲勉认为是隋至唐初摹本，见《现存职贡图是梁元帝原本吗？》，《中山大学学报》1961年第3期。
[4] 张星烺《唐时非洲黑奴入中国考》，《辅仁学志》第1卷，1929年，第93—112页。

怛罗斯之战中被俘至巴格达,他记述了东非摩邻国"其人黑,其俗犷"的状况[1],摩邻即今摩洛哥。

二是《酉阳杂俎》卷四和《新唐书·西域传》下记载的"拨拔力国"人"无衣,唯腰下用羊皮掩之,其妇人洁白端正。国人自掠卖与外国商人,其价数倍。土地唯有象牙及阿末香。波斯商人欲入此国,团集数千人,赍缁布,没老幼共刺血立誓,乃市其物"。拨拔力即今索马里。

三是唐代史书中记载的孝亿国为埃及南部之古名,乃建国为北非突尼斯海边之古城,悉怛国为苏丹,怛干国为撒哈拉沙漠中达开尔沙岛,勿斯离国为埃及,甘棠国必为非洲东海岸之国。

四是1178年周去非著《岭外代答》卷三记载昆仑层期国"海岛多野人,身如黑漆,拳发。诱以食而擒之,动以千万,卖为蕃奴"。1225年赵汝适著《诸蕃志》卷上记昆仑层期国"多野人,身如黑漆,虬发,诱以食而擒之,转卖与大食国为奴,获价甚厚"。昆仑层期据推测即今桑给巴尔,1299年《马可·波罗游记》卷三说桑给巴尔岛"其人全体皆黑,出则裸体,仅下身围一小布,俾不失礼。头发黑如胡椒,卷缩异常,虽用水湿之,亦不能伸长。口大唇厚,鼻卷向天。眼大而充血,貌丑与鬼无异"。

所以,张星烺认为昆仑国毫无疑义在非洲,昆仑奴也肯定是非洲黑人,唐代的昆仑奴即非洲黑奴皆由阿拉伯人输入中国。[2]张先生筚路蓝缕,开启学林,确实功不可没,但他将昆仑一概视为非洲,把昆仑奴全部视为非洲黑奴,难免有牵强附会、张冠李戴之缺陷。我们无须用现代的学术眼光去批评张星烺先生70多年前的治学研究,否则有失厚道、胶柱鼓瑟,可是不加置疑、人云亦云,甚至继续主观臆测,也不是博学慎断、严谨科学的学术研究。如有人断言"索马里在唐初已和中国正式建交"[3],恐有些离奇。还有人判定"昆仑奴当以从非洲贩运来的黑人居多"[4],不知根据何在。1978年在海地召开的非洲奴隶贸易专家会议上,马赫塔尔·姆博认为有一条从东非海岸到中国的贩奴路线,并说"确有证据表明7世纪时有人献黑

---

[1] 关于摩邻国,有人认为在肯尼亚的马林迪或曼迪,有人认为是北非的马格里布(Maghrib)的译音,见张俊彦《古代中国与西亚非洲的海上往来》,海洋出版社,1986年,第84页。
[2] 张星烺《昆仑与昆仑奴考》,见《中西交通史料汇编》第2册,第22页。
[3] 沈福伟《中国与西亚非洲文化交流志》,上海人民出版社,1998年,第418页。
[4] 张俊彦《古代中国与西亚非洲的海上往来》,第92页。

奴给中国皇帝"。肯尼亚学者贝恩韦尔·奥戈特也认为非洲同中国的奴隶贸易似乎被控制在印度尼西亚的中间人手里。[1]但我们均不知史料依据出自何处，疑团并没有真正破解。

美国学者谢弗在他的名著《唐代的外来文明》中，反驳张星烺提出的昆仑奴是由大食人从非洲带来的黑人的观点。[2]谢弗指出：

> 张星烺的主要依据是那些用"黑"这个字眼来形容昆仑奴的汉文文献。但在中世纪时，汉文文献中的"黑"字可以用来形容任何一个肤色比汉人更黑的民族。例如林邑人就是如此。甚至连波斯人在当时也被用"黑"来形容。这就正如同现在许多殖民地民族对于赤道地区的所有居民的称呼一样。张星烺的另一个根据是关于昆仑奴卷曲的或是波浪式的头发的记载，可是卷发是印度、印度支那以及印度尼西亚各民族的共同特征。正如我们现在所见到的，东印度群岛诸民族与非洲黑人是有明显的区别的。

谢弗的分析是有道理的，仅以皮肤黝黑和头发卷曲很难判别非洲黑人与南海昆仑人的种族差别，并不容易说清理顺。唐宋史书中称黑人为乌鬼、鬼奴、乌蛮鬼，也称昆仑或昆仑奴。如杜甫戏作俳谐体遣闷诗中云"家家养乌鬼，顿顿食黄鱼"，至于"乌鬼"，有人考证是三峡地区宋代蓄养的渔民或奴仆，因临江居住顿顿吃黄鱼[3]；有人则认为是昆仑奴[4]，但乌鬼就是昆仑奴，颇令人怀疑。如前所述，唐宋人对面黝体黑者常常用"昆仑"二字形容，甚至连动物也如此，俞樾《茶香室丛抄》卷四："后唐琼花公主有二猫，一白而口衔花朵，一乌而白尾，主呼为衔蝉奴、昆仑妲己。"就昆仑本意而言，应为纯黑或混黑之义。

宋人朱彧《萍洲可谈》卷二说："广中富人，多畜鬼奴，绝有力，可负数百斤。言语嗜欲不通，性淳不逃徙，亦谓之野人。色黑如墨，唇红齿白，发卷而黄，有牝

---

[1]《15—19世纪非洲的奴隶贸易》，中国对外翻译出版公司，1984年，第4、194页。
[2] [美]谢弗著，吴玉贵译《唐代的外来文明》，中国社会科学出版社，1995年，第123页。
[3] 沈括《梦溪笔谈》卷一六记载："士人刘克博观异书，杜甫诗有'家家养乌鬼，顿顿食黄鱼'，世之说者，皆谓夔峡间，至今有鬼户，乃夷人也，其主谓之鬼主。"惠洪《冷斋夜话》曰："川峡路人家，多供祀乌蛮鬼；以临江故，顿顿食黄鱼耳。"
[4] 方豪《中西交通史》上册"唐宋时代来华之黑人"，岳麓书社，1987年，第299页。

牡,生海外诸山中……有一种近海野人,入水眼不眨,谓之昆仑奴。"这条12世纪初的文献记载,被许多学者引申为"广州也曾有过非洲黑奴"之说,但这些"色黑如墨"却又"发卷而黄"的鬼奴,与"昆仑奴"有着很大的差别,谢弗曾认为:"那些生性勇敢,擅长游泳的昆仑奴或许是来自巴布亚和美拉尼西亚的某些类似黑人的种族,比如现代生活在这一地区的那些长着波浪形头发的部落。可以相信,他们中也有一些非洲黑人。"[1]

如果我们将《萍洲可谈》和《广东新语》联系起来考察,就可知道唐代富人所畜养的昆仑奴并不是来自非洲,而是来自"近海"包括海南岛在内的南海诸岛。屈大均《广东新语》卷七云:"一种能入水者,曰昆仑奴。记称龙户在儋耳。其人目睛青碧,入水能伏一二日,即昆仑奴也。唐时贵家大族多畜之。"文中的"记"是指《林邑记》,儋耳即海南岛。这些昆仑奴虽然也体黑卷发,但头发略呈黄色,在外形上与尼格罗人种(Negroid)似有差异。唐宋史书中所记的东南亚和我国近海的昆仑人,恐怕是尼格利陀人(Negrito),又译矮黑人,散居在马来半岛北部山区和沿海岛屿以及菲律宾、印度尼西亚等地。因此,早在1911年就有人认为,"昆仑奴"多半是马来人或者马来半岛以及南海诸岛中的黑人[2]。笔者认为这种看法可能是正确的。

唐代昆仑奴来源于南海诸群岛,一种是作为年贡送往京城长安,一种是作为土著"蛮鬼"被掠卖到沿海或内地,还有一种是随使节入华被遗留者。例如"殊奈(国),昆仑人也,在林邑南,去交趾海行三月余日。习俗、文字与婆罗门同,绝远未尝朝中国。贞观二年十月,使至朝贡"。[3]"甘棠,在大海之南,昆仑人也。贞观十年,与朱俱波国朝贡同日至。"[4]《册府元龟》卷九七〇也记载:"景龙三年三月,昆仑国遣使贡方物。"唐人虽不能判明南海诸国的具体差别,但也不会完全指错"昆仑人"的居住方向。如高宗显庆元年,那提三藏被"敕往昆仑诸国采取异

---

[1]《唐代的外来文明》,第124页。

[2] F.Hirth and W.W.Rockhill, "Chao Ju-Kau: His work on the Chinese and Arab Trade in the Twelfth and Thirteenth Centuries, Entitled Chu-fan-chi"(《赵汝括〈诸蕃志〉所记载的十二、十三世纪中国与阿拉伯之间的贸易关系》), Russia, 1911, p.32.

[3]《唐会要》卷九八"殊奈国",中华书局,1955年,第1754页。

[4]《唐会要》卷九九"甘棠国"。《资治通鉴》卷一九四,胡三省注云朱俱波和甘棠"二国皆在西域",显然是错误的判断,张星烺据胡三省注推论甘棠在西海之南是非洲东岸,更是以讹传讹,牵强硬拉。

药。既至南海，诸王归敬，为别立寺，度人授法"[1]，龙朔三年，他返还长安，不会将昆仑诸国方位搞错。至于南海诸国之间从事海上贸易所用的昆仑语、昆仑书、昆仑舶等，一度成为海外商业活动的流行风。例如"则天临朝，（王方庆）拜广州都督。广州地际南海，每岁有昆仑乘舶以珍物与中国交市。旧都督路元叡冒求其货，昆仑怀刃杀之。方庆在任数载，秋毫不犯"[2]。可见，每年都有大批的昆仑舶到广州贩卖货物，但只能是南海昆仑而不会是非洲黑人。

前文曾提到"僧祇"是今马来西亚吉打附近的古地名，"僧祇"也译作僧耆、层期等。《新唐书·南蛮传》记载咸亨至开元年间，室利佛逝国（今印度尼西亚苏门答腊岛）向唐朝"献侏儒、僧祇女各二"。《册府元龟》卷九七一《外臣部·朝贡》记载开元十二年七月"尸利佛誓国王遣使俱摩罗，献侏儒二人，价（僧）耆女一人"。《新唐书》卷二二二下"诃陵国"条云："元和八年献僧祇奴四。"《旧唐书》卷一九七也记元和十年"遣使献僧祇僮五人"，十三年又"遣使进僧祇女二人"。从进贡地来看，"僧祇"应该是泛指南海诸国的族群。但一些人认为僧祇与僧耆均为 Zinj 的译音，是古代阿拉伯人对东非黑人的称呼，他们居住的东非沿海地区称 Zinjibar。还有人认为僧祇是波斯文 Zangi 的音译，专指非洲东海岸的黑种人，或指埃

图9 唐代黑人陶俑，1948年长安县嘉里村出土

---
[1] 道宣撰，郭绍林点校《续高僧传》卷四《译经篇四·那提传二》，中华书局，2014年，第137页。
[2] 《旧唐书》卷八九《王方庆传》，中华书局，1975年，第2897页。

图10 唐代昆仑人舞蹈青铜俑，美国赛克勒美术馆收藏

塞俄比亚人（Ethiopia），后来又转指阿拉伯人在东非沿岸建立的桑给巴尔（Zanzibar，bar是海岸之意）殖民国家。因此，中国古文献里的僧祇就是非洲黑人的代称[1]，并由此推测东南亚的马来人驾舟到达东非沿海，带回非洲黑人进献唐朝。笔者认为关于唐宋史书中的"僧祇"名称还需进一步探讨，唐人义净所著《南海寄归内法传》中说："然东夏大纲，多行法护。关中诸处，僧祇旧兼。江南岭表，有部先盛。"其中"僧祇"是梵文Mahāsāmghika的省略译法，即流行大众部律，汉译称《摩诃僧祇律》。《续高僧传》卷二三《智首传》讲"关中专尚，素奉僧祇"。可资对比的是，南海诸洲十余国在唐代也流行过佛教，大致在今印度尼西亚一带，8世纪中叶以前爪哇、苏门答腊等地一直使用梵语，文字为婆罗钵字母。爪哇发现的那加字母刻石《卡拉珊碑文》和《克卢拉克碑文》，前者刻于778年，内容是对佛教度母（又译多罗）神的赞颂，以及修建一座度母神寺和一座接纳托钵僧禅房的事；后者为782年所刻，记述佛学大师鸠摩罗哥沙从孟加拉来到中爪哇，宣讲经义和奉献文殊师利佛像。所以完全有可能用佛教梵文称南海诸国为"僧祇"。孙机先生也认为，"僧祇"归于广义的昆仑所属，但作为佛教用语的僧祇是梵文Samghika的对音，其意为"众"，指僧尼大众，与东非的Zangi无关。[2] 从这个角度来考虑唐宋时期"僧祇"与南海诸国的关系，也许才能比较合乎历史的实际。

总之，由唐宋史料和唐代黑人服饰只能得出一个印象：昆仑奴或昆仑的称呼，都是指南海诸国与南亚分布的黑色或棕褐色人种，似乎与非洲人没有多少联系。

---

[1] 艾周昌、沐涛《中非关系史》，华东师范大学出版社，1996年，第46—47页。
[2] 孙机《中国圣火》，辽宁教育出版社，1996年，第257页。

三 长安黑人俑分析

目前考古发现最早的昆仑人形象大概是湖南省博物馆收藏的"人形铜吊灯"[1]，铜人卷发裸体，腰围梢布，属于3世纪三国时代的作品。笔者所见到的最早昆仑人样是洛阳北魏常山王元邵墓中的两件"昆仑俑"，一为站立垂手，旋发卷须；另一为蹲坐掩面，上身赤裸。[2] 但隋唐时期洛阳黑人俑发现得极少，发现最多的还是京城长安地区。

长安出土的黑人俑，头型发式、身材高低、服装佩饰、面部表情、动作神态等均不相同，特别是"黑"的程度也有所不同，这种肤色的个体差异，表明他们的种族、国别以及来源可能也不同。具体分析如下：

其一，1948年长安县嘉里村裴氏小娘子墓出土两个黑人俑，现藏陕西历史博物馆。[3] 一个高15厘米，螺纹卷发，黑脸直鼻，双目白眼突出，双唇厚大，上身裸露，下着短裤。另一个高14.5厘米，也是螺旋曲发，黑脸大眼，身穿长袍，袍襟打结于腰带之下。这对黑人俑被文博界学者判断为无可辩驳的非洲黑人形象。[4] 其依据一是非洲黑人特征为眼大突出、鼻翼较宽、嘴唇较厚、细螺发髻；二是唐代段成式《酉阳杂俎》载拨拔力国为今索马里一带，"无衣，唯腰下用羊皮掩之"。但南海诸国的马来人种也有卷发黑身、唇厚鼻宽，包括今印度洋一些岛国上的人种也是如此特点，而且由于位处赤道，至今有些部落民族仍不穿衣服。在长安出土的一些"胡俑"，也是袒胸露肚，翻穿皮革[5]。孙机判断这对黑人俑应为东南亚的僧祇而不是东非黑人。[6] 因此，裴氏小娘子墓出土的黑人俑是非洲人还是马来种黑人，还需考证。裴氏小娘子的先人裴行俭从事过唐朝外交活动，那是仪凤二年（677）之事，而她卒于大中四年（850），中间隔了170多年，不可能有什么联系，倒是她的祖父裴均任将相十余年，累封郇国公，有可能使用过黑人奴仆。

---

[1] 周业荣《人形铜吊灯》,《文物》1968年第6期。
[2] 《洛阳北魏元邵墓》,《考古》1973年第4期。
[3] 见陕西省博物馆编《隋唐文化》, 学林出版社, 1990年, 第302页；又见《陕西珍贵文物》, 陕西人民出版社, 1992年, 第55页。
[4] 杜葆仁《从西安唐墓出土的非洲黑人陶俑谈起》,《文物》1979年第6期。该文将裴氏小娘子墓黑人俑介绍为1954年出土, 实为1948年出土, 承蒙陕西历史博物馆保管部韩建武提供底帐卡片确认。
[5] 《陕西陶俑精华》(陕西人民美术出版社, 1987年) 图版45、48、64。
[6] 孙机《中国圣火》, 第257页。

图11 唐代昆仑女头像铜杖首，广东高州良德出土

其二，1955年西安西郊插秧村出土一黑人俑，现藏陕西历史博物馆。[1]俑高11.5厘米，大眼宽鼻，大耳下垂，波状发，身着长袍，腰际束有巾带，双腿弯曲，握拳捂肚，似为戏弄表演形象。唐代有扶南、骠国等献昆仑乐人的记载，此黑人俑有可能为昆仑艺人。《隋书·真腊传》记载真腊（今柬埔寨）人"形小而色黑，妇人亦有白者，悉拳发垂耳，性气捷劲"。而"真腊国，在林邑西北，本扶南之属国，昆仑之类"。[2]因而这个俑有可能就是真腊人。唐人苏颋《咏昆仑奴》："指如十挺墨，耳似两张匙。"中山大学蔡鸿生教授提命笔者，昆仑奴作为南海岛民，耳朵呈汤匙状，与从小戴耳环拉久下垂有关，故有上大下小的形状。这又为解决此黑人俑来源提供了一条思考线索。

其三，1954年咸阳底张湾薛从简墓（开元十四年）出土一黑人俑，现藏陕西历史博物馆。[3]俑高16.5厘米，圆脸大眼，肤色黝黑，螺旋卷发覆盖头顶。身穿朱红色番衣，衣纹贴身自然下垂，颈上挂项圈，左手抚胯，右臂残缺，似做前伸状。整个身体呈曲线稍侧立状，似为一个男童立俑。张籍《昆仑儿》诗云："昆仑家住海中洲，蛮客将来汉地游。言语解教秦吉了，波涛初过郁林洲。金环欲落曾穿耳，螺髻长卷不裹头。自爱肌肤黑如漆，行时半脱木棉裘。"而这件黑人俑的衣纹也是半脱斜露形状，与唐诗所描写的"昆仑儿"形象十分接近。

其四，1956年西安东郊十里铺出土一俑，高16.1厘米，现藏陕西历史博物馆。[4]此俑螺髻卷发，鼻翼宽，嘴唇厚，眼睛突大，体形肥硕，右手放置胸下，左

---

[1]《シルクロードの都——長安の秘宝》，加彩里黑人俑，セゾン美术馆、日本经济新闻社，1992年，第81页。
[2]《旧唐书》卷九一七《真腊传》，第5271页。
[3]《陕西历史博物馆馆刊》第3辑，第150页，贺达炘《唐黑人俑》及彩版Ⅰ。但笔者不同意此俑更接近于非洲黑人形象的说法。
[4] 陕西省文管会编《陕西省出土唐俑选集》（文物出版社，1958年），第157图"陶男立俑"，原测为16.5厘米。

手下曲腰际，穿圆领长袍，袍襟正束腰带上。此俑因无彩绘，不知肤色黝黑深浅，只能从发型、脸型上判定为"昆仑"人形象。

其五，1972年陕西礼泉县唐麟德元年（664）郑仁泰墓出土卷发俑一个，现藏陕西历史博物馆。[1]这个俑高30厘米，浓眉大眼，黑发浓密并曲卷，颈戴项圈，赤裸上身，斜披一条红带巾，下身穿红色条纹紧口短裤，赤脚。此俑全身皮肤为棕黄色，南海昆仑人特点极为明显，与非洲黑人根本无关。这个卷发俑两臂（已断）似做前伸挥舞行动，可能也属牵马俑或艺人之类。按义净《南海寄归内法传》记载昆仑人"赤脚敢曼"模式，与此俑非常符合。"敢曼"是梵语，指"遮形丑之下裳，如此方之裈袴"[2]。

其六，1985年长安县大兆工地出土一俑，现藏西安市文物园林局文物库房。[3]俑高15厘米，全身黑色，螺旋卷发，圆脸直鼻，右手摆腰前，似佩项圈，身着斜披大口番衣，身材不高，似为一少年形象。这个俑与郑仁泰墓出土的卷发俑相比，虽然肤色深浅不同，但都有未脱稚气的感觉，也许是牵引牲口或洗刷马匹的马童形象。同时也证明，当时来到长安的黑人可能年龄都较小。

其七，1985年长武县枣元乡郭村出土黑人俑，高25厘米，现藏长武县博物馆。[4]这个陶俑长卷发，淡黑皮肤，鼻翼较宽，双目圆睁，大嘴微笑，头颅偏斜，脸长颈短，脖下饰有璎珞，手足俱戴舞环，全身大部分裸露并赤足。橘红丝帛绕双肩缠至下腹及膝上，左臂举至头际，右手五指并拢放至腰部，左腿脚后呈扭胯姿势，舞蹈动感明显。从整体形象上看，无疑为南海昆仑人，而且是一个善舞的艺人。

其八，西安出土的黑人杂技陶俑，现藏中国国家博物馆。[5]俑高27.7厘米，立于长方形板座上，体态匀称，身微向左倾。螺髻卷发，面颊丰圆，双目前视，口微启，表情专注。上身赤裸露肚脐，颈佩项圈，左肩斜佩丝帛带，下着束腿裤，赤足。双手戴手镯，右手上扬屈肘似握器物，左臂弯屈握拳，做表演状。这个俑也与

---

[1] 陕西省博物馆、礼泉县文教局《唐郑仁泰墓发掘简报》，《文物》1972年第7期，图版拾叁。

[2] 慧琳《一切经音义》卷八一，解释"敢曼"为"梵语也。遮形丑之下裳，如此方之裈袴。一幅物，亦不裁缝，横缠于腰下，名曰合曼也"。梵文写作 Kambala，今东南亚一带称之为莎笼（sarong）。

[3] 陕西省博物馆编《隋唐文化》，第118页。

[4]《陕西省志》卷六六《文物志》，三秦出版社，1995年，第339页。

[5]《中国美术全集·雕塑编4·隋唐雕塑》图168，人民美术出版社，1988年，第170页。原说明有误，不是身着圆领窄袖衣，而应是赤裸上身。

郑仁泰墓出土俑极为相似，而且人物造型完整无缺，南海昆仑人特点异常清晰。

其九，1956年西安红庆村独孤君夫人元氏墓出土一陶彩釉牵马俑[1]，高84厘米，满头卷发遮盖耳下，抬头圆脸，双目直瞪，鼻孔宽大，厚唇紧抿，脖间似系丝带，身着大翻领胡袍，足蹬胡靴，右手高举似牵缰绳，左手抬至胸前，造型栩栩如生。这个俑证明久居长安的"昆仑奴"不仅着唐装，也穿胡服，墓主独孤君本身就是鲜卑贵族后代。

西安地区唐墓还出土了一些头发中分、发侧扎髻、低鼻梁宽鼻孔的牵马俑，有的腰挂洗马工具，有的足穿高勒靴，有的做拉马状，形态不一，服装不同。[2]有研究者将这些俑也定为昆仑俑或黑人俑[3]，笔者觉得很值得怀疑，这些俑有可能是其他民族或种族的人，需要继续追溯其准确出处，不能贸然定性或硬扯挂钩。

此外，1960年新疆吐鲁番阿斯塔那336号唐墓出土了高11.2厘米的黑人戏弄泥俑，黑卷发，大耳朵，厚嘴唇，大眼突出，上身赤裸，肚脐外露，下着紧口短裤，赤脚，全身漆黑，据研究此俑作"昆仑象"，可能就是狮子舞中的驯狮者。[4]1996年陕西岐山县博物馆入藏唐墓出土的黑人俑一个，短卷发，黑肤色，上身裸体，下身贴衣，俑做牵马状或拿器物状，可惜还未正式公布。秦廷棫编著《中国古代陶塑艺术》中也收有一件传说是1949年前洛阳唐墓的昆仑人俑。总之，各地发现的黑人俑以西安地区出土的最具代表性。

需要注意的是，1994年陕西富平县唐献陵陪葬墓发现的壁画上，也有黑人牵牛图。[5]这个牵牛人颈戴小铃铛项圈，卷发厚唇，上身赤裸斜披帛带，下着束口轻薄短裤，全身肤色黝黑，戴有手钏和脚镯，相貌、装束皆与已出土的昆仑黑人俑相似。

---

[1] 陕西省文管会编《陕西省出土唐俑选集》图31，郑振铎先生在序言中断定此陶彩釉牵马俑是"昆仑奴"。

[2] 1954年西安东郊郭家滩严君妻任氏墓（神龙三年）出土陶牵马俑，1955年西安郭家滩骞思哲墓（景云元年）出土陶牵马俑，1953年咸阳底张湾张去逸墓（天宝七载）出土陶男立俑，1955年西安东十里铺出土牵骆驼俑，1959年西安西郊中堡村出土牵马俑等，见《陕西省出土唐俑选集》。

[3] 韩建武《陕西出土的唐代黑人俑》，《陕西历史博物馆馆刊》第6辑，陕西人民教育出版社，1999年，第212页。

[4] 《中国博物馆丛书》第9卷《新疆博物馆》，文物出版社，1991年，图138"唐黑人戏弄泥俑"。

[5] 井增利、王小蒙《富平县新发现的唐墓壁画》(《考古与文物》1997年第4期）所载"北壁牵牛图"，图中黑人一手扬鞭，一手紧拽缰绳，耕牛正在竭力挣脱。

从以上出土文物的黑人形象可以看到，其特征大都是赤裸上身，卷发厚唇，肤色深褐，跣足而行。在装束上则衣着有别，有的斜披橘红色布帛，横幅绕腰或腰着短裤，有的入乡随俗，或穿唐服或着胡服。这不仅与唐代史料记载接近[1]，也说明唐人对"昆仑奴"黑人形象的熟悉，才能塑造出特征夸张的陶俑。尤其是那些肤色不特别黑的昆仑人，也被涂黑列入黑人之列。

图12 唐外国人象牙头像俑，广州西汉南越王博物馆藏

唐代寺院也塑有昆仑人形象，唐张彦远《历代名画记》卷三记载，东都敬爱寺东禅院大门有武后时窦弘果塑"狮子、昆仑各二，并迎送金刚神王及四大狮子"。昆仑人驯狮的题材，在甘肃敦煌榆林窟第25窟佛教"经变"壁画《文殊变》中也有出现，昆仑人为文殊、普贤骑坐的狮、象牵缰持鞭，绘画时间约为唐大历年间。《旧唐书·音乐志》记载太平乐（五方狮子舞）"出于西南夷、天竺、师子等国，缀毛为之。人居其中，像其俛仰驯狎之容。二人持绳秉拂，为习弄之状"。其中"持绳者，服饰作昆仑像"。《太平广记》卷三四〇描写"夜梦一老人骑大狮子，狮子如文殊所乘。毛彩奋迅，不可视，旁有二昆仑奴操辔"，可见唐代昆仑人驯狮形象也不少。

唐长安地区出土的黑人俑数量多、造型好，而且出土时间从初唐到晚唐都有，证明黑人已融入当时的民间社会，也说明黑人的异俗色彩为唐人所注目。但仅从外表形态就判断黑人俑来自非洲，恐有失慎重。长安出土的黑人俑形态不一，肤色深浅有别，本身就为其种族内涵提供了解析的可能性，同时也为我们追溯黑人来源提供了珍贵的对照坐标。结合文献记载，可发现它的主体是典型的南海昆仑人。按照唐代陪葬风俗的常识，当时长安人的兴趣莫过于域外的音乐、舞蹈、杂技

---

[1]《旧唐书·婆利国传》云："其人皆黑色……男子卷发披古贝布，横幅以绕腰。"婆利国即今印度尼西亚巴厘岛。《旧唐书·骠国传》记"其衣服悉以白氎为朝霞，绕腰而已"。朝霞即橘红色的棉布。德宗贞元十八年，骠国进乐工皆"衣绛氎，朝霞以蔽膝"，"两肩加朝霞，络腋。足臂有金宝环钏"。《隋书·真腊传》也记其"王着朝霞古贝，瞒络腰腹，下垂至胫……被真珠璎珞"。

之类,所以陶俑造型中渲染身怀绝技的艺人形象较普遍,因而笔者认为,唐长安昆仑黑人俑以表演艺术的造型较多,应该是能歌善舞的南海昆仑人。

四 黑人的身份与地位

在敦煌壁画中,初唐220、332、335、431等窟和盛唐103窟的"各国王子图"中都有昆仑人形象。与梁元帝萧绎《职贡图》中"狼牙修国"(今泰国西南部)使者相对照,形象服饰基本相同。如"各国王子图"中最前面的两组人物,面貌紫黑,有的椎髻,有的拳发,个子不高,裸体跣脚,斜披巾,着短裤,绫锦缠腰,项饰珠宝璎珞,有的耳悬金珰,手脚均佩环钏,并有小侍者服侍左右,一望便知为南海昆仑人中的上层人物。《册府元龟》卷九六〇记载婆利国(今印度尼西亚巴厘岛)"其国人披古贝如帕,及为都缦。王乃用班丝布,以璎珞绕身","人皆黑色,穿耳附珰"。与敦煌壁画中昆仑上层人物相比,长安地区出土的黑人或昆仑人形象,绝大多数是被奴役的形象。有人以为昆仑奴俑多被塑造为牵马或牵驼俑[1],实际上,无论是墓葬中的陪葬俑,还是墓道壁画上刻画的人像,昆仑奴分别以饲养牲畜、驯狮驭象的形象出现,同时,还有充当乐伎艺人、家庭奴仆的形象,生活劳动范围很广,这与史书中的记载基本吻合。

众所周知,古代周边国家对华朝贡的特殊贡品就是贡人。尤其在唐代,岭南和滇缅以南一些国家社会发展水平还很落后,从南海诸岛进贡昆仑奴非常普遍。贡人往往随着方物一同献入长安,其中奴婢有昆仑奴、僧祇女,艺人有幻人、乐人、舞人,此外还有侏儒、阉人等,唐开元十二年(724)室利佛逝国就曾献侏儒[2],而"是时,诸道岁进阉儿,号'私白',闽、岭最多"[3]。《旧唐书》卷一五四《孔戣传》也说:"先是帅南海者,京师权要多托买南人为奴婢。"唐以后贡人风气继续盛行,宋代史籍记载三佛齐(即室利佛逝)"居真腊、阇婆之间,所管十五洲……乐有小琴、小鼓,昆仑奴踏曲为乐"[4]。

唐代达官贵人之家以蓄养昆仑奴作为一种地位和财富的象征,上海藏敦煌文

---

[1]秦浩《唐墓昆仑奴俑考释》,《南京大学学报》1983年第2期,第106—113页。
[2]《新唐书》卷二二二《南蛮下》,中华书局,1975年,第6035页。
[3]《新唐书》卷二〇七《吐突承璀传》,第5870页。
[4]《宋史》卷四八九《外国五》,中华书局,1977年,第14088页。

书《唐定兴等户残卷》录有王子进家中的"奴昆仑"[1]，但敦煌文书中的"昆仑"有可能是粟特语的转写，如《乐府杂录》中"弹琵琶第一手"的康昆仑，粟特语Krnw'n解作"技艺"，它的形容词是Krnw'nch，康国艺人到中国后，取其发音近似而曰康昆仑。笔记小说也有将昆仑奴"武侠化"的描写。《太平广记》卷一九四"昆仑奴"条引《传奇》："唐大历中（766—779），有崔生者，其父为显僚，与盖代之勋臣一品者（郭子仪）熟。生是时为千牛……时家中有昆仑奴磨勒。"这个昆仑奴是飞檐走壁、负人逾垣的豪侠，离开长安后在洛阳番市上卖药。[2]同书卷三三九"阎敬立"条引《博异记》云兴元元年（784），"刘俶乃云此馆所用并散逃，因指二皂衫人曰：此皆某家昆仑奴，一名道奴，一名知远，权且应奉耳。敬立因于烛下细目其奴，皂衫下皆衣紫白布，面皆昆仑，兼以白字印面分明，信是俶家人也"。同书卷一六"张老"条引《续玄怪录》："……后数年，（韦）恕念其女……令其男义方访之，到天坛南，适遇一昆仑奴，驾黄牛耕田。"这与陕西富平县发现唐墓壁画中的昆仑人牵牛图完全吻合，看来笔记小说记载的昆仑奴也是有根据的。

除了长安地区的昆仑奴外，《太平广记》还收录岭南地区的昆仑奴。如卷四二〇"陶岘"条说："陶岘者，彭泽令孙也。开元中，家于昆山，富有田业……曾有亲戚为南海守，因访韶石而往省焉。郡守喜其远来，赠钱百万，遗古剑长二尺许，又玉环径四寸。及海舶昆仑奴名摩诃，善游水而勇捷，遂悉以钱以贯之，曰：吾家至宝也……每遇水色可爱，则遗剑环于水，命摩诃取之，以为戏乐。"这个昆仑奴"摩诃"是否是"穆罕默德"简译暂且不论，他善于潜水的特殊技能是其他史料也记有的。卷四六四"鳄鱼"条引《岭表异录》："故太尉相国李德裕贬官潮州，经鳄鱼滩，损坏舟船。平生宝玩、古书、图画，一时沉失。遂召舶上昆仑取之。见鳄鱼极多，不敢辄近。"这个"舶上昆仑"也应是深识水性的昆仑奴。当时南海充当水手的昆仑奴应该不少，正如唐慧琳《一切经音义》卷六一《音根本说一切有部毗奈耶律》记载："海中大船曰舶。广雅：舶，海舟也，入水六尺，驱使运，载千余人，除货物，亦曰昆仑舶。运动此船多骨伦，为水匠。""骨伦"即"昆仑"的异译，说明昆仑水手在唐时的船舶上曾被普遍役使。唐长安出土的昆仑俑，有些穿着

---

[1]《敦煌资料》第1辑，中华书局，1961年，第115页。这个"奴昆仑"可能是河西富户蓄养的西域奴。
[2] 有学者认为"磨勒"似为moladah的简略译音，就是阿拉伯人通用的名字"摩勒达"，并作为大食国人转输昆仑奴于中国的旁证，故且存疑。见李季平《唐代昆仑奴考》，《文史》第16辑，中华书局，1982年，第292页。

图13 唐代黑人俑，美国弗利尔美术馆藏

便于泅水的"敢曼"（裈），突出刻画了他们长于水性的特长。

在唐人心目中，从异域进口的昆仑奴不仅是新奇之物，而且买卖远国绝域的奴隶不用担心法律的制裁与良心的谴责。所以高官权贵之家不仅蓄养黑奴，而且将昆仑奴形象的陶俑放在坟墓中陪葬。虽然昆仑陶俑形式多样，风格不同，但刻画得神情逼真，生动地反映了昆仑人的面貌、服饰、习俗以及当时所处的社会地位。蔡鸿生教授提醒笔者注意"昆仑奴"与"昆仑儿"有身份区别，家中奴仆为"昆仑奴"，昆仑儿就不一定是奴仆，可能是自由人，这是很有道理的。

不过令人疑惑的是，唐长安已发现的昆仑人陶俑或壁画人物中，均只有男性而无女性，唐代诗人张籍曾描写南海女奴："铜柱南边毒草春，行人几日到金麟？玉环穿耳谁家女，自抱瑟琶迎海神。"但名为"僧祇女"或昆仑女的形象始终未见。有人推测广东高州良德唐墓青铜头像为昆仑女形象[1]，暂且存疑。

目前研究的难点在于这些昆仑人究竟来自何方？是不是非洲黑人？如前所说，在唐代，似乎凡是卷发黑肤的人都被称为昆仑，中国对非洲的认识在文献中是模糊不清的，史料佚失缺考得太多。杜环《经行记》中的"摩邻国"今属何方，国内外学者有各种理解。[2] 段成式《酉阳杂俎》中的"拨拔力国"的位置，也见解

---

[1]《广东高州良德唐墓》，《文物资料丛刊》第6辑。又见崔大庸《唐代黑人形象初探》，香港《中国文物世界》第108期（1994年8月号）。

[2] 摩邻国除个别学者认为其属印度西北外，其余皆推测在非洲毛里塔尼亚、利比亚、摩洛哥一带或埃及海岸，还有人认为在肯尼亚的马林迪、曼迪，苏丹的麦罗埃，埃塞俄比亚的阿克苏姆等。参见张一纯《经行记笺注》，中华书局，1963年；丁谦《唐杜环经行记地理考证》，收于吴剑雄主编《中国海洋发展史论文集》第4辑，台北"中央研究院"，1991年，第131页；戴闻达《中国人对非洲的发现》，商务印书馆，1983年，第15页。

各异[1]，"其妇人洁白端正"显然与非洲黑色人种不符。贾耽《古今郡国县道四夷述》中所录广州经波斯湾至大食国的海道航程也叙述不清，致使学者们有的认为"三兰国"是"锡兰"的对音，有的认为是"亚丁"，还有的认为是东非海岸某地。[2] 此外，一些学者还将在非洲发现的若干唐代瓷片和数枚唐钱作为唐朝与非洲贸易的直接证据[3]，但这些零星的证据均语焉不详，难以确认，只能存疑。

从唐代文献和出土文物分析，我们还得不出唐人或中国商船抵达非洲的结论，即使在非洲或埃及发现有唐朝瓷片，也是间接贸易的商品，否则压舱物中应有其他的生活用具、艺术品和耐用品，不会仅是孤证。推论、猜想是允许的，但论证、破译一定要是科学的。

宋代海上交通有着比唐代更加发达的优势，对外贸易也十分频繁。周去非《岭外代答》卷三"昆仑层期国"和赵汝适《诸蕃志》卷上"昆仑层次国"都记载了当时黑人被大食国（阿拉伯）人掠卖为奴的情况，但是否转输中国则无明确记载。宋代这两本著作的资料也来自间接传闻，其价值自然很高，然而或将此记载类推于唐代昆仑黑人亦来自非洲，则不能算是确凿证据。即便如此，宋人记载昆仑奴仍是含混不清，如《宋史》卷四九〇《大食传》："太平兴国二年（977），遣使蒲思那、副使摩诃末、判官蒲啰等贡方物。其从者目深体黑，谓之昆仑奴。"随从贡使的昆仑奴虽然"体黑"，可是"目深"又与非洲黑人"眼凸"不符。由此可见，号称"昆仑奴"的人种是大不相同、分类有别的。

总而言之，通过唐代文献和各类旁证来辨识唐长安地区出土的黑人俑种族成分，应该是一个极具意义的历史课题。尽管目前有不少研究者附和于黑人俑或昆仑人来源于非洲说，但中国史籍关于昆仑人一脉相承的记载，有助于我们在识别时更多地考虑从南海或印度洋群岛毗邻的东南亚和南亚诸种族去追寻踪迹，也许这才是解开唐长安黑人来源真相的路径。

---

[1] 关于"拨拔力国"，也有索马里之柏培拉、肯尼亚和坦桑尼亚的马赛族等观点。沈福伟甚至推测是盖拉人在索马里北部所建的国家，见《中国与非洲》，中华书局，1990年，第233页。

[2] 陈公元《从贾耽的"通海夷道"看唐代中非关系》，《西亚非洲》1983年第3期；许永璋《三兰国考》，《西亚非洲》1992年第1期。

[3] 夏鼐《作为古代中非交通关系证据的瓷器》，《文物》1963年第1期。马文宽、孟凡人《中国古瓷在非洲的发现》，紫禁城出版社，1987年，第4页。

THE INDIANS IN CHANG'AN OF TANG DYNASTY

6

唐长安印度人之研究

唐长安印度人之研究

中印两大文明古国的交往历史悠久，规模宏大，影响深远，特别是在唐代更进入一个交流的辉煌时期。但由于印度人重视文法忽视历史，不记入华人士；而中国的相关记录又残缺不全，记载简略，从而使来到长安的印度人存在人数不详、职业不清的谜团，对此已有学者注意[1]，但扑朔迷离，很难澄清。本文依据现存史料，结合新线索，设法重加梳理贯通，以窥其来龙去脉之大概，或许能对丝绸之路研究和中印文化交流有所助益。

一

中国和印度交流的起点与确切时间，现已无法考定。《史记·大宛列传》记载，张骞于汉武帝建元年间（前140—前135）奉命出使西域，他曾在大夏国见到中国蜀地出产的蜀布和邛竹杖，当地人说这是从身毒国[2]（India，"印度"的译名）贩卖来的。这可能是中印交流最早最可靠的文字记载。

随着西域道、滇缅道和南海道的陆续开通，中印之间的交流频繁起来。尤其是佛教东渐传播于中原内地后，中印交流更加频繁，在两晋南北朝时期形成第一个高潮。其中政府间的往来也开始增多。《魏书》各"本纪"中都有西天竺、南天竺等南亚诸国官方使者来华的记载。

---

[1] 方豪《中西交通史》，岳麓书社，1987年，第315页。季羡林《佛教与中印文化交流》，江西人民出版社，1990年，第160—167页；又见氏著《中印文化交流史》，新华出版社，1991年。
[2] 冯承钧编《西域地名》，中华书局，1955年，第33页。

图1 北魏天竺人陶俑,甘肃张掖山丹县出土

隋代是印度人来华进入长安高潮的前奏,仅开皇二年(582)至大业三年(607),在大兴城(即长安)就先后由官方建立了五座佛经译场,据学者考证译主均为印度人[1]。其一,瞿昙达摩般若,梵名 Gautama Dharmajñāna,汉名昙法智,中印度波罗奈人,其父般若流支于北魏时来到中国邺城(今河北临漳附近)。昙法智曾任北周洋州洋川(今陕西西乡)郡守,隋文帝开皇二年,昙法智在大兴善寺译出《业报差别经》一部一卷,后不知所终。其二,毗尼多流支,梵名 Vinitaruci,意译"灭喜",北印度乌场国(Uddiyana,乌仗那)人,入京后于大兴善寺设译场,于开皇二年译出《大乘方广总持经》等,昙法智之弟昙皮为他度语(传译)。其三,那连提黎耶舍,梵名 Narendrayasas,意为"尊称",略称耶舍,北印度乌场国人,北齐时经柔然、突厥入中国,曾在邺都天平寺译经。开皇二年入京在大兴善寺为译主,后封为"外国僧主",开皇九年卒于京城广济寺,终年99岁,被尊为"开皇三大师"第一人。其四,阇那崛多,梵名 Jñānagupta,意译"德志",北印度犍陀罗人,北周明帝武成元年(559)与同学耶舍崛多随其师阇那耶舍(摩伽陀国人)携梵经入长安四天王寺译经,北周武帝灭佛时归国滞留突厥,开皇五年再次入长安,翻译梵文古书及天文图书,并带有印度僧人若那竭多、印度侨民毗舍达等为助手译经。其五,达摩笈多,梵名 Dharmagupta,意为"法藏",南印度罗啰国人,刹帝利种,开皇十年入京城,充当阇那崛多助手译经,大业元年携带十余名婆罗门僧迁往洛阳上林园,另立新译

---

[1] 王亚荣《大兴城佛经翻译史要》,《中国佛学》第2卷第1期,1999年。

馆，唐高祖武德二年（619）终于洛阳，亦被尊为"开皇三大师"之一。

隋炀帝时期，为了向西域扩展，召集许多外国僧侣于鸿胪馆教授语言，大业五年派遣裴矩应接西域诸国使臣，多有至者，唯天竺（印度）不通，故又派使臣出使罽宾（今克什米尔）、王舍城（今阿富汗巴尔克）、史国，以加强官方的联系。

唐代是中印交流的第二个高潮时期，"莫诃支那"（梵文 Mahācīna）作为印度人对京师长安的称呼，已成为众多印度小国极为尊崇的圣地，官方接触很多。《旧唐书·西戎传》记载："贞观十五年，尸罗逸多自称摩伽佗王，遣使朝贡，太宗降玺书慰问，尸罗逸多大惊，问诸国人曰：'自古曾有摩诃震旦使人至吾国乎？'皆曰：'未之有也。'乃膜拜而受诏书，因遣使朝贡。太宗以其地远，礼之甚厚，复遣卫尉丞李义表报使，尸罗逸多遣大臣郊迎，倾城邑以纵观，焚香夹道，逸多率其臣下东面拜受敕书，复遣使献火珠及郁金香、菩提树。"尸罗逸多（Harsha-sīlāditya），即《大唐西域记》中之戒日王，姓刹帝利氏，自称摩伽陀王（Magadha），其国地处恒河下游，距河口不远，唐人称为中天竺。这是唐史上最早关于中天竺两次派使节到长安的记载。

贞观二十年（646），右卫率府长史王玄策出使天竺，"会中天竺王尸罗逸多死，国中大乱，其臣那伏帝阿罗那顺篡立，乃尽发胡兵以拒玄策"[1]。王玄策率唐使随员三十余人与之交战，人少被俘。王玄策与副使蒋师仁夜中逃脱，借来吐蕃、泥婆罗、章求拔诸国军兵击败阿罗那顺，俘阿罗那顺及其妃、子等，带回长安献于唐朝皇宫阙下，后在唐太宗昭陵十四蕃王石像中就刻有阿罗那顺的形象。[2] 这是印度摩伽陀王国叛王作为俘虏被押送至唐京长安，也是印度中天竺国王全家到达长安的记录。

王玄策的胜利，使大唐帝国的声威再度远播于五天竺诸国，除中天竺（摩伽陀）外，其余四天竺国都遣使朝贡。尽管在7世纪中印关系史上仅此一次冲突，但这次冲突实为王玄策警告摩伽陀国不得"剽掠诸国贡献之物"，并无干涉摩伽陀国内政和领土的目的，加速了中印文化交流。此后，王玄策又两次赴印度，往婆罗

---

[1]《旧唐书》卷一九八《西戎传》，中华书局，1975年，第5307—5308页。
[2]《金石萃编》卷一一三载："昭陵前十四蕃王像之婆罗门帝那伏帝阿罗那顺像。"

林佛涅槃处送袈裟，追玄照法师回京，寻长年婆罗门卢迦逸多以及长生延年药。[1]

值得一提的是，贞观二十二年王玄策在第二次出使印度回国时，将印度方士那罗延（迩）娑婆寐（Narayanasvamin）携至长安。这位印度方士自言高寿二百岁，自称有长生之术。唐太宗对那罗延娑婆寐"深加礼敬"，设馆于玉华宫金飙门内，造延年之药。"令兵部尚书崔敦礼监主之，发使天下，采诸奇药异石，不可称数。延历岁月，药成，服竟不效。后放还本国。"[2]《新唐书·西域传》《酉阳杂俎》前集卷七和《册府元龟·帝王部》等也记载，那罗延娑婆寐在玉华宫金飙门改馆合制长年药丹[3]，四处派遣使者采奇石怪草为药料，甚至到印度诸地寻药。贞观二十三年药成，唐太宗服后无效，反而身亡，众臣议治其罪，又恐夷狄取笑，故逐之归国。唐高宗李治即位后，那罗延娑婆寐再次来到长安，王玄策又推荐其制长生药，被李治拒绝，后客死长安。

总章元年（668）十月，唐高宗李治加授东天竺乌荼国婆罗门卢迦逸多为怀化大将军。卢迦逸多（又译卢迦溢多、卢伽阿逸多，Lokāditya）也是一位方士，精通医术，自言能合不死药。据义净《大唐西域求法高僧传·玄照传》可知，麟德二年（665）唐高宗派玄照法师出使羯湿弥罗，目的之一就是寻找长生不老"胡僧"卢迦逸多，据说他的方术超出名医，故"受诏合长年药，高宗将饵之"[4]，同时再派使者及傔使到西印度取长生药。后经大臣郝处俊等劝谏，唐高宗才不服其药，但授予卢迦逸多怀化将军，这也是遵循唐朝对外来蕃客按蕃望等级高下授予官位的惯例。卢迦逸多授官后在长安的活动，史无明文记载，不知其终。

由于唐长安距离印度五天竺路途遥远，吐蕃兴起后的阻隔与西域诸国的反复变动，使得中印官方往来时多时少，印度使节到达长安的记载也不全面，据《旧唐书·西戎传》《册府元龟》卷九七〇、九七一、九七二所记整理考证如下[5]：

---

[1] 关于王玄策出使印度是三次还是四次，史学界一直有争论，见冯承钧《西域南海史地考证论著汇辑》之《王玄策事辑》，中华书局，1957年；又参见孙修身《王玄策事迹钩沉》，新疆人民出版社，1998年，第4—14页。

[2] 《旧唐书》卷一九八《西戎传·天竺国》，中华书局，1975年，第5308页。

[3] 段成式《酉阳杂俎》卷七记载药剂名"畔茶佉水"，为印度古医方。[英]李约瑟《中国科学技术史》中文版第一卷第七章第九节认为这是关于无机酸的记载。科学出版社，1975年，第467—470页。

[4] 《旧唐书》卷八四《郝处俊传》，第2799页；又见《唐会要》卷一〇〇"归降官位"，中华书局，1955年，第1798页。

[5] 方豪《中西交通史》，"唐代印度来华使节年表"，第339页。

贞观十五年（641），天竺摩伽陀王（戒日王）遣使至长安。

贞观十六年（642），乌荼王遣使献龙脑香。

贞观十七年（643），婆罗门等国各遣使至。

贞观二十年（646），那揭陀国遣使贡方物，章求拔国遣使入朝。

显庆三年（658），南天竺下属千私佛国、舍利君国、摩腊三国遣使至京。

龙朔二年（662），南天竺于佛国、摩腊国遣使来朝。

咸亨三年（672），南天竺献方物。

永淳元年（682），南天竺遣使献方物。

天授二年（691），五天竺王并来朝献。

景龙四年（710），南天竺遣使来朝，同年又贡方物。[1]

先天二年（713），南天竺遣使来朝贡。

开元二年（714），西天竺遣使贡方物。

开元三年（715），天竺国使臣来献方物。

开元五年（717），中天竺遣使来朝献方物。

开元八年（720），南天竺献五色能言鹦鹉，其王请以战象及兵马讨大食及吐蕃等。唐玄宗应其请求，名其军为怀德军，又赐寺额曰归化。十一月遣使册利那罗宝多为国王，遣使来朝。

开元十三年（725），中天竺遣使来朝。

开元十八年（730），中天竺遣使来朝。北天竺国三藏沙门僧密多献质汗等药。

开元十九年（731），中天竺国王遣其臣大德僧勃达信来朝，且献方物。

开元二十五年（737），东天竺大德达摩战献胡药和《占星记》梵本等。

开元二十九年（741），中天竺王子李承恩来朝，授游击将军。天宝中（742—755），累遣使来。

乾元元年（758），乾陁罗国王使大首领中郎将踏匐勒特车鼻施远干，授将军，

---

[1]《旧唐书》卷一九八《西戎传》作景云元年，实即一年。

放还蕃。同年,罽宾王藏般若力、中天竺国婆罗门三藏善部末摩、箇失密[1]三藏舍郡,并慕华入朝。其中藏般若力被封为太常少卿,善部末摩被任命为鸿胪少卿员外置。

这些统计肯定是不完全的,因为唐王朝以中央大国自居,当时五天竺陷于分裂状态,诸多小国派来的使者往往忽略不计。《全唐文》卷一六唐中宗《褒天竺国使臣诏》云:"中天竺国大首领大野迷地罗梵摩等,殊邦慕德,重译来朝,是加褒奖,用益诚心。可果毅都尉,赐绯袍、银带,放还蕃。"查两《唐书》,不见中宗时有天竺使臣来访记载,这条诏令可补正史之缺。唐政府对一些印度商人冒充的使者只给予赏赐,不派使者护送回访,更不会载入史册。即便是官方使团,其具体人数、随员职业以及相随的商人,都语焉不详,武则天证圣元年(695)曾诏令:"蕃国使入朝,其粮料各分等第给:南天竺、北天竺、波斯、大食等国使宜给六个月粮"[2],可知接待印度使者有专门规定。这些来朝"贡献方物"的使团人员,据推测应该有留在长安不返的,也应有为中印之间交流作出贡献的。

二

1985年在西安临潼区代王镇姜原村唐庆山寺舍利塔基精室中出土了127件文物[3],据精室中《上方舍利塔记》碑刻,可知为开元二十九年(741),除有西域米国艺术家雕刻的裸体仙童、迦陵鸟人首凤身、雄狮、飞天、莲花等图案的门楣、门扉外,释迦如来舍利宝帐额枋上雕有手持火把的裸体人,极富古代印度艺术风格。出土的金银铜器物中,凤头人面铜壶腹上有六个高浮雕印度人形象,弯眉大眼,小口,鼻高修长,头发从额中分拢于耳前鬓上,结成三节发辫,每条辫皆两两共用,天竺人脸型与发式特征极强。室内壁画绘有药师佛与弥陀佛图,特别是东西壁红柱廊房下,分别结跏趺坐五个听乐赏舞的中外僧人,其中两个外国僧人皆高鼻,络腮胡须,完全是天竺高僧的相貌,如果说这是印度人在长安的形象实证,那么也是中

---

[1] 箇失密又称迦湿弥逻,即今克什米尔。
[2]《唐会要》卷一〇〇"杂录",中华书局,1955年,第1798页。
[3]《临潼唐庆山寺舍利塔基精室清理记》,《文博》1985年第5期。

图2 白石印度风格菩萨头像，1983年西安西郊出土

印文化往来的珍贵实物。

唐朝是佛教鼎盛的黄金时代，由于佛教的关系，中印交流非常普遍，不仅以长安为起点的西行求法者不绝于途，而且印度来华的僧人也很多。张星烺据《宋高僧传》和《佛祖统纪》整理来华印度僧人名单有：达摩笈多（Dharmagupta）、波罗颇迦罗蜜多罗（Prabhakaramitra）、那提（Nadi）、若那跋陀罗（Jñānabhadra）、佛陀多罗（Buddhatrata）、佛陀波利（Buddhapāli）、尊法（Bhagavaddharma）、无极高（Atikuta）、地婆诃罗（Divākāra）、慧智、宝思惟（Ratnacinta）、菩提流志（Bodhiruci）、极量（Paramiti）、善无畏（Śubhakarasimha）、金刚智（Vajrabodhi）、不空（Amoghavajra）、利涉、智慧（Prajña）、牟尼室利（Munisri）、莲华、释天竺、般若（Prajña）、钵怛罗（Patra）等。他们都翻译了大批佛教经典，对佛教在中国的传播起了很大的推动作用。

由于唐长安是佛教弘法的中心地，既有统治者的提倡重视，又有皇家官府的优渥资助，所以印度高僧纷纷在长安生活居住，以便利用这里的寺院和译场作出自己的贡献。其中可考者如下：

1. 波罗颇迦罗蜜多罗，略称波颇，梵音转写 Prabhakaramitra，意为"明知识"，亦云光智，中天竺人，565年生，十岁出家，受戒后专究律藏，又修习禅定十二年，并南游摩伽陀国那烂陀寺（Nālandā）[1]听讲。后与道俗十人，北行到西突厥统叶护可汗处（衙所碎叶城）传经扬法。武德九年（626）会见入蕃唐使，因而带五名僧人与唐使同来长安，敕住大兴善寺，创开传译，"初译宝星经，后移胜光，又译般若灯、大庄严论，合三部三十五卷"[2]，传说玄奘曾参谒过他，受到启示，决心出国西游。贞观六年（632），太子患病，唐太宗下敕迎波颇入内一百余日，可见他还懂

---

[1] 那烂陀寺的故址在今印度比哈尔邦的巴腊贡（Baragaon），它是古代印度佛教的最高学府。该寺遗址于1861年被发现，曾进行过少量发掘，1920年后印度考古工作者依据《大唐西域记》的记录又进行过发掘工作。

[2] 释道宣《续高僧传》卷三，《译经篇三·波颇传一》，中华书局，2014年，第66页。

图3 武周庆山寺胡僧壁画线描图

图4 武周庆山寺胡僧壁画线描图

图5 武周庆山寺壁画线描图

图6 武周庆山寺壁画线描图

医术,贞观七年死于胜光寺,卒年69岁。

2. 伽梵达磨(Bhagavaddharma),中国释号尊法,西印度人。他"远踰沙碛,来抵中华,有传译之心,坚化导之愿"[1]。唐高宗永徽年间(650—655)曾翻译《陀罗尼经》一卷,但在长安寺院活动的具体情况不详。

3. 阿地瞿多(Atigupta),中国释名无极高,中印度人,他"学穷满字,行洁圆珠,精练五明,妙通三藏"。唐高宗永徽三年(652)正月"自西印度赍梵夹来届长安,敕令慈门寺安置"[2]。李世勣、尉迟敬德等十二名大臣和十六名沙门大乘共同请阿地瞿多于长安慧日寺浮图院建陀罗尼普集会坛,并用两年时间翻译了十二卷《陀罗尼集经》。

4. 布如乌伐邪(Punyopaya),中国释号福生,略称那提,中印度人。他游历诸国,曾至师子国及南海诸国,搜集大小乘经律论五百余笈,于永徽六年抵达长安,被唐朝安置于慈恩寺,但不得志,第二年充任使节前往南海昆仑国采取长生异药。龙朔三年(663)返还长安,翻译曼荼罗等三经,因他是那烂陀寺哲学大师龙树(Nāgārjuna)的大弟子,当时在长安的"西梵僧"(印度僧人)中声誉很高。

---

[1] 赞宁撰,范祥雍点校《宋高僧传》卷二《译经篇第一·唐尊法传》,中华书局,1987年,第29—30页。

[2] 《宋高僧传》卷二《译经篇第一·唐西京慧日寺无极高传》,中华书局,1987年,第30页。

5. 地婆诃罗（Divākāra），中国释号日照，中印度人，唐高宗时到中国，仪凤四年（679）表请翻度所赍经笑，"于一大寺别院安置，并大德三五人同译"。武则天垂拱末年于两京东、西太原寺及西京广福寺译《大乘显识经》等十八部。他"深体唐言，善传佛意"，还多谙医术，颇得武后赏识。

6. 佛陀波利（Buddhapāli），中国释名为觉护，北印度罽宾国人。他经过西域于仪凤元年杖锡五台山，瞻礼文殊师利。《佛祖历代通载》卷一五记他"开耀元年取其咒至于长安"，后到长安西明寺与懂梵语的僧人顺贞等人共同翻译《佛顶尊胜陀罗尼经》。

7. 菩提流志（Bodhiruci），"南天竺国人也，净行婆罗门种，姓迦叶氏"[1]。他在中国居留长达45年之久。唐中宗神龙二年（706），住长安崇福寺，译《大宝积经》。睿宗登极后，菩提流志又于皇宫北宛白莲池、甘露亭等地继续翻译佛经。先天二年（713）进皇家内译场，与天竺大首领伊舍罗、天竺沙门波若屈多等人共译梵文。菩提流志还对阴阳历数、天文地理、咒术医方等了如指掌。

8. 阿你真那（Ratnacinta），中国人称宝思惟，北印度迦湿弥罗国人。武后长寿二年（693）到洛阳天宫寺译经，睿宗太极元年（712）曾一度到长安进呈译经。

9. 跋日罗菩提(Vajrabodhi)，即著名的密宗"开元三大士"之一金刚智，南印度摩赖耶国人。其父婆罗门精通《五明论》，为

图7 印度铜人面纹执壶，1985年西安临潼唐庆山寺遗址出土

图8 印度铜人面纹执壶（局部）

---

[1]《宋高僧传》卷三《译经篇第一·唐洛京长寿寺菩提流志传》，第59页。

图9 唐经咒绢画，1983年西安西郊丰镐路唐墓出土

建支王师。金刚智16岁出家在印度那烂陀寺修学，后周游二十余国，经海路于开元七年（719）抵达广州，被玄宗敕迎进长安慈恩寺，又徙荐福寺，"所住之刹，必建大曼拏罗灌顶道场，度于四众"[1]。开元十一年奉敕在资圣寺翻译《瑜伽念诵法》等经，开元十八年于大荐福寺又译出《金刚经曼殊室利菩萨五字心陀罗尼品》等经。金刚智备受唐廷重视，被玄宗尊为国师，代宗赐号大弘教三藏。

10. 戍婆揭罗僧诃（Subhakarasimha），中国人称净师子，据其义翻译为善无畏，又称输波迦罗，此名即无畏之意。善无畏是中印度人，传为释迦牟尼季父甘露饭王后裔，少年出家，住那烂陀寺，学习密教。后历经迦湿弥罗、乌苌而至西突厥汗廷，又经吐蕃于开元四年携梵经笈入长安，先后在兴福寺南院、西明寺、菩提院翻译密宗经典，并教授梵文拼法。善无畏当时在长安声名远扬，备受皇家重视，其弟子有一行、明畏、宝思等，与金刚智、不空并称"开元三大士"。开元二十三年死于洛阳，追赠鸿胪卿。

11. 阿月佉跋折罗（Amoghavajra），汉名智藏，号不空金刚，北天竺婆罗门族。不空15岁时拜金刚智为师，善解密宗经典，精通异国书语。20岁时随师金刚智至洛阳，译传五部密法。开元二十九年后奉师遗旨率弟子多人返天竺、师子国求征密典。天宝五载（746），不空携经返回长安，入宫建曼荼罗坛，为玄宗灌顶，后移居净影寺，天宝十五载住大兴善寺。安史之乱时，与肃宗密使往来频繁，并

---

[1]《宋高僧传》卷一·《译经篇第一·唐洛阳广福寺金刚智传》，第4页。

入终南山智矩寺修功德。代宗永泰元年（765）制授特进、鸿胪卿，加号大广智三藏。大历九年（774）不空患疾，代宗加开府仪同三司，封肃国公，食邑三千户。七十岁圆寂于长安，史称"生荣死哀，西域传法僧至此，今古少类矣"[1]。

12. 达摩涅罗（Dharmanirhara），唐言法月，东天竺人。据《贞元新定释教目录》卷一四记载：法月三藏经过安西于开元二十年到达长安，他携带北天竺沙门阿质达霰（汉名无能胜或无能胜将）译出的三部四卷经"贡献入朝"。同时他还进方术、医方、梵笑、药草、经书等。由于法月"善达医明"，可能也是一位眼科专家。他在长安三年多只译了一部《普遍智藏般若波罗蜜多心经》，开元二十九年告辞取陆路归国，天宝二年病卒于阗。

13. 般剌若（Prajňa），释号智慧，姓乔达摩氏，北天竺迦毕试国人。7岁出家专习小乘，后在那烂陀寺又学大乘，遍历南海诸国，唐德宗建中元年（780）载其经论到达广州，贞元二年（786）进入长安，"见乡亲神策军正将罗好心，即（智）慧舅氏之子也，悲喜相慰"[2]。贞元八年（792）在西明寺与京城中外名僧共同翻译佛经，译有《般若心经》等。

14. 慧智，不知梵名，其父为印度人，婆罗门种，到中国后结婚生慧智。唐高宗咸亨五年（674）至永淳二年（683）间，慧智在长安从师于婆罗门僧，奉敕度为弟子。他"本既梵人，善闲天竺书语；生于唐国，复练此土言音"[3]。所以，地婆诃罗、提云若那、宝思惟等印度高僧翻译经论，都请慧智校正指点。他后来在洛阳佛授记寺自译《观世音颂》一卷，不详所终。

15. 牟尼室利（Munisri），中国释名寂默，北印度人，曾在那烂陀寺出家受戒。唐德宗贞元九年（793），他从那烂陀寺出发，经过七年于贞元十六年到达长安，先在兴善寺、礼泉寺生活，后在慈恩寺请行翻译玄奘所带的梵经，译有《守护国界主陀罗陀经》十卷，又进《六尘兽图》，并介绍过那烂陀寺建筑风格，颇得皇家重视。元和元年（806）卒于慈恩寺。

16. 莲华，梵文名不详，中印度人。唐德宗兴元元年（784）到长安，"杖锡谒德宗，乞钟一口归天竺声击。敕广州节度使李复修鼓铸毕，令送于南天竺金堆寺"[4]。莲

---

[1]《宋高僧传》卷一《译经篇第一·唐京兆大兴善寺不空传》，第12页。
[2]《宋高僧传》卷二《译经篇第一·唐洛京智慧传》，第23页。
[3]《宋高僧传》卷二《译经篇第一·周洛京佛授记寺慧智传》，第33页。
[4]《宋高僧传》卷三《译经篇第一·唐莲华传》，第47页。

华将这口钟安置于宝军国毗卢遮那塔。贞元十一年他以《华严经》后分梵筴附舶来,第二年由罽宾沙门般若三藏于长安崇福寺翻成四十卷,他还将南天竺乌荼国王书献给中国皇帝。

17. 利涉（Licha）,"本西域人也,即大梵波罗门之种姓"。青年时"欲游震旦（中国）,结侣东征,至金梭岭,遇玄奘三藏,行次相逢,礼求奘度"[1]。后成为玄奘门下高徒,为人放旷,与朝廷卿相来往密切,受到唐中宗钦重。开元时在长安安国寺讲《华严经》,因在皇宫内殿三教辩论中取胜,声名显赫于京城。

以上所举,都是史籍记载德高望重、影响较大的印度僧人,一般印度僧人则语焉不详,例如唐太宗贞观时崇圣寺的婆罗门僧头陀,唐高宗永徽年间在长安经行寺译《功德天法》的中印度大菩提寺阿难律木叉师、迦叶师等,武则天垂拱年间在长安广福寺译经的梵僧战陀般若提婆,久视元年（700）在长安清禅寺和于阗高僧实叉难陀（Siksananda）共同译经的南天竺沙门波仑,为新罗国僧译《陀罗尼经》的婆罗门人李无谄[2],唐睿宗唐隆元年（710）于大荐福寺与义净译经班子一起证梵义的中印度沙门拔弩,开元十七年献质汗药的北天竺国三藏沙门僧密多,等等。《宋高僧传》卷一九还记载"释天竺亡名,未详何印度人也。其貌恶陋,缠乾陀色缦条衣,穿革履,曳铁锡,化行于京辇"。《全唐诗》卷一六六李白《僧伽歌》提到中宗时被尊为国师的印度大师:"真僧法号号僧伽,有时与我论三车。问言诵咒几千遍,口道恒河沙复沙。此僧本住南天竺,为法头陀来此国。戒得长天秋月明,心如世上青莲色。"卷二六八也有"大历十才子"耿湋《赠海明上人》:"来自西天竺,持经奉紫微。年深梵语变,行苦俗流归。月上安禅久,苔生出院稀。梁间有驯鸽,不去复何依。"卷四六八刘言史《送婆罗门归本国》:"刹利王孙字迦摄,竹锥横写叱萝叶。遥知汉地未有经,手牵白马绕天行。龟兹碛西胡雪黑,大师冻死来不得。地尽年深始到船,海里更行三十国。行多耳断金环落,冉冉悠悠不停脚。"卷七八五无名氏《天竺国胡僧水晶念珠》:"天竺胡僧踏云立,红精素贯鲛

---

[1]《宋高僧传》卷一七《护法篇第五·唐京兆大安国寺利涉传》,第419—420页;又见《全唐诗》卷八〇八,中华书局,1960年,第9117页。

[2]《续古今译经图纪》云:"李无谄,北印度岚波国人,识量聪敏,内外该通,唐梵二言,洞晓无滞。"又见汤用彤《隋唐佛教史稿》,中华书局,1982年,第66—68页。意大利富安敦（A.Forte）利用佛教史籍和敦煌文书,研究了武周至玄宗时期在华活动的迦湿弥罗（今克什米尔）高僧宝思惟以及罽宾的尸利难陀设、岚波国的李无谄和李无碍、天竺的室利末多等人,见《迦湿蜜逻密宗大师宝思惟及其北印度合作者在中国的活动》["The Activities in China of the Tantric Master Manicintana (Pao-ssu-wei:? - 721A.D.) from Kashmir and of His Northern Indian Collaborators", *East and West*, new series, 34, 1984]。

人泣。细影疑随焰火销，圆光恐滴袈裟湿。夜梵西天千佛声，指轮次第驱寒星。"通过诗篇可以了解印度僧人入唐是极其频繁的[1]，其中还有的出身于印度王子，据《宋史·外国传·天竺国》记载："天竺之法，国王死，太子袭位，余子皆出家为僧，不复居本国。"所以自北魏达摩以来不断有天竺王子来华，入唐的东天竺王子僧伽杖摩曾参与河内郡王武懿宗平契丹[2]，避位出家的天竺王子、三藏法师宝思惟在洛阳建立龙门天竺寺[3]。至于他们是否在长安活动过，则缺乏记录，据推测应到过京师。此外，贞观七年，中天竺三藏明友来长安，译《大乘庄严论》，李百药作序[4]。永徽三年，中天竺摩诃菩提寺沙门智光、慧天等遣沙门法长到长安见玄奘，两年后返回印度[5]。

开元七年，"所司希旨，奏外国蕃僧遣令归国"[6]，所以有许多梵僧离开长安，没留下姓名与生平事迹。如编著《唐梵两语双对集》（类似现代的《汉梵字典》）的梵僧怛多蘖多、波罗瞿那弥舍沙，就事迹不清。中唐以后，印度僧人来华的记录越来越少，一方面是由于佛教译经事业衰落，另一方面与西域丝绸之路被异族阻隔有关，但这并不说明长安没有印度人，《全唐文》卷九三〇记有麟德殿文章应制杜光庭写的《贺西域胡僧朝见表》和《宣进天竺僧二十韵诗表》，其中明确提到"臣某伏以西域天竺僧到阙朝觐者"。唐后期还有印度人从海路辗转而来。[7] 如《酉阳杂俎》卷一说永贞时（805—806）长安东市"有梵僧乞食"，而且还以高超的医术为百姓治病；卷一七说梵僧菩提胜亲口对段成式讲鲸鱼事。《入唐求法巡礼行记》卷三记载，开成五年（840），日本求法高僧圆仁暂居长安靖善坊大兴善寺，寺中有天竺难陀三藏，但这位印度人"不多解唐语"。新昌坊青龙寺东塔院还有南天竺三藏宝月等五人驻锡。

唐朝一些地方有专供印度僧人驻锡的寺院，如《全唐诗》卷七四六陈陶《宿天

---

[1]《全唐诗》中关于印度僧人的诗篇还有卷八一二清江的《送婆罗门僧》，卷八三二贯休的《送五天僧入五台五首》等，泛写南亚的僧人更多，参见耿引曾《汉文南亚史料学》，北京大学出版社，1990年，第180页。
[2]《全唐文》卷二二五，张说《为河内郡王武懿宗平冀州贼契丹等露布》，中华书局，1983年，第2266页。
[3]《全唐文》卷二五七，苏颋《唐河南龙门天竺寺碑》，第2600页。
[4]《佛祖统纪》卷三九。
[5]《大慈恩寺三藏法师传》卷七，中华书局，2000年，第162页。
[6]《宋高僧传》卷一《译经篇第一·唐洛阳广福寺金刚智传》，第5页。
[7] 释东初《中印佛教交通史》，台湾东初出版社，1991年，第212页。

图10 唐代彩绘象座塔式罐，西安西郊出土

竺寺》："一宵何期此灵境，五粒松香金地冷。西僧示我高隐心，月在中峰葛洪井"。《佛祖统纪》卷四一记载宪宗元和三年："吴郡齐君佐勤学贫困，欲求食天竺寺，饥不能前，一梵僧顾而笑曰……"可见以国为号的"天竺寺"所居必以梵僧为主。天宝九载鉴真东渡日本未果而暂居广州，他见到广州有婆罗门寺三所，有梵僧居住。[1] 唐长安是印度僧侣集中聚居之地，但是否有专供外僧驻锡的"天竺寺"，尚不得而知。

三

1977年，在西安市长安县纪阳乡北田村发现了印度人瞿昙譔的墓及墓志一方。墓志记载："发源启祚，本自中天，降祉联华，著于上国，故世为京兆人也。"[2] 据墓志可知，瞿昙家族大约在隋唐之际由中天竺迁居长安。[3] 尽管墓志追溯瞿昙氏"世为京兆人"，最早一代为瞿昙逸，但这未必准确。墓志记载其家族五代的家谱是：瞿昙逸、逸子罗、罗子悉达、悉达第四子譔、譔第五子晏。除瞿昙逸"高道不仕"外，其余连续四代在唐朝皇家天文机构担任要职，先后做过太史令、太史监、司天监等职务。

瞿昙，梵文为 Gautama，据释慧琳（疏勒国人）所撰《一切经音义》卷二一："瞿昙氏具云瞿答摩。言瞿者，此云地也；答摩，最胜也。谓除天以外，在地人类，

---

[1]《唐大和尚东征传》，中华书局，1979年，第74页。
[2] 晁华山《唐代天文学家瞿昙譔墓的发现》，《文物》1978年第10期。陈久金《瞿昙悉达和他的天文工作》，《自然科学史研究》1985年10月号。
[3] 隋代大兴城昙法智译场主持人昙法智，即瞿昙法智之略称，全名译为瞿昙达摩般若。瞿昙法智历经北齐、北周、隋，是否与瞿昙譔有家族血缘关系，目前还不能确定。

此族最胜，故云地最胜也。"瞿昙又译乔达摩，是印度古代的著名姓氏，释迦牟尼（Sakyamuni）即属此姓。瞿昙家族的人精通梵语和天文历算，又熟悉中国传统历法，世居长安，有可能娶当地女子，血统也多半不纯，汉化极深，但他们使印度的天文历算在唐朝融入中国传统历法模式，具有极大的价值和影响。

瞿昙罗是瞿昙家族最早供职于唐廷者，高宗麟德二年（665），他为司天台太史令，曾上《经纬历》九卷；武后神功二年（698），他又作《光宅历》[1]，证明他至少在司天台任职34年。据瞿昙譔墓志，他是"皇朝太中大夫、司津监、赠太子仆"。

瞿昙悉达继承其父瞿昙罗的事业，也是此家族中声名最大的一位。他在历史上留下的两项主要事业是编译《九执历》和编集《大唐开元占经》120卷。《新唐书·历志四》载："《九执历》者，出于西域。开元六年，诏太史监瞿昙悉达译之。"《九执历》为印度历法，唐人言其出自"西域"即包括五天竺之地，玄奘《大唐西域记》就包含其印度纪行。《开元占经》是"奉敕"编集唐以前各家星占学说之大成，为中国古代星占学和天文学最重要的资料之一。瞿昙悉达大约卒于开元年间，生前颇受朝廷优遇，据瞿昙譔墓志为"银青光禄大夫、太史监、江宁县开国男、食邑五百户、赠汾州刺史"。

瞿昙譔是悉达的第四子，也曾任司天少监、司天监，为当时天文学界活跃人物。开元二十一年（733）他因不得参与改历而上奏非议一行的《大衍历》，当时他仅22岁，以擅长数学计算而驰名，但尚未任司天台要职。肃宗乾元元年（758），他47岁时才调回京城任司天台秋官正，兼管天象占卜。据《旧唐书》卷三六《天文志》下云："宝应元年（762），司天少监瞿昙譔奏"，可知他在司天台先后任职也有二十余年。

瞿昙谦是瞿昙譔的弟弟（悉达第五子），除知他撰有《大唐甲子元辰历》一卷外[2]，是否在司天台任职无事迹可考证。日本学者桑原骘藏认为瞿昙谦即瞿昙譔[3]，恐误。

瞿昙譔有六个儿子，依次为昇、昪、昱、晃、晏、昴。据《通志·氏族略·诸

---

[1]《新唐书》卷二六《历志》二，中华书局，1975年，第559页；《旧唐书》卷三二《历志》一，中华书局，1975年，第1152页。
[2]《新唐书》卷五九《艺文志》三，第1547页；《旧唐书》卷四七《经籍志》，第2038页。
[3]〔日〕桑原骘藏《隋唐时代西域人华化考》，武汉大学《文哲季刊》第5卷第3号，1936年。

方复姓》:"西域天竺国人唐司天监瞿昙误(譔)子晏为冬官正。"也说明瞿昙晏为司天台官员。其余诸兄弟未再见继承父业,作为一个仕唐印度天文学世家,至此大概已经终结。但考虑到中国古代天文学家在朝廷政治运作中"天人合一"的特殊地位,瞿昙家族五代绵延一百多年担任皇家最高天文台官员,其重要性不言而喻,这也是印度人仕唐在长安任职高位的典型。

在唐长安任职皇家天文机构的印度人不只瞿昙氏世家,还有迦叶氏(Kāsyapa)、拘摩罗氏(kumāra),即唐代天文学界的"天竺三家"。[1]

迦叶氏事迹史料很少,只在《旧唐书·历志二》叙述《麟德历》求日月交食之法时,附有"迦叶孝威等天竺法"的说明,迦叶孝威的天文学贡献以推算交食见长,能将印度天文学中军国星占(Judicial astrology)成分与中国传统星占"大术"相参使用。迦叶氏族人另有仕唐者,一是迦叶济,"西域天竺人,贞元泾原大将、试太常卿"[2]。二为迦叶志忠(至忠),景龙二年(708)任右骁卫将军知太史事,曾因向韦后献媚颂德进《桑条歌》十二篇而获厚赏[3]。"桑条"可能是被改编的一种印度梵音乐曲。

拘(俱)摩罗氏,两《唐书》中仅提到一次,即《旧唐书·历志三》记载开元十五年(727)颁行《大衍历》交食术中之附录:"按天竺僧俱摩罗所传断日蚀法,其蚀朔日度躔于郁车宫者,的蚀……其天竺所云十二宫,则中国之十二次也。曰郁车宫者,即中国降娄之次也。"这条记载是对俱摩罗氏所擅长的日月交食术的简介,与迦叶孝威推算日月交食之法相仿,也是中印天文术互相参用的。《通志》"竺国天文"书目中有《西门俱摩罗秘术占》一卷,有可能是他所撰。

另外,江晓原在论证Horoscope星占学《聿斯经》从印度传入中国时,依据《新唐书·艺文志》历算类《都利聿斯经》下注,推论李弥乾可能是印度人。[4]荣新江则论证其为波斯人,并认为《都利聿斯经》源于希腊托勒密的天文学著作,经波斯人改编,其中有传到西印度的文本,最后传到中国。[5]史书记载:"贞元中,都

---

[1] 对"天竺三家"的考证,见江晓原《六朝隋唐传入中土之印度天学》,《汉学研究》第10卷第2期,1992年,第257页。

[2] 林宝《元和姓纂》卷五,中华书局,1994年,第580页;又见《通志》卷二九《氏族略》五"诸方复姓",中华书局,1995年,第183页。

[3] 《旧唐书》卷五一《后妃传》,第2173页。

[4] 江晓原《六朝隋唐传入中土之印度天学》,《汉学研究》第10卷第2期,第271页。

[5] 荣新江《一个入仕唐朝的波斯景教家族》,见《伊朗学在中国论文集》第2集,北京大学出版社,1998年。

图11 雕版纸本经咒画，陕西长安县出土

利术士李弥乾传自西天竺，有璩公者译其文"。"(聿斯经) 本梵书，五卷。唐贞元初，有都利术士李弥乾将至京师。推十一星行历，知人命贵贱。"[1] "都利"为异域地名的音译，是"吐火罗"还是其他地区虽不能肯定，但"传自西天竺"的"梵书"肯定与印度人有关。

中唐时，长安还有一位著名的印度人，即罗好心。建中四年（783），唐德宗避朱泚之乱移居奉天（今陕西乾县），罗好心在朱泚围逼之际，勤王援救，"颇有战

---

[1]《新唐书》卷五九《艺文志》三，历算类《都利聿斯经》下注，第1548页；《通志二十略·艺文略·天文类·历数·杂星历》，中华书局，1995年，第1674页。

功,预其中兵,为帝宠重"[1],后为奉天定难功臣、开府仪同三司、检校太子詹事,官至左神策军马军十将,新平郡王。[2]贞元二年(786)到长安的北天竺名僧般刺若(释智慧),即罗好心的姑舅表弟。般刺若还在罗好心家中长期"延留供养",得到罗好心"启导,译务有光,帝制经序焉"[3]。

令人困惑的是,有些在长安的印度人事迹难以进行个案研讨,例如《宋高僧传》中记载的东印度婆罗门大首领伊舍罗(又译伊金罗),作为居士曾在大荐福寺义净译经场"证梵本",在资圣寺金刚智译经场作"译语"。与伊舍罗一起参加译经的还有居士中印度李释迦(任右骁卫翊府中郎将、员外置宿卫)、居士东印度度颇多(又译颇具,任左领军右执戟,直中书省)、居士东印度瞿昙金刚(任左屯卫翊府中郎将、员外置同正员)、迦湿弥罗国王子阿顺(任左领军卫中郎将)等,其生平都无法考证。武则天时游击将军孙阿贵的夫人竹须摩提,也是印度女子,其身世亦不清楚[4]。

印度医学发达很早,一些佛教僧侣也精通医术,大乘佛教早期大师龙树(Nagarjuna)就以善长生术而著称,所以印度医术作为一种悬壶济世的传教方法也由高僧传入中国,在长安可能就有印度眼科医生,刘禹锡曾写有《赠眼医波罗门僧》诗:"三秋伤望眼,终日哭途穷。两目今先暗,中年似老翁。看朱渐成碧,羞日不禁风。师有金篦术,如何为发蒙。"[5]此处的"金篦术"即印度眼医以金针治疗白内障的技术。白居易《眼病》诗中也写道:"案上谩铺《龙树论》,盒中虚捻决明丸。人间方药应无益,争得金篦试刮看。"[6]关于此类诗篇还有不少,一些学者对此有精辟考证[7],不再赘述。

印度的艺术传入中国也有很大影响,如《卢舍那仙曲》等佛曲,天竺《婆罗门

---

[1]《宋高僧传》卷二《译经篇第一·唐洛京智慧传》,第24页。又见《全唐文》卷六二一,罗好心《沙门般刺若翻译经成进上表》;卷五二,德宗《答好心表进经帙诏》。

[2]《贞元新定释教目录》记载,罗好心的官称是:"右神策军十将、奉天定难功臣、开府仪同三司、检校太子詹事、上柱国、新平郡王。"

[3]《宋高僧传》卷二《译经篇第一·唐洛京智慧传》,第23-24页。又见《全唐文》卷六二一,罗好心《沙门般刺若翻译经成进上表》;卷五二,德宗《答好心表进经帙诏》。

[4] 徐松《唐两京城坊考》卷三,中华书局,1985年。

[5]《全唐诗》卷三五七,刘禹锡《赠眼医婆罗门僧》,中华书局,1960年,第4028页。

[6] 白居易《眼病二首》《全唐诗》卷四四七,第5031页。

[7] 周济《我国传来印度眼科术之史的考察》,《中华医学杂志》第22卷,1936年第11、12期。季羡林《印度眼科医术传入中国考》,《国学研究》第2卷,北京大学出版社,1994年,第555页。

曲》等乐舞，由维那（Vina）演变来的凤首箜篌等乐器，韩愈《听颖师弹琴》诗中，高度赞扬了印度和尚颖师的琴艺。《法苑珠林》卷七六记载："唐贞观二十年，西国有五婆罗门来到京师。善能音乐、祝术、杂戏、截舌、抽腹、走绳、续断。"可能是擅长音乐、杂技、幻术的印度民间艺术家。《全唐文》卷一二高宗《禁幻戏诏》记载："如闻在外有婆罗门胡等，每于戏处，乃将剑刺肚，以刀割舌，幻惑百姓，极非道理。宜并发遣还蕃，勿令久住。仍约束边州，若更有此色，并不须遣入朝。"《通典》卷一四六《乐典六》散乐篇中提到"睿宗时，婆罗门献乐，舞人倒行，而以足舞"。唐穆宗长庆年间（821—824），长安大兴善寺"有梵僧憍陈如难陀，以粉画坛。性狷急我慢，未甚通中华经"[1]。这位名叫憍陈如难陀的梵僧，应该是个兼通艺术的画家。

总之，唐长安留下印度人的活动踪迹和文化影响是多方面、多层次的，如唐华清宫沐浴建筑遗址中的莲花汤水池，在古印度寺院里称"哈比"（Hampi），是极乐静土的象征，证明骊山离宫深受印度文化的影响[2]，只可惜史书的直接记载太少了。令人疑惑的是，天竺僧侣往往是与商队结伴而行，但印度商人在长安的活动几乎没有记载，是"胡商"包括有印度商人，还是"胡僧"中也有兼做商人者，这都需要寻找新的线索来解开谜团。

---

[1] 段成式撰，许逸民校笺《酉阳杂俎校笺》续集卷五《寺塔记上》，中华书局，2015年，第1756页。
[2] 常青《中华文化通志·建筑志》，上海人民出版社，1998年，第310页。

A STUDY OF THE EPITAPH OF THE PRINCE OF THE TURGISH

7

新出土《唐故突骑施王子志铭》考释

新出土《唐故突骑施王子志铭》考释

突骑施是 7—8 世纪盛唐时期活跃在西域的一个西突厥部落民族，与中亚粟特接邻并受其影响。突骑施曾在汗国 22 年统治时期内模仿唐"开元通宝"铸造正面为粟特文的方孔圆钱[1]，作为东西方物质交换产物的流通货币屡屡在新疆被发现，但在中原内地发现突骑施文物极少。2011 年 10 月在西安西郊南村发掘的一座唐墓中，出土了胡人俑、跪拜俑、女侍俑等一批文物，其中最重要的是发现了一方《唐故突骑施王子志铭》墓志，其内容对研究西域历史、西突厥史、突骑施活动都具有珍贵的价值。

感谢西安文物保护考古研究院发掘工地主持人柴怡提供墓志拓片，使我们进一步追寻盛唐时期西域突骑施兴衰线索有了第一手资料。

一 墓志填补了史书记载的缺失

出土墓志盝形顶盖上镌刻《唐故突骑施王子志铭》3 行 9 个篆字，长 0.46 米、厚 0.06 米，四侧边饰连续"回"字形云纹，志文共 15 行，满行 17 字，全文有 209 个字[2]，魏体楷书，峻严苍劲。墓志原文略有漫漶，现经笔者标点后如下：

---

[1]《丝路遗韵——新疆出土文物展图录》，文物出版社，2011 年，第 176 页。又见林梅村《从突骑施钱看唐代文化的西传》，《汉唐西域与中国文明》，文物出版社，1998 年，第 365 页。

[2] 各种媒体纷纷进行报道，如《西安首次发现唐代西域部族王子墓》，《中国文物报》2011 年 12 月 16 日；《西安西郊发现突骑施王子志铭》，《三秦都市报》2011 年 12 月 20 日；12 月 22 日新华网记者冯国专电报道。但报道称墓志铭为 208 字实为 209 字，漏掉了漫漶的"子"字。

大唐故交河公主孙、突骑施奉德可汗王子 /
光绪墓志铭并序□□□□□□□□□ /
永泰元年二月日突骑施质子光绪卒，□□ /
诏下有司官给葬备，以永泰二年十月十六 /
日窆于长安县承平原，典也。突骑施盖乌孙 /
之后，自西汉以来与中国通为婚姻之旧，□ /
皇家抚柔殊俗，亦以交河公主降焉，光绪即 /
公主之孙、奉德可汗之子。少自绝域质于京 /
师，缅慕华风，遂袭冠带；希由余之识达，宗日 /
䃾之重慎，内侍历年，敬而无失，故于其终也， /
恩礼加焉，亦所以来远人报忠款者也。史官 /
奉职，乃为之铭曰：□□□□□□□□ /
生远国兮慕□□□□□□□□□□ /
皇洲，瞥过隙兮逝不留，望故乡兮芜绝万里， /
圣泽兮松槚千秋。□□□□□□□□ /

从这方墓志铭来看，墓志记载"光绪"既没有生卒年龄，他死后也无追溯。"光绪"于唐代宗永泰元年（765）逝世后，直到永泰二年（766）才埋葬，或许他的死亡讯息要传到遥远的突骑施等待回音，也或许依据汉人丧礼制度等待一年左右时间才给予埋葬。

这方墓志没有撰写者姓名，或是朝廷史官依据职务奉命而作，但透露出一些信息：

1. 唐人认为突骑施是汉代乌孙的后裔，"自西汉以来与中国通为婚姻"。乌孙是居于天山北麓伊犁河上游、伊塞克湖畔及纳林河流域的游牧部族。建元三年（前138）张骞出使月氏联合乌孙夹击匈奴，元封年间汉以江都公主出嫁乌孙昆莫，又以解忧公主先后嫁于乌孙岑陬、翁归靡，汉与乌孙加强联系，在应对匈奴侵扰方面密切配合。乌孙居地应是武则天以后突骑施渐盛的活动地域，圣历年间（698—700）突骑施攻得碎叶后，迁徙牙帐于此居住，《新唐书·突厥传》"谓碎叶川为'大牙'，弓月城、伊丽水为'小牙'"。碎叶在今伊塞克湖西北端，碎叶川即中亚楚

图1　唐故突骑施王子志盖

图2　唐故突骑施王子墓志铭

河流域，弓月城即今伊宁（有说今新疆霍城西北），伊丽水即今伊犁河[1]，故唐人认为他们的牙帐有先后连接关系。

2. 作为突骑施王子的"光绪"，少年时就从西域来到京师长安做质子，墓志称赞他"缅慕华风，遂袭冠带"，似乎脱离本民族的风俗，融入中原汉人之中。"光绪"这个名字似透露出他汉化已深，放弃了突骑施的本名。也许是朝廷赐名于他，有意不说突骑施名字，因为他父亲奉德可汗也不知名字。

这方墓志铭还赞扬光绪"希由余之识达，宗日䃅之重慎，内侍历年，敬而无失"。这里使用了两个典故：一是由余故事，由余为春秋时秦国大夫，其祖先原为晋人，逃亡入戎后，初在戎任职，转入秦，为秦穆公重用，任上卿，帮助秦国谋伐西戎，灭国十二，称霸西戎。另一个是金日䃅故事，西汉武帝时匈奴休屠王儿子金日䃅从昆邪王归汉，任马监，迁侍中，因有擒缚谋反的莽何罗之功，汉昭帝即位

---

[1] 有关突骑施居住地有不同说法，但大致方向确定。碎叶城故址勘定为今吉尔吉斯斯坦的托克玛克西南10公里的阿克·贝希姆（AK-Beshim）废城遗址。芮传明说法见《古突厥碑铭研究》，上海古籍出版社，1998年，第102页。许序雅说法见《唐代丝绸之路与中亚历史地理研究》，西北大学出版社，2000年，第29页。

◀ 图3 突骑施王子墓出土蕃人骑马俑

图4 突骑施王子墓出土骑马俑

▶ 图5 突骑施王子墓出土胡人俑

时与霍光、桑弘羊等同受遗诏辅政。很显然，这是史官借典故比喻突骑施王子光绪如同归顺的由余、金日磾一样，对中原王朝赤胆忠心。光绪作为质子在朝廷担任内侍数年，没有什么过失，所以褒扬他工作称职。

3. 交河公主的事迹在史书上屡有出现，但文献记载采入不同史料，造成两种说法：一是史怀道之女儿，二是史怀道儿子之妇。1944年，岑仲勉先生就在其名著《唐史余渖》卷二中考证过金河公主与交河公主的差异，他认为法国汉学家沙畹《西突厥史料》将《旧唐书》卷一九四"金河公主"条"应从《新唐书》作交河公主"[1]是不对的，即沙畹认为史怀道女儿不是金河公主而应改作交河公主。岑仲勉引《通典》卷一九三为证，"此缘未注意新传有两个交河公主"，"金、交双声，容易传讹，孰为金河，孰为交河，非获明证，难为武断"[2]。岑仲勉指出阿史那怀道之女与阿史那昕妻"无亲属关系，封号偶同，不足深怪，顾怀道之女，即昕妻之小姑，小姑取得此号已二十年，且尚生存，而谓朝廷复授诸其嫂，恐未必如此失察"。岑仲勉断定"元龟、新书之文，必有一误"。最终他依据《唐大诏令集》卷四二

---

[1] [法]沙畹著，冯承钧译《西突厥史料》，注七六"应从《新唐书》作交河公主"，商务印书馆，1932年，第39页。

[2] 岑仲勉《唐史馀渖》，中华书局，1960年，第90—93页。

《册交河公主文》认定阿史那怀道女儿应是金河公主,"金河、交河之纠混,至此已可告解决矣"。后来岑仲勉在《西突厥史料补阙及考证》一书中,坚持他的判断,即出嫁突骑施可汗苏禄的十姓可汗阿史那怀道女儿是金河公主,不是交河公主。[1] 这次新出土墓志再次将交河公主问题提出,值得研究。

二 墓志涉及的突骑施背景

突骑施原为西突厥十姓部落中之别部,7世纪50年代初期突骑施受西突厥可汗阿史那贺鲁统属。显庆三年(658),唐朝曾在突骑施散居部落中设置过鹿州和洁山两都督府,乾陵蕃臣首领石像群中有"右威卫将军兼洁山都督突骑施傍勒"刻字[2]。垂拱元年(685),唐朝平定阿史那贺鲁后,设置崑陵、濛池二都护府以统领突骑施之索葛莫贺部、阿利施部,并隶属安西都护府。

武则天圣历二年(699)八月,"突骑施乌质勒遣其子遮弩入见,遣侍御史元城解琬安抚乌质勒及十姓部落"[3]。这是历史文献中首次明确记载突骑施部的单独活动,标志着原属西突厥五咄陆部之一的突骑施开始兴起发展。乌质勒本为突骑施可汗、濛池都护阿史那斛瑟罗之莫贺达干(突厥官名),他能抚士拢众,胡人顺附,因此迅速崛起,置二十都督,以西接中亚地区的昭武九姓、东邻后突厥的广袤地区为辖境。

乌质勒臣服于唐朝后,神龙二年(706)受封为怀德郡王,景龙二年(708)又被封为西河郡王。他死后其子娑葛领兵三十万,被唐封为金河郡王。但娑葛后来被后突厥默啜可汗擒杀。复有突骑施别种车鼻施啜苏禄收拾余众,自立为可汗,发展至二十万众,称雄于西域,曾一度以"断角牛""象"之称于与东侵中亚的大食军队对抗,客观上成为唐在西域的军事屏障。

《新唐书·突厥传下》说苏禄"诡猾,不纯臣于唐,天子羁系之,进号忠顺可汗"。苏禄与吐蕃、后突厥和唐朝三方均保持密切关系,并屡屡谋引吐蕃夺取安西四镇,与唐面和心不和。唐朝在西域驻军对苏禄有主战、招抚两派意见,开元五年

---

[1] 岑仲勉《西突厥史料补阙及考证》,中华书局,1958年,第88页。
[2] 陈国灿《唐乾陵石人像及其衔名的研究》,《文物集刊》第2辑,文物出版社,1982年。
[3]《资治通鉴》卷二〇六,则天后圣历二年八月条,中华书局,1956年,第6540页。

图6 胡人骑马俑,唐昭陵博物馆藏

(717),唐玄宗派遣王惠持节前来调解,册封苏禄为左羽林大将军、金方道经略大使等。《全唐文》卷二一《封突骑施苏禄顺国公制》有记载。开元七年,唐朝应其请允许突骑施居于碎叶。

唐朝以阿史那怀道女儿为金河公主嫁给苏禄为妻,苏禄又娶吐蕃、后突厥女,"遂立三国女并为可敦"。苏禄反复无常,一会遣使入朝,一会勾结吐蕃,与唐朝安西都护府争夺西域。开元十五年,吐蕃赞普亲征攻陷唐朝瓜州,劫获了唐朝储存的大量财物,并移军西上,与突骑施联兵围攻安西城。开元二十二年,吐蕃王姐卓玛类遣嫁突骑施可汗为妻,吐蕃与突骑施的联盟,成为唐朝的心头大患,迫使唐朝联合大食夹击突骑施王庭碎叶。

开元二十六年,苏禄为其下属大首领莫贺达干所杀[1],突骑施陷于混乱,苏禄儿子吐火仙复立,与莫贺达干内讧相攻。由于突骑施内部分裂为黄、黑二姓,娑葛之后称黄姓,苏禄之后称黑姓,一般认为,突骑施在开元以前,黄姓强盛,开元以后,黑姓代兴。实际上,双方更相仇杀使其力量迅速衰败,也使唐朝政治势力又回到了碎叶、拔汗那地区,正如王小甫先生所说,在西域的三方四角关系中,开元年间唐朝与突骑施的矛盾显得突出一些,不过唐朝在西域的主要对手仍是吐蕃[2]。

天宝九载(750),高仙芝破石国及突骑施,十载春正月,入朝献所擒突骑施可汗、吐蕃酋长、石国王等。天宝十三载,随着唐朝对吐蕃的反击取得了全面胜利,

---

[1]《旧唐书》卷九《玄宗纪》说开元二十七年(739)七月"北庭都护盖嘉运以轻骑袭破突骑施于碎叶城,杀苏禄,威震西陲",但此说恐不可信,因盖嘉运在开元二十六年已为安西都护。中华书局,1975年,第211页。

[2] 王小甫《唐·吐蕃·大食政治关系史》,北京大学出版社,1992年,第178页。

"是时中国盛强,自安远门西尽唐境万二千里,闾阎相望,桑麻翳野,天下称富庶者无如陇右"[1]。

唐代宗大历年间(766—779),随着葛逻禄强盛后占据楚河流域,突骑施遂为葛逻禄所役属,之后史书上关于突骑施的记载就非常少见了。

需要指出的是,安史之乱后,唐安西四镇仍然坚持留守,《唐大诏令集》卷一一六常衮撰《喻安西北庭诸将制》提到"河西节度使周鼎,安西北庭都护曹令忠、尔朱某等,义烈相感,贯于神明,各受方任,同奖王室……每有使至,说令忠等忧国勤王,诚彻骨髓,朝廷闻之,莫不酸鼻流泪"[2]。大历七年(772)唐廷"赐北庭都护曹令忠姓名曰李元忠",作为流落藩中忠诚不变的嘉奖。唐朝也通过借道回纥等途径继续与西域守军保持联系。《资治通鉴》卷二三二记载贞元三年(787)秋,"初,河、陇既没于吐蕃,自天宝以来,安西、北庭奏事及西域使人在长安者,归路既绝",当时外国朝贡使者留京师有数十年不归者,唐朝遣返他们借道回纥或海道回国,但是"胡客无一人愿归者",唐廷只好将"王子、使者为散兵马使或押牙,余皆为卒,禁旅益壮"。王子被分散归入神策两军担任低级武职,这说明当时还有许多王子滞留长安,所以突骑施王子光绪不过是其中一人而已。

有人猜测光绪是王子,认为他"生前地位较高"。实际上当时京师长安聚集了不少周边民族的质子"留宿卫、习华礼",光绪不过是众质子中的一员,地位不会太高,埋入平民墓地亦属正常。况且此时突骑施正走向衰落,已不构成对唐朝的威胁。所以新出土墓志对光绪质子事迹记录简单,没有明确记载他入侍宿卫或担任过其他实职,连唐朝按惯例对质子授予空具名号的虚衔散官也没有,说明他地位不高,只是安分守己罢了。

三 墓志记录交河公主问题考释

关于交河公主文献记载的史料来源、错误歧见以及考释印证,一直受到学术界的关注。

这次考古发掘墓志出土后,有人依据《新唐书·突厥传》的记载,苏禄"开元

---

[1]《资治通鉴》卷二一六,玄宗天宝十二载五月条,第6919页。
[2] 常衮撰《喻安西北庭诸将制》,《唐大诏令集》卷一一六,商务印书馆,1959年,第605页。

图7 隋代褐绿釉牵驼俑，1997年纽约佳士得拍卖图录载

五年，始来朝，授右武卫大将军、突骑施都督……其后阅一二岁，使者纳贽，帝以阿史那怀道女为交河公主妻之"。另外，《新唐书》卷一六六《杜佑传》和《唐会要》卷六"和蕃公主"条也都沿袭说史怀道女儿交河公主出嫁突骑施苏禄，所以认为突骑施苏禄与交河公主是夫妻，墓志中所记奉德可汗乃其子。

但是，《通典》一九九记载："苏禄者，突骑施别种也……上乃立史怀道女为金河公主以妻之……（盖）嘉运率兵讨之……临阵擒吐火仙（即苏禄之子），并收得金河公主而还。"《册府元龟》卷九七九也记载开元五年十二月"以史怀道女为金河公主，以妻突骑施可汗苏禄"。《旧唐书》卷一九四下《突厥传》也同作"金河公主"。

因此，阿史那怀道之女究竟是金河公主还是交河公主？历史记忆是否"穿越"了厚重的史实积淀异化成想象？岑仲勉先生六十多年前的文献考释是否正确？这些问题又摆在我们面前。

《唐大诏令集》卷四二唐玄宗《册交河公主文》："维开元二十八年岁次庚辰、四月丁巳……咥尔十姓可汗、开府仪同三司、濛池都护、阿史那昕妻凉国夫人李氏，柔懿成性，幽闲表仪，能修关雎之德，克奉蘋蘩之礼……是用册尔为交河公主，尔其叶化蕃陬，竭诚妇道，膺兹宠命，可不慎欤。"[1]

《资治通鉴》卷二一四开元二十八年《考异》引《玄宗实录》云："四月辛

---

[1] 唐玄宗《册交河公主文》，《唐大诏令集》卷四二，第206—207页。

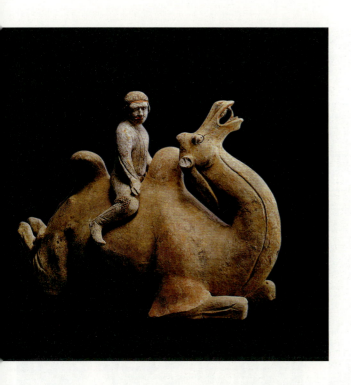

图8 唐彩绘胡人骑驼陶俑，台湾震旦博物馆藏

未，册十姓可汗阿史那昕妻李氏为交河公主。"[1]

岑仲勉先生考证《册交河公主文》年份干支原有阙略，应该是开元二十八年。据《新唐书》《资治通鉴》《唐会要》等互证，阿史那昕是斛瑟罗之孙、阿史那怀道之子，他受到北庭都护盖嘉运的支持。盖嘉运向唐朝请立册命为十姓可汗，并派兵护送阿史那昕到碎叶上任，却遇到莫贺达干不服，叛而自立为汗。《新唐书》卷二一五《突厥传下》记载天宝元年（742）阿史那昕返回西域，刚刚到达碎叶西南俱兰城，就被莫贺达干所杀，"交河公主与其子忠孝亡归，授左领军卫员外将军"[2]。交河公主刚受册封即遇此人生大变故，没有到达碎叶即与儿子"忠孝"回归内地。这个儿子被授以武职将军，是否墓志上记载的"奉德可汗"，史书似无载，暂且存疑。墓志特别强调"光绪"是交河公主的孙子，只说其父奉德可汗而不说其祖父十姓可汗阿史那昕，可能另有隐情。

《通典》卷一九三引杜环《经行记》："又有碎叶城，天宝七年，北庭节度使王正见薄伐，城壁摧毁，邑居零落。昔交河公主所居止之处，建大云寺，犹存。"岑仲勉认为这条史料"交河公主"应是"金河，苏禄可敦也"[3]。他认为金河公主嫁给苏禄做可敦二十年，曾在突骑施王庭驻地碎叶生活，"曾兴土木，合于事理"，新封的交河公主并未到过碎叶，以讹传讹，与原来的真相越发抵牾。

---

[1]《资治通鉴》卷二一四，玄宗开元二十八年三月条《考异》引《实录》，第6841页。
[2]《新唐书》卷二一五《突厥传》下，中华书局，1975年，第6066页。
[3] 岑仲勉《西突厥史料补阙及考证》，第99页。

图9 唐胡人骑马俑，香港燕誉堂藏

图10 隋末唐初胡人骑马俑，选自美国耶鲁大学出版社《中国陶瓷艺术》

根据《册交河公主文》，可以清楚知晓突骑施十姓可汗阿史那昕妻子原是凉国夫人李氏，或许她是一个汉人女子，或许她是一个被赐姓李氏的突骑施人，她并不是册封"交河公主"后才嫁给阿史那昕的，而是在册封前就已与阿史那昕是夫妻关系。这种册封在唐朝较为普遍，往往为招降安抚民族部落首领而赐其妻"公主"封号[1]。

至于推测光绪王子是苏禄可汗的孙子，并依据"交河公主从出嫁到光绪王子死亡的年份，推断出这位突厥王子最多只活了20几岁"，恐怕都有误。报载"考古专家根据墓志资料和历史资料对这名叫光绪的突骑施王子和当时的历史风貌有了一个初步的还原"，更未必符合历史真相，反而误导了进一步的考证。

质子制度是汉晋以来中原王朝对付边疆民族的一项宗藩制度，唐朝为控制周边

---

[1] 类似周边部族首领妻子赐号"公主"的现象较多，如突厥火拔妻封号金山公主，奚王李大酺妻号固安公主等，见薛宗正辑注《突厥稀见史料辑成——正史外突厥文献集萃》，新疆人民出版社，2005年。

民族，进一步完善了质子制度，对此研究甚多。[1]光绪显然不是突骑施派入京师长安的第一个质子，《册府元龟》卷九七五记载开元二十二年六月"突骑施遣其大首领何羯达来朝，授镇副，赐绯袍、银带，及帛四十匹，留宿卫"。这个何羯达就是一个留宿卫的突骑施质子，其宿卫授官虽不高，但"执戟丹墀，策名戎秩"，就可通过蕃望功效途径步入仕途升迁之路。

总之，新出土《唐故突骑施王子志铭》的简略记载，既为我们带来西域突骑施历史的新信息，又带来了新的疑惑，有益于学术的继续探讨。但我们不能不佩服岑仲勉先生利用各种史料互相印证的功夫，他对金河公主与交河公主的切实考订，采撷史料碎片的缀合工作，为纠正他书之误开阔了思路，促使我们以更广阔的视野去面对固有的文化记忆。

---

[1] 关于唐代质子的论述较多，见向达《唐代长安与西域文明》，生活·读书·新知三联书店，1957年；黎虎《汉唐外交制度史》，兰州大学出版社，1998年；陈金生《特殊使者的特殊使命：质子在古代民族关系中的作用研究》，兰州大学出版社，2008年。

INTERPRETATION AND STUDY OF THE EPITAPH OF ZHIYI HONGFU FROM WEST TURK KARLOUK UNEARTHED IN XI'AN

西安出土西突厥三姓葛逻禄炽俟弘福墓志释证

8

西安出土西突厥三姓葛逻禄炽俟弘福墓志释证

西突厥汗国是隋唐时期亚洲内陆地区最强盛的西域政权之一，其范围大致位于葱岭（帕米尔）以西，波斯以东，兴都库什山以北和阿姆河以南的广阔地域，疆界与波斯相邻。西突厥汗国统属有处月、处密、突骑施、葛逻禄、拔悉密、铁勒等各个部落集团，它们之间既有被迫役属的联盟，又有互不相属的争战，各部落和各属国贵族的内战、分裂，导致西突厥汗国由盛而衰，走上瓦解、灭亡的道路。其中隋末唐初形成的葛逻禄部是最具代表性的一个部落。

葛逻禄，又称葛罗禄、歌逻禄，蒙古和硕柴达木鄂尔浑古突厥碑文音译为qarluq。[1] 葛逻禄地处北庭都护府（今新疆吉木萨尔北破城子）西北，金山（今阿尔泰山）之西，东与北突厥的乙注车鼻可汗部相接。《新唐书》卷二一七下《回鹘传》附条："葛逻禄本突厥诸族，在北庭西北、金山之西，跨仆固振水，包多恒岭，与车鼻部接"[2]。葛逻禄有三族：一曰谋落，或为谋刺；二曰炽俟，或为婆匐；三曰踏实力，故历史文献中常称作"三姓葛逻禄"。其首领在唐永徽时号颉利发，开元时号俟斤，天宝以后又号叶护。据沙畹考证，葛逻禄居地西至塔尔巴哈台，东抵阿尔泰山，而在喀喇额尔齐斯及乌隆古一带，其中谋落部居宰桑（Dsaisang）及乌隆古湖（Ouroungou）之间，炽俟部居住在乌隆古湖之西，踏实力部居住于塔尔

---

[1] 芮传明《古突厥碑铭研究》，《阙特勤碑》北面译注，上海古籍出版社，1998年，第226页。沙畹译作Karlouk，见[法]沙畹著，冯承钧译《西突厥史料》，商务印书馆，1934年，第68页。
[2]《新唐书》卷二一七下《回鹘传》下，中华书局，1975年，第6143页。

图1 唐代狮噬肩甲将军俑，1985年陕西长武县出土

巴哈台。[1]这里距唐长安路途遥远，相隔西突厥诸地，所以唐宋文献只能确定葛逻禄大致方位，无法进行详细的考证。

葛逻禄作为被西突厥征服的属部之一，也是西突厥汗国依赖的重要武装力量之一，它们之间带有强烈的游牧军事联盟性质。但在历史上，葛逻禄并不专属于西突厥，而是视东、西突厥的盛衰而叛附不常，《新唐书·回鹘传》下记载三姓葛逻禄"当东、西突厥间，常视其兴衰，附叛不常也。稍后南徙，自号三姓叶护，兵强，甘于斗，廷州以西诸突厥皆畏之"。唐太宗贞观元年（627），葛逻禄首先起兵反抗西突厥的统治，史称："时统叶护自负强盛，无恩于国，部众咸怨，歌逻禄种多叛之。"[2]这种汗国内部兵戎相见的斗争在贞观二年统叶护可汗被杀后更趋激烈，从根本上动摇了西突厥政权的统治。

但葛逻禄在隋唐之际时毕竟还不是一个强大的部落政权，薛延陀汗国依靠唐朝册立独霸大漠南北后也役属过葛逻禄，不过时间较短，葛逻禄也从未完全屈服于漠北草原游牧中心政权，只是一种"附"于强权军事中心的庇护罢了。贞观二十三年十月，"诸突厥归化，以舍利吐利部置舍州，阿史那部置阿史那州，绰部置绰州，贺鲁部置贺鲁州，葛逻禄悒怛二部置葛逻州，并隶云中都督府"[3]。这时唐太宗派遣右骁卫郎将高侃潜引回纥、仆骨诸部兵讨伐袭击西突厥乙注车鼻可汗[4]，葛逻禄酋长泥孰厥俟利发率其部落一支反叛车鼻，投降唐朝后，一部分人被迁徙安置于

---

[1]《西突厥史料》，第194—195页。岑仲勉认为沙畹对三姓葛逻禄地理位置的考证推测"纯属以意安排，毫无信证"，见《突厥集史》下册，中华书局，1958年，第759页。《新唐书·回鹘传》下记载的"仆固振水"即今斋桑泊以东的一段额尔齐斯河水，发源于阿尔泰山西南侧之后，向西注入斋桑泊。"多怛岭"则是今塔尔巴哈台山脉，东西走向，位于斋桑泊南侧。

[2]《旧唐书》卷一九四下《突厥传》下，中华书局，1975年，第5182页。

[3]《唐会要》卷七三"安北都护府"，上海古籍出版社，1991年，第1558页。又见岑仲勉《突厥集史》上册，第266—267页。

[4] 岑仲勉《唐史馀沈》，"补高侃传"，中华书局，1960年，第28页。

图 2 唐代灰陶彩绘胡人俑，2006年11月德国纳高拍卖图录载

今蒙古国鄂尔浑河上游杭爱山一带[1]。永徽元年（650）又以新移葛逻禄在乌都鞬山者，左厢部落置狼山州，右厢部落置浑河州，并隶燕然都护府（今内蒙古乌拉特中旗乌加河北岸），史称"突厥葛逻禄"。唐高宗东封泰山时，"狼山都督葛逻禄社利等首领三十余人，并扈从至岳下，勒名于封禅之碑"[2]。

分布在西域北部草原地区和中亚的三姓葛逻禄诸部作为主体仍在水草丰美的故地，游牧、穿插于西突厥十姓部落之间。唐高宗永徽元年十二月，归顺唐朝的西突厥阿史那贺鲁以瑶池都督府大都督身份率领处月、处密、姑苏、葛逻禄、卑失等五姓部落反叛，自称沙钵罗可汗。唐朝先后三次派遣梁建方、契苾何力、程知节、苏定方等征讨阿史那贺鲁，显庆元年（656），程知节率唐军在榆幕谷（今乌鲁木齐附近）击溃了葛逻禄获剌颉利发等其他部落[3]，攻克怛笃城、咽面城等。高侃也从阿息山率精骑追击车鼻可汗，擒获并将其押送长安。原归附车鼻人的葛逻禄"相继来降，仍发兵助讨。后车鼻破灭，葛逻禄之谋刺、婆匐、踏实力三部落并诣阙朝见"[4]。三姓葛逻禄从此皆内属于唐朝。显庆二年，唐以葛逻禄谋落部为阴山都督府，炽俟部为大漠都督府，踏实力部为玄池都督府，后又分炽俟部的大漠州为金附州都督府，均以其首领为都督，葛逻禄诸部不仅成为唐朝羁縻都督府的代理人，而且成为帮助唐朝控制天山以北的几个重要据点。唐乾陵蕃人石像中有"右金吾卫大将军兼大漠州都督三姓咽面叶护昆职"的题名，证明葛逻禄接受唐朝的封号和羁縻控制。

唐朝对葛逻禄的羁縻统治无疑是"以夷治夷""分而治之"的传统政策，尽管

---

[1]《旧唐书》卷一九四上《突厥传》上，第5165页。
[2]《旧唐书》卷一九四上《突厥传》上，第5166页。
[3] 岑仲勉《西突厥史料补阙及考证》，中华书局，1958年，第40页。
[4]《唐会要》卷一〇〇"葛逻禄国"，第2124页。

图3 西突厥三姓葛逻禄炽俟弘福墓志，西安长安县出土

唐朝致力于西域的开拓以保障国防安全，但像葛逻禄这样地处遥远的羁縻都督府仍无法进行强有力的控制，往往成为名义上的归属地区。在葛逻禄三部方位中，谋落部的阴山都督府位于今哈萨克斯坦阿拉湖一带，炽俟部的大漠州都督府位于准噶尔之古尔班通古特沙漠以北的福海一带，踏实力部的玄池州都督府位于额尔齐斯河下游斋桑泊（时称玄池，即沙畹所考的宰桑湖）。天山以北地区又是西突厥的旧领地，所以唐朝对葛逻禄广阔地带的控制并不是长期稳固的，只能在西州、庭州至碎叶的天山北路交通线上设置州府军镇维持管理。

天山北部由于是草原游牧部落活动地域，先后兴起的西突厥、突骑施、葛逻禄等迁徙无常，多次南下抄掠、威胁天山以南的绿洲城邦国家，唐朝只能通过封官授衔、立名册号来笼络它们，但这样的羁縻统治经常被瓦解。从龙朔二年（662）到仪凤四年（679）裴行俭西征的17年间，除庭州外，天山以北各羁縻都督府经常不在唐朝的控制之下。唐朝先后设置的金山都护府、崑陵都护府、濛池都护府以及北庭都护府，都没有使天山以北形势完全稳定下来，各部时服时叛，动荡不断。特别是天授三年（692）后突厥默啜继承可汗位，东西纵横千里转战，向西域和中亚粟特地区远征扩张，与重新崛起的突骑施争夺对西突厥十姓诸部的控制权，还围攻北庭都护府，葛逻禄三部亦为后突厥所控制。

直到唐玄宗开元二年（714），葛逻禄才摆脱后突厥的役属。这年九月，三姓葛逻禄大漠都督朱斯（即炽俟）、阴山都督谋落匐鸡、玄池都督踏实力胡鼻等率部众到北庭投降，重新归附唐朝，唐玄宗派使安抚其部落，重置葛逻禄三府，继续在金山（今阿尔泰山）旧地安置游牧[1]。天宝元年（742）以后，葛逻禄再次强盛起来，进攻后突厥、拔悉密，取代突骑施，战胜回鹘，占有楚河流域西突厥故地以及碎叶、怛罗斯等城，在中亚异姓突厥部落中居首位，那都是中唐时期的历史事件了。

公元七八世纪之交是唐代西域政治形势最为复杂的时期之一，也是当时亚洲内陆游牧汗国各族各部落连环性兴衰更替最为动荡的时期之一。葛逻禄尽管不是一个最强大的霸主部落，但它在历史舞台上异常活跃，不仅与西突厥汗国中的诸部落相互联系，而且与唐朝关系相当密切，无论是臣服怀柔还是反叛攻伐，始终是唐朝软硬兼施的争夺重点和羁縻维系的部落政权。遗憾的是，有关葛逻禄在七八世纪之际活动的正史文献记载极少，以致我们难于进一步深入研究。

随着考古文物事业的发展，地不爱宝，碑志出土日多，西安市文物考古研究所收藏出土的三姓葛逻禄炽俟部炽俟弘福墓志，是目前所知唐长安遗留的唯一记载三姓葛逻禄的碑石，为我们了解7世纪后期葛逻禄与唐王朝密切关系提供了珍贵史料，该墓志刊布后并没有引起广泛注意[2]，存有讹错，现将勘校后的墓志全文转录如下，提供给学界方家。

该墓志方形，长73厘米，宽74厘米，高12厘米，比一般墓志要大20—30厘米，颇有大人物之气势。志石四周刻卷草纹线图。志铭阴文楷书，瘦劲严谨，精工秀雅，共29行809字，整块志石完整无缺，但可惜志石表面受到残损，漫漶不清，有的字不能完全释读，其残缺处只能加□形补注。全文按原竖行顺序标点排列如下：

　　大唐故云麾将军、左威卫将军、上柱国、天兵行军副大使兼招慰三姓葛逻禄 /
　　使炽俟府君墓志铭并序
　　朝散郎行长安县尉裴士淹撰　吴郡陆苣书
　　公讳弘福，字延庆，阴山人也，其先夏□后氏之苗裔。粤若垂象著明，天有氂头 /
　　之分；封疆等列，地开穷发之乡；袭广大□而居尊，务迁移以成俗；和亲通使，冒 /

---

[1]《全唐文》卷四〇，玄宗《再赐三姓葛逻禄书》，中华书局，1983年，第439页。
[2]《全唐文补遗》第2辑，三秦出版社，1995年，第22页。

顿于是兴邦；保塞入朝，呼韩以之定国；则有大恩贵种，当户都尉，必及世官，/

作为君长。其或处者，我称□盛□州，□曾祖娑匐颉利发，大漠州都督，镇沙朔而用/

武，保公忠而竭诚。祖□步□失，右骁卫大将军兼大漠州都督、天山郡开国公，统/

林胡而莫犯，司禁旅而逾肃，□父□力，本郡太守，绍前烈而有光，翼后昆而可大。/

公幼而聪敏，长而豪杰，于孝友则天资，以功勋为己任，常谓先人大业，克清/

边塞之尘；壮士长怀，愿赴邦家之难；忽焉投笔，即事戎旃。属十姓背恩，三军/

走讨，杂类多诈，潜图暗袭；公察其目动，识其□言□甘，驰轻骑而来奔，戒王师而/

设备，为覆以待，夹攻于衷，因执馘以献俘，乃议功而行赏，超等特授游击将/

军。朝廷复念兹良图，未足允答，明年拜桃林府长上果毅都尉，又除左骁卫/

郎将，既辍归牛之地，仍加冠鹖之荣。万岁登封元年进云麾将军、左威卫将/

军、上柱国，忠谨日彰，勋庸岁积。诏充天兵行军副大使兼招慰三姓/

葛逻禄使，于是临之以敬，董之以威，士马之富如云，戈铤之明似雪。时突骑/

施怀贰，乌质勒不诚，公密探其旨，且献其状，余孽朋扇，荧惑上闻，以斯刚毅/

之心，不免谗邪之口，遂贬蕲州蕲川府折冲，仍为黎州和集镇副。东海之冤/

未察，南溟之羽已摧，天实为之，命可长也。神龙二年十二月廿九日行路遘/

□疾，终于剑州剑门县之逆旅，春秋五十有三。呜呼哀哉！公雄林

迈俗，宏略冠/

时；献马以助军，执兵以报国；伊秩訾之入侍，佩印称荣；金日䃣之登朝，封侯/

藉宠；静言于此，千载同风。夫人沙陁氏，封燕郡夫人，从夫之贵也，塞渊其德，/

淑慎其仪，即以开元廿四年五月十七日祔葬于长安高阳原，礼也。嗣子迿，/

左骁卫中郎将；次子璟，宁远将军守右领军卫翊府右郎将、上柱国，赏紫金/

鱼袋；次子温，常乐县开国男；次子琙，右威卫果毅都尉，借绯鱼袋；次子震，明/

威府别将等。高名出群，至性加等，咨墨客之幽思，扬先名之耿光。其词曰：/

阴山之下地气良，贤王之昆宗枝强，生我名将护朔方，闻于 圣主曜帝乡，/

忠谋必䰍业大昌，谚言罔极黜遐荒，开茔及葬卜云憾，刻石纪德永不忘。/

志文记载炽俟弘福，字延庆，已是汉化名字，只是笼统地称为"阴山人也"。其先人"作为君长""贵种当户"，累世为官。曾祖父娑匐颉利发是大漠州都督，"镇沙朔而用武，保公忠而竭诚"；祖父步失则为右骁卫大将军兼大漠州都督，封爵天山郡开国公，"统林胡而莫犯，司禁旅而逾肃"。唐高宗显庆二年（657）始置大漠州都督府，以葛逻禄炽俟部君长为都督，炽俟弘福曾祖父娑匐颉利发应是首任都督，《旧唐书·突厥传》下说西突厥统叶护可汗时（617—628，隋大业十三年至唐贞观二年），"其西域诸国王悉授颉利发，并遣吐屯一人监统之，督其征赋。西戎之盛，未之有也"[1]。"娑匐"，有人认为是葛逻禄部落名[2]，也可能是人名或是突厥官

---

[1]《旧唐书》卷一九四下《突厥传》下，第5181页。
[2] 马长寿根据《新唐书》卷二一五下《突厥传》"暾欲谷者以女娑匐为默棘连可敦"，判断娑匐为葛逻禄部落名，见《突厥人与突厥汗国》，上海人民出版社，1957年，第66—67页。关于"婆匐"和"娑匐"的争论，见岑仲勉《突厥集史》下册，第632页。本墓志证明应为"娑匐"。

图4 彩绘胡俑，唐金乡县主墓出土

号，"匐"来自古突厥语 bäg，是"贵族、首领"的意思[1]。所以，炽俟娑匐是其本名。

炽俟弘福的祖父步失，因"步失"两字模糊不清，系猜测补字不能肯定。但他接受唐朝授官封爵，任右骁卫大将军、天山郡开国公，又世袭大漠州都督，大概是显庆五年（660）的事，这年庭州刺史来济"请州所管诸蕃，奉敕皆为置州府，以其大首领为都督、刺史、司马"[2]。父亲炽俟力，为本郡太守，大概是仿效唐人的称呼，由于大漠州都督府受制于庭州管辖，不会有"太守"。志文对炽俟弘福的部落首领家族血统很重视，家族几代人服从并帮助庭州刺史对本部落怀柔、安抚和管制，也有可能听从唐朝使节之令调集兵马，征讨镇压其他部落的反叛，这在西突厥各部落的内争中很不容易，故称赞他们"绍前烈而有光，翼后昆而可大"。

炽俟弘福卒于神龙二年（706），享年五十三岁，其出生当在贞观十七年（643）。从"忽焉投笔，即事戎旃"的套话判断，他年轻时有一定的作为。那么，

---

[1] 韩儒林《韩儒林文集》，江苏古籍出版社，1985年，第519页。
[2] 《元和郡县图志》卷四〇《陇右道下》，中华书局，1983年，第1033页。

图 5　黄釉胡人俑，1957 年西安鲜于庭诲墓出土

图6 胡人俑，中国国家博物馆展出

他是何时进入中原的呢？笔者分析是唐高宗永淳元年（682）阿史那车薄率西突厥十姓反叛围攻弓月城时。当时安西都护王方翼引军救援，"破虏众于伊丽水，斩首千余级。俄而三姓咽面与车薄合兵拒方翼，方翼与战于热海……所将胡兵谋执方翼以应车薄，方翼知之，悉召会议，阳出军资赐之，以次引出斩之。会大风，方翼振金鼓以乱其声，诛七十余人，其徒莫之觉。既而分遣裨将袭车薄、咽面，大破之，擒其酋长三百人，西突厥遂平"[1]。而志文对炽俟弘福事迹的赞颂，恰恰为这段史料提供了强有力的佐证："属十姓背恩，三军走讨，杂类多诈，潜图暗袭，公察其目动，识其言甘，驰轻骑而来奔，戒王师而设备，为覆以待，夹攻于衷，因执馘以献俘，乃议功而行赏，超等特授游击将军。""杂类"

可能就是史书上所说的胡兵。这年，炽俟弘福二十九岁。

因为炽俟弘福立功受奖，"朝廷复念兹良图，未足允答，明年拜桃林府长上果毅都尉，又除左骁卫郎将"。桃林府属河南郡，治今河南灵宝市北老城，这说明他于永淳二年（683）到达中原，即志文说的"既辍归牛之地，仍加冠鹖之荣"。武则天万岁登封元年（696），因他"忠谨日彰，勋庸岁积"，再次晋升为云麾将军、左威卫将军、上柱国，云麾将军为从三品上武散官，左威卫将军也是从三品职事武官。这时他四十三岁，已在中原任官十三年。

武则天亲政后，西域形势复杂多变，圣历元年（698）反复无常的后突厥默啜可汗频繁进攻中国北部，默啜"拥兵四十万，据地万里，西北诸夷皆附之，甚有轻

---

[1]《资治通鉴》卷二〇三，高宗永淳元年四月条，中华书局，1956年，第6409页。又见《旧唐书》卷一八五上《王方翼传》。

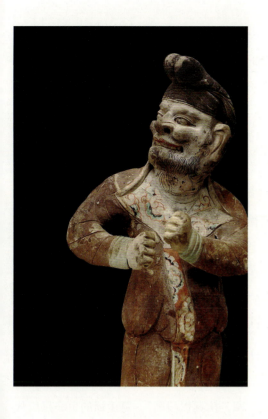

图7 胡人陶俑，甘肃庆城穆泰墓出土

中国之心"[1]。武则天为防备后突厥抄掠，以司属卿武重规为天兵中道大总管，右武卫将军沙吒忠义为天兵西道总管，幽州都督张仁愿为天兵东道总管，出兵三十万讨伐默啜。圣历二年正式在太原府设置天兵军，管兵二万人，马五千五百匹。[2] 同时以魏元忠检校并州长史，充天兵军大总管；娄师德为天兵军副大总管，仍充陇右诸军大使。后突厥于是实行战略转移向西域扩张，默啜之子匐俱号称"拓西可汗"，专门控制西突厥处木昆等十姓，并与新崛起的突骑施争夺西突厥各部落，突骑施首领乌质勒派遣其子遮弩来朝入见，武则天厚加慰抚[3]。武则天为了遏制后突厥向西侵略扩张，于是起用炽俟弘福，"诏充天兵行军副大使兼招慰三姓葛逻禄使"。

炽俟弘福于是出使奔赴西突厥旧地，"临之以敬，董之以威，士马之富如云，戈铤之明似雪"，威风凛凛，软硬兼施，颇有大唐使节气势，竭力宣扬唐朝威势。"时突骑施怀贰，乌质勒不诚，公密探其旨，且献其状"。但炽俟弘福的效忠却被"余孽朋扇，荧惑上闻"，受到贬责流放的惩罚。当时突骑施兴起的初创者乌质勒附唐拓疆，天授二年（691）攻占碎叶城后，对唐朝心怀贰心，但唐朝为了将突骑施作为打击西突厥和吐蕃的盟友而采取宗藩笼络政策，期望突骑施佐唐守境、屏卫西疆，炽俟弘福久居汉地，边情变化不清，他对突骑施乌质勒的威慑恐吓不明就里，或是突骑施搞了反间计，或是北庭系边防将领忌恨，或是武

---

[1]《资治通鉴》卷二〇六，则天后圣历元年九月条，第6535页。
[2]《元和郡县图志》卷一三《河东道二》，第361页。
[3]《新唐书》卷二一五下《突厥传》下附《突骑施传》，第6066页。

则天朝臣中主和派不满炽俟弘福，志文没有明指，讳言不彰，反正他"以斯刚毅之心，不免逸邪之口，遂贬蕲州蕲川府折冲，仍为黎州和集镇副"。蕲州属淮南道，在今湖北蕲春县蕲州镇。而大足元年（701）设置的黎州属剑南道西部与吐蕃分界的边防之地，距州治（今四川汉源县）南二百三十里有和集镇[1]，这里是蛮獠、羌戎混杂荒远居处，"镇副"按《唐六典》卷三〇所载负责"掌镇防守"。炽俟弘福这次西行出使是他一生命运的转折，流放后一直没有得到唐廷的原谅，所以志文评论炽俟弘福"东海之冤未察，南溟之羽已摧"，即武则天死后还来不及给他平反昭雪，他就于神龙二年（706）年底终于剑州剑门县旅途中。

值得注意的是，炽俟弘福被贬后，圣历二年（699）武则天又派遣熟悉边疆事务的侍御史解琬"充使安抚乌质勒及十姓部落，咸得其便宜，蕃人大悦。以功擢拜御史中丞，兼北庭都护，持节西域安抚使"[2]。可能解琬比炽俟弘福更"识练边事"，安抚笼络突骑施等部落取得成功。这年突骑施首领鹿州都督乌质勒移衙于碎叶，被武周授以瑶池都督，神龙二年（706）还被封为怀德郡王。这从另一方面反证炽俟弘福在处理突骑施问题上方法不妥，故被贬逐。

志文还称赞炽俟弘福曾经"献马以助军，执兵以报国"，葛逻禄的良马是唐代金山以西的名马，可惜不知献马的详情了。他的夫人沙陁氏，从姓氏上推测可能是沙陁突厥人，沙陁源于西突厥处月部，唐初散居于金娑山（今新疆博格达山）之南与蒲类海（巴里坤湖）之东，唐高宗永徽元年（650）"徙其部庭州之莫贺城"[3]，四年后置沙陁羁縻州，地在今新疆奇台县东南，与葛逻禄部落杂居。从墓志上看，炽俟弘福的夫人后来封燕郡夫人，并与他合葬于长安高阳原，距他死时已有30年，而且他的五个儿子都担任唐朝武将，应该说他死后家人继续得到了朝廷重用，并且居住在京城，也算是"咨墨客之幽思，扬先名之耿光"吧。

这方墓志的撰写者裴士淹，出身河东闻喜冠族高门裴氏，新、旧《唐书》无传，但《新唐书·宰相世系表》附有此人的经历[4]，官至礼部尚书、绛郡公，他年轻初入仕时撰写此墓志文。大概开元年间，朝廷觉得炽俟弘福属于被冤屈的"牺牲

---

[1]《元和郡县图志》卷三二《剑南道中》，第822页。
[2]《旧唐书》卷一〇〇《解琬传》，第3112页。
[3]《新唐书》卷二一八《沙陀传》，第6153页。庭州莫贺城即今新疆吉木萨尔三台乡蘑菇湖一带。
[4] 裴士淹在开元二十四年为朝散郎、行长安县尉；天宝十四载为给事中、黜陟使，后随唐玄宗逃蜀；永泰二年为礼部尚书、礼仪使，封绛郡公；大历五年后贬为虔州刺史、饶州刺史。

品",因为突骑施时附时叛,历史证明惩罚他是错误的。开元二十二年(734)突骑施苏禄与唐割断宗藩关系,开元二十四年镌刻此墓志,表明炽俟弘福的作为得到官方原谅。

总之,西突厥属下的葛逻禄是七八世纪历史上的一个重要部落,而炽俟弘福墓志留下的珍贵史料不仅具有独特的不可替代的价值,而且是唐代边疆民族部落永恒的印记,特别对7世纪唐与西域关系以及周边民族关系史的研究非常重要,有助于从总体上回应陈寅恪先生提出的种族与文化是研究唐代国际性帝国的关键点的提法,值得海内外研究者给予充分的注意。至于本文就墓志相关内容的释证,讹误不切当之处,敬祈博雅通识诸同人教正。

A STUDY ON THE EPITAPH OF ASHINAMOMO OF EAST TURK

9

东突厥阿史那摸末墓志考述

东突厥阿史那摸末墓志考述

勃兴于 6 世纪中叶的突厥人雄霸于中亚和东亚的北部地区，建立的庞大汗国连续征服了漠北和西域，但游牧政权的汗位嬗递矛盾与内部动荡很快使突厥汗国分裂为两部分，即占有广大西域地区的西突厥和统辖漠北草原地区的东突厥。六七世纪之交，东突厥对隋唐两朝历史进程有着重大而深远的影响，其中东突厥阿史那氏作为显赫的核心种姓，世袭可汗，故备受学术界的瞩目，特别是随着阿史那氏家族成员的墓志不断出土，更成为研究的一个热点。

近年来在西安地区出土的隋唐墓志中，东突厥阿史那氏的墓志较为集中，其中阿史那摸末的墓志是一方非常重要的墓志，现收藏于西安市文物考古研究所，录文已刊布[1]。

这方墓志长 58 厘米，宽 60 厘米，高 12 厘米。志石完整无损，字迹清晰，阴文楷书，分 20 行，共 405 字。志石四周线刻榻座孔内十二生肖图，虎、兔、龙、马、羊、狗等均为奔跑动态状，并都有高低远山做背景，表现了草原丘岭风光特色。其中龙做虎豹行走状，猪则似狼疾奔形象，反映出游牧民族对十二属相的独特理解，也说明 7 世纪初突厥人借鉴中原十二生肖纪年后仍有自己图腾崇拜的遗痕[2]，值得重视与研究。碑志全文按原竖行顺序排列标点如下：

---

[1]《全唐文补遗》第 3 辑，三秦出版社，1996 年，第 345 页。录文有错讹，如将"东岳告成"讹为"东丘告诚"，"质易"讹为"贸易"，"聚仰"讹为"擎仰"等。

[2] [法] 路易·巴赞著，耿昇译《突厥人和十二生肖历法》，见《突厥历法研究》，中华书局，1998 年，第 167 页。又见蔡鸿生《突厥年代学中的十二生肖》，载《唐代九姓胡与突厥文化》，中华书局，1998 年，第 164 页。根据夏州（陕西靖边统万城）出土的几方隋唐之际突厥墓志，十二生肖图上均不线刻猪的形象，现藏陕西榆林文管会文物库房。

图1 东突厥阿史那摸末墓志,西安出土

故右屯卫将军阿史那公墓志之铭

公讳摸末,漠北人也,盖大禹之后焉。夏政陵夷,世居荒/
服,奄宅金微之地,傍羁珠阙之民,距月支以开疆,指天/
行以分域。曾祖阿波设,祖启民可汗,父啜罗可汗。可汗/
者,则古之单于也。公禀庐山之逸气,韫昴宿之雄芒,抗/
节与寒松比贞,致果共晨风竞爽;英略远震,才武绝伦;/
夷落仰其指麾,名王耸其威烈。既而皇唐驭宇,至德/
遐通,公乃觇风以来仪,逾沙漠而款塞,爰降纶玺,用/
奖忠诚,即授上大将军,寻迁右屯卫将军。肃奉宸居,典/
司禁旅,绩随事显,忠以行彰;虽复由余入秦,日䃅在汉,/

永言前载,亦何以加。兹方将东岳告成,庶陪礼于日观,/
不图西光遽谢,奄游神于夜台,春秋卌三,以贞观廿三/
年二月十六日薨于宣阳之里第。呜呼哀哉!夫人李氏,/
平夷县主,先以贞观九年正月八日薨于宣阳里,粤以/
大唐贞观廿三年岁次己酉三月乙巳朔十七日辛酉/
同葬于万年龙首乡。礼也。恐日月逾迈,海田质易,庶徽/
风之永传,勒妙词于兹石。铭曰:/
弈弈重基,英英雄后,革心仰泽,回首思顺,位总爪牙,名/
超廉蔺,鸿私庶答,隟光何迅。其一灼灼夫人,显显令德,左/
右君子,聚仰中国,宠命载加,荣声充塞,刊兹懿范,畅于无极。/

阿史那摸末,就是自隋朝末年以来久居河套的东突厥处罗可汗之子郁射设(又译为奥射设)[1],《旧唐书》《新唐书》中《突厥传》皆有记载,岑仲勉、吴玉贵等先生均有论述[2],只是此墓志以前没有被发现研究。

从墓志追溯阿史那摸末世系来看,其曾祖父为阿波设,而没有尊称为阿波可汗,这是很蹊跷的,笔者怀疑阿波设可能与阿波可汗(大逻便)不是同一人,否则赞美和夸耀祖先丰功伟绩及血统纯正的墓志文不会不提其称衔,因为"可汗"是突厥部落中最高领袖的称号,而"设"乃是握有兵权的高级官员,可汗往往由设中来选拔提升。所以,阿波设能否比定阿波可汗还值得进一步探讨。[3]突厥汗谱的传承比较复杂,由于突厥不实行父死子继,往往兄终弟继或兄弟皆为大小可汗,仅从史书记载的突厥汗国第一代谱系就有五支大小可汗,子孙繁衍,分支众多,交错更迭,名难稽考。目前学术界也没有统一的意见。[4]

阿史那摸末的祖父启民可汗(阿史那染干),一说为沙钵略可汗(摄图)之子,

---

[1] 《旧唐书·突厥传》上作"奥射设",《新唐书·突厥传》上则"奥射设""郁射设"同用,应是同名异译。
[2] 吴玉贵《突厥汗国与隋唐关系史研究》"郁射设与东突厥大可汗颉利关系析疑",中国社会科学出版社,1998年,第202页。岑仲勉《突厥集史》下册,"突厥本传及突厥杂纂校注",中华书局,1958年,第609页。
[3] 关于阿波可汗世系研究,见王环《阿波可汗是西突厥汗国的创始者》,《历史研究》1982年第2期。商榷文章见段连勤《关于西突厥与西突厥汗国早期历史的几个问题》,《新疆社会科学》1984年第1期。
[4] 薛宗正《突厥汗国世系表》《东突厥汗国世系表》,载《突厥史》,中国社会科学出版社,1992年,第177、265页。

图2 北魏鎏金錾花胡人侧面像银碗,大同博物馆藏

另一说为莫何可汗(处罗侯)之子,而墓志上又冒出一个阿波设,孰是孰非难以断定。启民可汗事迹史书记载较多,原号突利可汗(小可汗),与都蓝可汗(雍虞闾)分统北方诸部。隋开皇十七年(597),突利遣使至隋求婚,隋文帝嫁以宗室女安义公主,赏赐优厚,引起都蓝忌恨,遂与西突厥达头可汗(玷厥)结盟共攻突利,开皇十九年突利败后逃入长安,被隋立为意利珍豆启民(意为"意智健")可汗,并于朔州筑大利城以居之。这年安义公主死,复妻以隋宗室女义成公主。不久,启民又迁往黄河之南夏、胜二州之间(今内蒙古河套南)。都蓝死后,达头逃往吐谷浑,启民在隋的帮助下收揽其余众,成为统领东突厥的大可汗。大业三年(607),隋炀帝北巡至榆林(今内蒙古托克托西南),启民率部落酋长三千余人朝于行宫,贡献名马。大业五年,启民又朝于东都,次年卒。[1]

启民可汗有四个儿子:长子始毕可汗咄吉世、次子处罗可汗俟利弗设、三子颉利可汗莫贺咄设、四子叱吉设。[2] 其中处罗可汗(本名奚纯)即墓志上所载的"啜罗可汗","处罗""啜罗""吐罗"均为同名异译。启民死后,始毕可汗立,仍妻义成公主,并于大业十一年围攻隋炀帝于雁北,后又屡寇北方城邑,隋末割据势力薛举、王世充、刘武周、梁师都、窦建德等纷纷交结始毕以为后援,奉突厥为主。唐

---

[1] 吴玉贵考证启民可汗卒于大业七年,见《突厥汗国与隋唐关系史研究》,第176页。
[2]《隋书·裴矩传》记载隋朝以宗女嫁始毕可汗弟叱吉设,叱吉设拜为南面可汗。

图3 外来风格的鳄鱼纹金冠饰，1959年内蒙古土默特左旗水磨沟隋唐墓出土

武德二年（619），始毕死，处罗可汗立，第二年其弟颉利可汗又立，这是东突厥最为强盛时期，一再侵扰唐朝边境，一度深入到长安附近地区。

处罗可汗继位后，复妻隋义成公主。义成公主在东突厥地位较高，她又策动处罗从窦建德处迎回了隋炀帝萧皇后及南阳公主，册立隋齐王暕的遗腹子杨政道为隋王，内地士民没入突厥者，"处罗悉以配之，有众万人。置百官，皆依隋制，居于定襄"（今内蒙古和林格尔北）[1]。处罗与王世充、梁师都等关系密切，在复隋的旗号下纠集北方割据力量与新建的唐朝抗衡，派兵分路南下侵掠，但昙花一现，正准备与唐大规模战争时，他却于武德三年末病死，在位不到两年。处罗死因有两说：一是"处罗久疾瘅，隋义成公主有五石，饵之，俄而处罗发疽死"[2]；二是被唐朝使节郑元璹下毒致死[3]。

处罗可汗有两个儿子，长子阿史那摸末（郁射设或奥射设），次子阿史那社尔（拓设）。处罗去世后，义成公主以突厥可贺敦的身份废除其长子阿史那摸末的继承权，《旧唐书·突厥传》记载："其子奥射设丑弱，废不立之，遂立处罗之弟咄苾，是为颉利可汗。"即另物色处罗的弟弟咄苾（莫贺咄设）入继大统作为强有力

---

[1]《资治通鉴》卷一八八，唐高祖武德三年二月，中华书局，1956年，第5878页。
[2]《太平御览》卷七四三《疾病部·六痹》，中华书局，1960年，第3299页引《唐书》，又见《新唐书·突厥传》上。
[3]《资治通鉴》卷一八九，高祖武德四年四月戊申条，中华书局，1956年，第5912页。

图4 持戟仪卫胡人图，唐节愍太子李重俊墓出土

的接班人，并按突厥婚姻传统习惯，义成公主再次嫁给颉利可汗。这次汗位的嬗递继承，无疑造成阿史那摸末与其叔颉利可汗以后的矛盾与疏离。

根据墓志记载推算，阿史那摸末在武德三年时仅13岁，义成公主以他"丑弱"不立大可汗位也是情理之事，毕竟他还是个少年，无力亲政；但主要因素恐怕还是嫌他天资不够聪颖，不足以做一代枭雄。按照阿史那王族血统子弟世袭官位的传统，"丑弱"的阿史那摸末仍担任典兵统军的"设"，并由分领的部落酋长辅佐协助其掌管军队。《通典·突厥传》记载："别部领兵者谓之'设'。"这说明"设"的

特殊地位，不仅由可汗直系亲属任职，而且是"别部领兵"的统帅。据蔡鸿生教授研究，突厥汗庭在"设"的人选上，坚持"系谱"和"血统"两大原则，表现极端的排外性，血统有嫌疑者不得为"设"，恰恰反映了这一职位的重要性。[1] 突厥汗国的特点之一就是历代可汗皆出自阿史那氏一门，一切显爵悉由阿史那氏垄断，异姓突厥不许染指，突厥第一汗国（552—630）时期，号称"设"者十六人，出身阿史那氏的占十二人，所以护雅夫认为突厥汗国实乃"阿史那氏的家产国家"[2]。

图5 唐代蕃人俑，宁夏吴忠唐墓出土

对阿史那摸末的早期生涯，史书语焉不详，墓志也缺而不载，但从《新唐书·突厥传》和《册府元龟》卷九九〇《外臣部·备御三》来看，武德元年，他就率部落万余人入居河南五原诸地，直接控制以夏州（今陕西靖边东北）为中心的关内道北部，这里是由河套地区南下长安的战略通道。武德三年，处罗可汗准备以幽、并、延、原四州为四道大举南下时，其中延州路就以阿史那摸末和梁师都的军队为主力，这说明他尽管年龄很小却久居河套地区，11岁就担任军事行政长官了，号称"郁射设"。其弟阿史那社尔也是11岁拜"拓设"。

颉利可汗继位后，郁射设与其部落一直驻牧于河套内的五原等地，武德五年，梁师都派遣其弟梁洛儿联络郁射设引突厥数万骑围攻灵州，被唐军灵州总管李道

---

[1] 蔡鸿生《唐代九姓胡与突厥文化》，第116页。
[2] [日]护雅夫《古代突厥史研究甲编》（古代トルコ民族研究，I），山川出版社，1967年，第334页。

▲ 图6 神龙二年(706)仿绞胎射猎俑，唐懿德太子墓出土

图7 唐代胡人头像银执壶，1975年内蒙古赤峰敖汉旗李家营子出土

▼ 图8 18世纪穹庐式蒙古包银香盒，内蒙古博物院藏

宗击败，并被逐出五原。据吴玉贵教授研究[1]，在颉利可汗统治时期，郁射设很少见于记载，颉利发动的几次与唐朝的战役，郁射设都没有配合行动，叔侄双方几乎完全脱节，这就是叔侄争国角逐汗位矛盾所造成的。郁射设控制的夏州等地突厥军队一直是在独自活动，不仅不配合颉利南下，还曾与唐朝有过临时结盟关系。郁射设与颉利的裂痕使他不服从大可汗的号令。最晚到武德九年(626)，郁射设又回到了河套地区，史载："会突厥郁射设将数万骑屯河南，入塞，围乌城。"[2] 郁射设入屯河南(河套)之后包围的"乌城"即在夏州朔方县境内。但在唐军的进攻压力之下，气势乏振、实力日衰的郁射设不得不承认颉利的可汗地位，并配合颉利一起南下高陵(今

[1] 吴玉贵《突厥汗国与隋唐关系史研究》，第203—204页。
[2] 《资治通鉴》卷一九一，高祖武德九年六月条，第6007页。

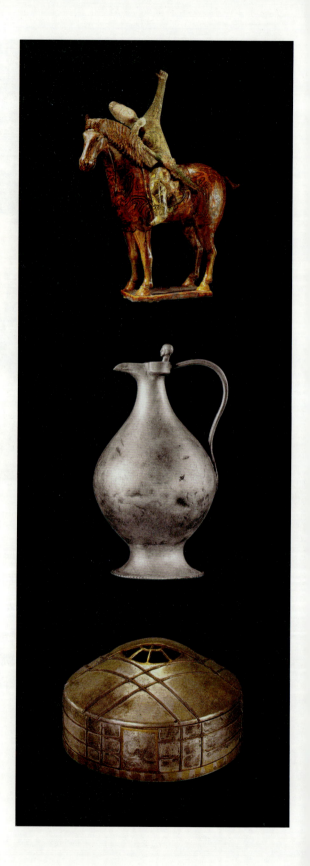

西安高陵县），发动了威胁长安的渭桥之役。

渭桥之役中，郁射设与颉利仍然相互猜忌，所以唐太宗说突厥"众虽多而不整，君臣之志，惟赂是求"，"可汗独在水西，达官皆来谒我"，说明阿史那王族内部矛盾已经完全表面化了。此后，郁射设与颉利的矛盾冲突继续激化，贞观二年（628），唐朝在攻取夏州梁师都之前，以刘兰为侨置夏州都督府长史，"时突厥携离，有郁射设阿史那摸末率其部落入居河南。（刘）兰纵反间以离其部落，颉利果疑摸末，摸末惧，而颉利又遣兵追之，兰率众逆击，败之"[1]。据此可知，颉利自继位以来，就与原来的汗位继承人郁射设阿史那摸末一直关系紧张，以致双方八九年里相互脱离，自成体系。

贞观三年九月，郁射设属下郁孤尼等九俟斤向唐夏州都督窦静投降，郁射设阿史那摸末失去臂助，十二月庚寅（630年1月12日），本人也率部降唐，即墓志上所说的"既而皇唐驭宇，至德遐通，公乃觇风以来仪，逾沙漠而款塞，爰降纶玺，用奖忠诚，即授上大将军，寻迁右卫将军"。

阿史那摸末的弟弟阿史那社尔也因讨击薛延陀、回纥等部失败离开东突厥故地，于贞观二年率余众辗转到达西域可汗浮图城（今新疆吉木萨尔），乘西突厥内讧袭取其地之半，自称都布可汗。贞观十年归唐，授左骁卫大将军。这都说明东突厥自武德末年内乱开始以后，阿史那王族四分五裂，诸部做鸟兽散，王族成员纷纷脱离汗国投奔唐朝已成趋势，唐朝招降纳叛给予厚赏，凡降唐的突厥首领"皆授中郎将，布列朝廷，五品以上百余人，殆与朝士相半，因而入居长安者近万家"[2]，从而给唐朝创造了稳定的周边环境。

墓志称赞阿史那摸末在长安被授右屯卫将军后，"肃奉宸居，典司禁旅，绩随事显，忠以行彰"。但与其他投降入唐的突厥汗国王族成员相比，他并没有得到唐廷格外的信任与优宠，如突利可汗阿史那什钵苾封北平郡王，阿史那苏尼失封怀德郡王，阿史那思摩封怀化郡王，连俘虏的颉利可汗阿史那咄苾死后都赠归义王，虽然这是唐朝"假以贤王之号"的安置措施，却始终没给阿史那摸末封王。与其他一些降唐突厥酋长继续统领旧部为羁縻都督相比，阿史那摸末也没有再返其旧地安抚余部，所谓右屯卫将军的"宿卫"，实是充当人质，保证突厥各部的顺服不再反叛。

---

[1]《旧唐书》卷六九《薛万彻传》附《刘兰传》，中华书局，1975年，第2524页。
[2]《资治通鉴》卷一九三，太宗贞观四年五月丁丑条，第6078页。

图9 唐绿釉胡人俑，1975年长治市郊区小师庄2号墓出土

其郁射部在贞观二十三年被重新安置为郁射州，隶属定襄都督府[1]，这已是他入唐20年后的事情了。

按照唐朝对突厥首领降唐后"配妻以宗室之女"的措施，阿史那摸末娶"夫人李氏，平夷县主"；但此夫人于贞观九年正月就去世了。与其弟阿史那社尔娶皇姊衡阳长公主相比，他受赏的等级也是比较低的。与颉利入长安后"不室处，常设穹庐庭中"相比，阿史那摸末则居住于长安宣阳里舍第，大概很难保留突厥的居住习俗了。据墓志记载："兹方将东岳告成，庶陪礼于日观，不图西光遽谢，奄游神于夜台。"这是指贞观二十一年正月唐太宗诏命以第二年二月封禅东岳泰山，阿史那摸末作为四夷宾服的首领陪同前往，不想他已身染沉疴、病入膏肓，于贞观二十三年二月去世，终年43岁，并与十余年前已去世妻子平夷县主李氏合葬于长安万年县龙首乡。

树碑立传的墓志没有记载阿史那摸末的后代，但据出土的《阿史那勿施墓志》叙述可知，其曾祖染干，北蕃单于启民可汗；祖奚纯，单于处罗可汗；"父摸末，单于郁射设，即处罗可汗嫡子也。唐初，所部万余家归附，处部河南之地，以灵州为境，授右屯卫大将军。太宗敕书慰问曰：突厥郁射设，可怜公主是朕亲旧，情同一家。随曰：初婚之时，在朕家内成礼，朕亦亲见。追忆此事，无时暂忘"[2]。这方墓志不仅追溯其家族谱系，而且披露了阿史那摸末与平夷县主李氏在唐太宗家内结婚成亲的往事，足证李世民对突厥降唐首领安置的用心和重视，弥

---

[1]《唐会要》卷七"三安北都护府"，上海古籍出版社，1991年，第1558页。

[2]《大唐故右屯卫翊府右郎将阿史那勿施墓志》，见《全唐文补遗》第2辑，三秦出版社，1995年，第455页。此墓志现藏西安碑林博物馆，1954年西安东郊沙坡村出土。

补了史书记载的缺失。摸末的儿子勿施以郎将起家,曾任右屯卫翊府右郎将,娶妻赵氏,神龙元年(705)死于洛阳新安里,终年62岁。摸末的孙子阿史那哲(自奴)也以郎将起家,东征契丹,授左骁卫翊府中郎将、上柱国,仍充幽州北道经略军副使,开元十年(722)69岁时死于洛阳"宿卫"任上。[1] 阿史那摸末、阿史那勿施、阿史那哲祖孙三代都葬于长安延兴门外五里的龙首原上,并按汉族葬俗形成了一个家族墓地。阿史那哲的儿子们在墓志上还列有名字[2],只是均消失沉匿,无法考据,阿史那氏汗系后裔衰微中绝已是必然趋势。

东突厥金戈铁马称霸东亚曾达八九十年,对隋唐时期中国北方政治、军事格局及民族关系有着重大影响,理清东突厥阿史那王族汗系的历史线索,有助于我们更全面地认识当时东亚地区各民族的兴衰与历史作用。而阿史那摸末的墓志恰恰提供了东突厥一支王族的世谱和汗国内部矛盾、分裂的证据,以及其覆灭入降唐朝后的安置措施,这些都值得海内外学术界重视并予深入探讨。

---

[1]《大唐故武将军行左骁卫翊府中郎将阿史那哲墓志》,见《全唐文补遗》第5辑,三秦出版社,1998年,第338页。该墓志藏西安碑林博物馆。

[2] 阿史那哲的五个儿子名字为大臣、彦臣、帝臣、名臣、谏臣。

INTERPRETATION OF THE EPITAPH FOR A KHITAN KING NEWLY DISCOVERED IN CHANG'AN CITY OF TANG DYNASTY

10 考古新发现唐长安一方契丹王墓志的解读

考古新发现唐长安一方契丹王墓志的解读

"契丹"之名最早见于《魏书》,是中国东北地区一个活跃的游牧民族,逐猎往来,居无常处,主要驰骋于潢水(今内蒙古西拉木伦河)和土护真水(今老哈河)之南,黄龙(今辽宁朝阳)之北,占据着鲜卑故地,控制有辽西交通走廊。隋唐时期,契丹西邻突厥,东通渤海、高丽,北至室韦,南接奚族,在历史地理上有着非常重要的特殊地位,并以向中原王朝进贡名马、文皮、丰貂而闻名于世。

近年来,国内外学者对东北亚地区古代民族历史活动研究较多,而契丹与中原作为以长城分野的两种文化世界更为引人注目,只可惜能够反映契丹与唐朝密切关系的第一手史料较少,幸喜最近西安地区考古新发现一方契丹王的墓志,又为学术界增添了一份新材料。

一

2001年6—11月在西安市东郊洪庆原向阳公司新厂区内,由西安市文物保护考古所抢救性发掘了一座已被盗的唐墓,墓中有青龙、白虎、武士、骏马等壁画,出土了一批彩绘陶俑,棺床四周还分

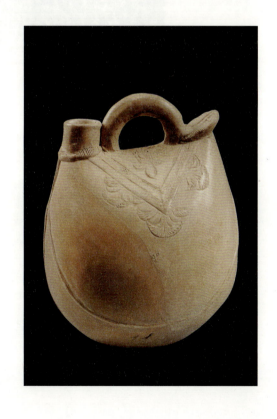

图1 白瓷契丹皮囊造型壶,1956年西安出土

图2 李过折墓志铭

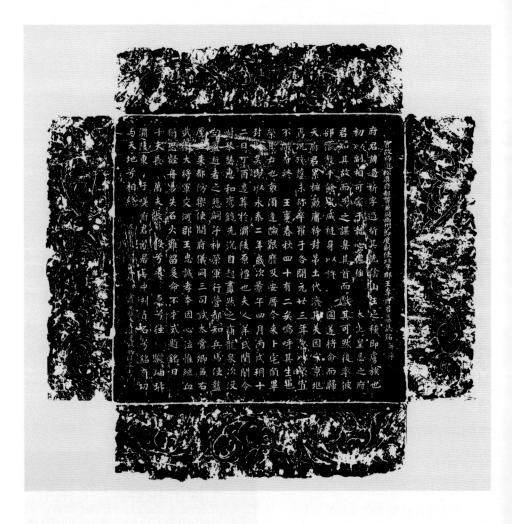

置有十二个铁牛作为随葬之物,究竟属于汉墓中厌胜之义还是属于契丹图腾崇拜,尚不能肯定。契丹祭祀常用青牛、白马,"相传有神人乘白马,自马盂山浮土河而东,有天女驾青牛车由平地松林泛潢河而下。至木叶山,二水合流,相遇为配偶,生八子。其后族属渐盛,分为八部。每行军及春秋时祭,必用白马青牛,示不忘本云"[1]。墓中没有尸骨残存,但重要的是发现了一方保存完好的墓志,记载了契丹王李过折的事迹,弥足珍贵。

这方墓志边长56厘米,厚14厘米,四周刻雕卷草花纹。墓志上刻细线格,楷书雄深宽绰,端庄肥劲,共计19行369字。感谢西安市文物保护考古所所长孙福

---

[1]《辽史》卷三七《地理志一·上京道》,中华书局,1974年,第445页。

喜博士和王自力先生慷慨允诺，首次刊发（该墓发掘简报正在整理待刊），及时提供给学界同人，以达到新资料共享之目的。

墓志录文标点如下：

> 唐故特进、松漠府都督兼同幽州节度副使、北平郡王李府君墓志铭并序
> 府君讳过折，字过折，其先阴山王之种，即虏族也。/
> 初以副相可突于执心倔强，　太上皇忌之，府/
> 君知其故而为之谋，枭其首而献其可，然后率彼/
> 部落数千余人，咸挺身以许　国，遂将命而归/
> 天。府君累摅勋庸，特封茅土，代济其美，因家京兆/
> 焉，况残孽未殄，卒耀于谷，开元廿三年忽以众寡/
> 不敌，奄终　王事，春秋四十有二矣。呜呼，其生也/
> 荣，其亡也哀，顷逢险艰，靡及安厝，今来卜宅，愿毕/
> 封树矣，即以永泰二年岁次景午四月丙戌朔十/
> 二日丁酉迁葬于灞陵原，礼也。夫人羊氏，闺闱令/
> 淑，琴瑟惠和。鸾镜先沉，自起蘯然之痛；龙泉次没，/
> 空盈逝者之悲。嗣子神策军行营都知兵马使、周/
> 至已来都防御使、开府仪同三司、试太常卿兼右/
> 武卫大将军、交河郡王忠诚，孝本因心，泣惟继血，/
> 犹恐壑舟易失，石火难留，爰命不才，式题铭曰：/
> 千夫长　万夫长　倏兮来　忽兮往　骊岫北　/
> 灞陵东　于嗟府君兮居其中，刻贞石兮铭有功，/
> 与天地兮相终[1]。左卫仓曹参军张彧撰　金紫光禄大夫试光禄卿段晏书

墓志主人李过折，《旧唐书》《新唐书》《唐会要》《资治通鉴》《辽史》[2]等历史文献都有记载，是唐玄宗开元年间契丹游牧部落联盟政权的一个重要人物。

---

[1] 此句应为七字，疑脱"始"字，即"与天地兮相始终"。
[2]《辽史》卷六三《世表》，第955页。日本学者爱宕松男推测李过折就是李遇折，"过""遇"二字相近，从墓志记载看显然是错误的。见〔日〕爱宕松男著，邢复礼译《契丹古代史研究》，内蒙古人民出版社，1988年，第162页。

图 3 甘肃天水唐墓出土,甘肃博物馆收藏

从唐代契丹历史进程看,唐高祖武德六年(623),契丹君长咄罗遣使贡献名马、丰貂;唐太宗贞观二年(628),契丹首领摩会率其部落脱离突厥控制,归附唐朝,并随从唐军征伐高句丽。此时,契丹已形成部落联盟,君长出自大贺氏。贞观二十二年,契丹诸部皆请内属,唐朝以其驻牧地设置松漠都督府(今内蒙古巴林右旗南),"松漠"指平地松林(今河北围场县至内蒙古克什克腾旗之间)与西邻的戈壁沙漠,形成了草原外缘的新区域。

契丹有八个部落,其八部长期处于"猎则别部,战则同行"状态,八部大人每三岁推一人为盟主,《隋书·契丹传》记载其一度发展至十个部落,所以唐初又置羁縻州十。贞观二十二年任命部落联盟首领窟哥为都督兼左领军将军,使持节十州诸军事,并封无极县男,赐姓李氏。[1] 自此以后,契丹贵族中姓李者较多。契丹又有别部酋领孙敖曹,武德四年内附唐朝,被安置于营州城傍,其曾孙万荣,武周万岁通天元年(696)与其妹婿松漠都督李尽忠不满唐营州都督赵文翙欺侮,举兵反抗,杀赵文翙,进攻幽州、瀛州等河北地区,屡败唐军,武则天征发大军讨伐,后借助奚及突厥兵力,始得平定。其后,契丹归附于后突厥,但契丹常受后突厥征役,被视为奴仆,投奔后地位低下,所以只是一种权宜之计。

开元三年(715),契丹首领李失活趁后突厥衰落,率部落请求内附,唐朝复置松漠都督府,以其为都督,封松漠郡王,唐玄宗又以宗室外甥女杨氏为永乐公主与其婚嫁。开元六年,李失活死后其从父弟娑固袭封官爵,复入长安朝拜玄宗。这一时期,契丹大臣(又称衙官)可突于因骁勇善战,颇得众心。娑固欲除之,事泄反被可突于围攻,慌忙逃奔营州,营州都督派兵征讨可突于,可突于将其打败,杀娑固等人。可突于拥立娑固从父弟郁于为主,得到唐朝承认,并赦可突于之罪。开元十年,郁于入朝请婚,玄宗封慕容嘉宾女儿为燕郡公主以妻之,并封郁于为松漠郡王。郁于病死后,其弟吐于继立,很快与可突于互相猜疑,矛盾激化,吐于逃奔至

---

[1]《旧唐书》卷一九九下《北狄·契丹传》,中华书局,1975 年,第 5350 页。

长安不敢还，留京宿卫。可突于又立李尽忠弟邵固为主。开元十三年，邵固陪从玄宗东巡泰山，拜左羽林军员外大将军、静析军经略大使，改封广化郡王，玄宗又封从外甥女陈氏为东华公主以嫁之。开元十八年，可突于杀邵固，率部落投降于突厥。[1] 契丹游离于唐和突厥之间，时叛时附，视双方实力强弱与利益所得来确定自己的依附对象。

二

唐朝对契丹的羁縻统治显然是无力的，只能靠册封其酋长蕃汉双重官爵来安抚笼络，对其内部事务则无法干涉，首领更换无论是继承即位，还是阴谋篡夺，均予以承认，并屡次出降宗室女子与契丹首领李失活、郁于、邵固等通婚，依靠和亲政策来维系藩属国之间关系，不同于以前少数民族羁縻部落纳贡关系。这一方面反映了契丹已崛起强大，独据一方，唐朝无法用武力征服；另一方面也表明唐朝对东北地区边防非常重视，"北狄"契丹的几次反叛，对北方的威胁不减于突厥、吐蕃等，迫使唐不得不对防务体系改进，分别于幽州设范阳节度使、营州设平卢节度使，并迁移安东都护府于辽西[2]，互为掎角，以加强东北地区的防御。胡人安禄山开元以后借讨契丹发迹，长期驻扎幽州地区，亦表明唐廷对这一地区的重视。

据史书记载，可突于显然是契丹的一个实力人物[3]，"执其国政，人心附之"。他两次入朝京师，阳奉阴违，被宰相张说评论为"人面兽心，唯利是视"[4]。开元二十年（732），唐军出塞击破契丹，可突于率领部下远遁，但第二年可突于又出兵抄掠，并联合突厥大败唐军。唐廷只好紧急调遣陇右节度使张守珪担任幽州长史、营州都督等职。张守珪到任后多次出击契丹，每战皆捷，可突于遣使诈降，实际想勾结突厥暗袭反扑。张守珪派遣部下王悔到契丹营帐招降，正逢契丹别帅（又称

---

[1]《唐会要》卷九六"契丹"，中华书局，1955年，第1718页。
[2] 开元十一年（723），安东都护府迁至燕郡故治（今辽宁义县），天宝二年（743），复移于辽西故郡城（今辽宁义县东南大凌河东岸）。
[3]《资治通鉴》卷二一二至卷二一四皆记"可突于"为"可突干"，现从墓志记载应为"可突于"，"于""干"易混淆。新、旧《唐书》志传中有的记载正确，有的也用"干"字。爱宕松男认为可突于即雅里，属于孙姓契丹，多半属于内稽部，此推测暂且存疑。
[4]《旧唐书》卷一九九下《北狄·契丹传》，第5352页。

▲ 图4 鎏金猞猁纹银盘，1975年赤峰敖汉旗李家营子唐墓出土

▼ 图5 粟特式弧形银杯，1975年赤峰敖汉旗李家营子唐墓出土

衙官、牙官）李过折与可突于"分典兵马，争权不叶"，这种"衙官"可能是"亲兵群"的首领，掌管一部分兵马。王悔利用双方矛盾，乘机诱劝李过折反叛倒戈，李过折即举兵夜斩契丹首领屈剌与可突于及其支党数十人，率领余部归附唐朝。[1]

李过折杀掉使唐朝头痛不已的可突于，无疑是平定东北边境心腹之患的大事，开元二十三年（735）正月，传可突于等首级于东都天津桥南，朝廷"诏封过折为北平郡王，授特进，检校松漠州都督，赐锦衣一副、银器十事、绢䌽三千疋"[2]。据《资治通鉴》考异引《实录》云，还授李过折"同幽州节度副大使"，司马光认

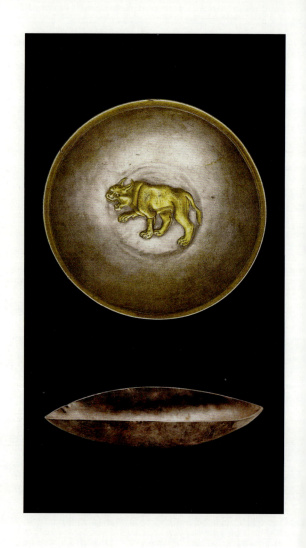

为"过折虽有功，唐未必肯使为幽州节度使"[3]，故不采纳。但西安出土的李过折墓志明确记载他"兼同幽州节度副使"，证明实录不诬，司马光的质疑是错的。李过折被授封这么高的官爵，所以史书称他为"契丹王"[4]，表明唐廷超乎寻常地抬高他的地位，作为唐羁縻契丹的代理人。

---

[1]《旧唐书》卷一〇三《张守珪传》、《新唐书》卷二一九《北狄·契丹传》、《资治通鉴》卷二一四开元二十二年十二月条等皆有记载。

[2]《旧唐书》卷一九九下《北狄·契丹传》，第5353页。

[3]《资治通鉴》卷二一四，玄宗开元二十三年正月条，中华书局，1956年，第6809页。

[4]《旧唐书》卷八《玄宗纪》上，第202页。《唐会要》卷九六"契丹"也记载："立其酋长李过折为契丹王。"

图6 白陶胡俑，1992年河南巩义北窑湾唐墓出土

但荣显无比的李过折好运不长，受封当年没几个月，就被可突于的余党泥礼（涅里）所杀。泥礼屠其全家，欲斩草除根，只有一子刺乾逃往安东都护府，拜左骁卫将军。泥礼随后也归附唐朝，上言"过折用刑残虐，众情不安，故杀之"[1]。唐廷虽赐书斥责泥礼，但仍赦其罪，授予松漠府都督。"自后朝贡岁至，蕃礼甚备。"契丹内部争权弑王，对唐朝来说并不重要，因此不予追究。关键是要维持广袤边疆的安全，这是唐朝对夷狄蕃邦削弱实力、分而治之、"以夷治夷"的一贯目的。

---

[1]《资治通鉴》卷二一四，玄宗开元二十三年十二月条，第6813页。

三

既然李过折死在契丹境内，那么墓冢怎又会搬到京城长安地区呢？这也正是我们依据新发现墓志要解答的问题。

首先，墓志表明李过折祖先"阴山王之种"，有着贵族的血统，开元十八年（730）后，契丹部落盟主由遥辇氏取代了大贺氏，即大贺氏系邵固被杀后盟主权力转入遥辇氏系屈烈之手，尽管契丹联盟中的迭剌部世为掌管兵马的夷离堇[1]，但李过折与可突于都握有很大的军事权力。墓志说可突于"初以副相"，即担任副宰相，这是否为按照唐朝官制比定的说法很难断定，因为唐朝和契丹大概均没有"副相"的官名，史书说李过折为"契丹知兵马中郎"[2]，那么从可突于屡次废杀契丹王来看，他可能相当于副宰相。由于"可突于执心倔强，太上皇忌之"，太上皇指唐玄宗，所以李过折"知其故而为之谋，枭其首而献其可"，率领部落数千人归降唐朝。从墓志记载看，李过折被朝廷封爵授官后，"特封茅土，代济其美，因家京兆焉"，这是唐朝安置内附少数民族贵族首领的传统办法，调离部落集中在长安，既有怀柔收买意图，又可作为人质"宿卫"，使其部落再无力反抗。这也可能是可突于余党泥礼杀害李过折的一个原因，不许他到长安为唐朝效力或享受清福。有学者认为李过折非遥辇氏，而为大贺氏复辟势力之首领，李过折与可突于之争即大贺氏旧贵族与遥辇氏新贵族夺统治权之争[3]，此说或可信。爱宕松男认为出自失落部的李姓契丹酋长，一贯坚持臣属于唐，这是大贺氏的本来面貌，遥辇氏对此既反对又抵制，以可突于为代表。[4] 此分析也有道理，且备一说。

其次，开元二十三年（735）李过折被"残孽"杀死在松漠都督府附近的山谷

---

[1] 陈述《契丹政治史稿》，人民出版社，1986年，第60页。
[2] 《资治通鉴》卷二一四，玄宗开元二十三年正月条，第6809页。
[3] 张正明《契丹史略》，中华书局，1979年，第202页。
[4] 《契丹古代史研究》，《李氏契丹族世系表》，第119—121页。

里[1]，年仅 42 岁。契丹"风俗与突厥大抵略侔。死不墓，以马车载尸入山，置于树颠。子孙死，父母旦夕哭；父母死则否，亦无丧期"[2]。《隋书·契丹传》也说："以其尸置于山树之上，经三年之后，乃收其骨而焚之。"这种树葬加火葬的风俗与契丹早期生活在森林中有关，潢水上游地区松林茂密，至清代仍被划为木兰秋猎之地。[3] 但由于李过折突然被杀，既不能按契丹葬俗以马驾车送入大山置于树上，又不可能三年后收殓枯骨火葬，更不会依汉人葬俗埋于墓冢，即墓志说的"顷逢险艰，靡及安厝"。直至唐代宗永泰二年(766)四月，才迁葬于长安灞陵原，距李过折去世已有 31 年。李过折夫人羊氏与其一同被害，估计也是死无全尸。契丹八个部落中似乎没有羊姓，唐代史书中记载有羊元珪、羊瑗、羊徽、羊祜、羊士谔等人，李过折夫人羊氏究竟出自哪个民族难于推测探寻，从契丹婚姻范围观察，应该与毗邻的奚族、突厥有关。李过折夫妇合墓迁葬京师长安，显然是他们的儿子按照汉俗孝敬父母所为，即墓志说的"孝本因心，泣

▲ 图 7 北魏鲜卑金龙带，通长 128 厘米，内蒙古博物馆藏

▼ 图 8 唐代龙头银带，乌兰察布博物馆藏

---

[1]《辽史地理志考》卷三曰："自今直隶永平府迁安县西北一百七十里之喜峰口外迤北一百二十里，为辽之松亭关。山多大松，连绵内蒙古喀喇沁右翼、翁牛特左右翼及克什克腾部西南札鲁特左翼，古谓之千里松林，又谓之松漠。唐置松漠都督府，命名以此。"

[2]《新唐书》卷二一九《北狄·契丹传》，中华书局，1975 年，第 6167 页。

[3] 冯继钦等《契丹族文化史》，黑龙江人民出版社，1994 年，第 170 页。

图9 青釉蕃人头俑，耀州窑博物馆藏

惟继血"，"今来卜宅，愿毕封树矣"，与契丹早期葬俗无关[1]。不过，笔者认为这座墓仅仅是个衣冠冢，因为距死者亡故已时隔30余年，无非是替父母亡灵找一个归宿罢了。这也是此墓没有发现尸骨的原因。

再次，李过折儿子剌乾在全家被杀时逃往安东都护府，被唐朝拜为左骁卫将军。根据墓志记载，他以后改名李忠诚，永泰二年建墓时为神策军行营都知兵马使、周至已来都防御使、开府仪同三司、试太常卿兼右武卫大将军、交河郡王，地位已经相当高了。新、旧《唐书》虽然没有为他立传，但还是有零星记载，有线索查寻此人事迹。李忠诚入长安大约也属"宿卫"性质，后编入神策军，唐代宗广德二年(764)，仆固怀恩之子仆固玚反叛攻绛州时，鱼朝恩"遣李忠诚讨玚"[2]，取得胜利。大历九年(774)，吐蕃侵扰，关中设防备体系，敕令："(李)忠诚以武落别校，右地奇锋，凡二万众，出岐阳而北会"[3]，驻屯凤翔一带。吐蕃曾屡次攻至长安周围，所以李忠诚永泰年间担任周至已来都防御使。唐德宗贞元初，李忠诚以尚书兼少府监，遭到韦伦的非议："(李)忠诚蕃戎丑类，不合厕列清班。"[4]说明朝廷官僚士大夫们对出身契丹的蕃将仍持有偏见，存有华夷区别之心。安史之乱后，回纥等助唐平乱的外族异邦兵将在内地恃功逞强，胡作非为，引起官僚士大夫的排外恐惧心理，竭力贬低外来蕃将，韦伦非议李忠诚应与此大背景有关。

李忠诚由平叛定难的蕃将转入参政大臣的过程，也是他脱离本族，转身"汉

---

[1] 张柏忠《契丹早期文化探索》，《考古》1984年第2期。
[2] 《新唐书》卷二〇七《宦者传》上，第5863页。
[3] 《旧唐书》卷一九六下《吐蕃传》下，第5244页。
[4] 《旧唐书》卷一三八《韦伦传》，第3782页。

图10 陶俑，2018年西安空港新城唐墓出土

"化"的过程，类似的契丹人还有李楷洛、李楷固、王武俊等人[1]。当时入朝蕃将死后纷纷葬于长安附近，无家可归的李忠诚模仿汉人风俗而为其父李过折竖立墓茔以追念父母，起冢灞东以示不忘先人，就不难理解了。

总之，西安考古新发现的李过折墓志，不仅因其为契丹王等级较高具有史志互证价值，更重要的是它反映了唐开元年间契丹与中原王朝的历史关系。9 世纪以后契丹势力渐盛，会昌二年 (842)，唐赐以"奉国契丹之印"。10 世纪，契丹成为欧亚大陆各国对北部中国的代称，其历史脉络的传承绝不是偶然的。

---

[1] 马驰《唐代蕃将》，三秦出版社，1990 年，第 208 页。

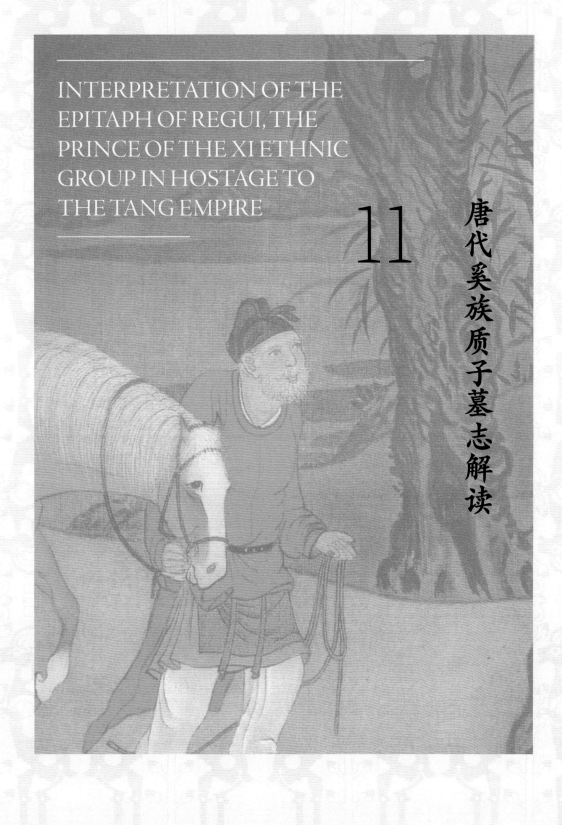

INTERPRETATION OF THE EPITAPH OF REGUI, THE PRINCE OF THE XI ETHNIC GROUP IN HOSTAGE TO THE TANG EMPIRE

11 唐代奚族质子墓志解读

唐代奚族质子墓志解读

在古代阿尔泰语系民族中，奚族是一个最终消逝在历史烟尘里的民族，然而遥远的历史留痕时常会跨越时空，突然出现在后人面前。2005年8—9月在西安市西南郊西三环北石桥村发掘唐墓中，除出土一批陶俑等文物外，其中发现的《大唐故奚质子右威卫将军热瓌墓志铭》[1]，是一方学术研究价值很高的墓志，提供了古代北亚细亚奚族活动的新线索，也是考古首次发现盛唐墓志中署名奚质子的刻石。

感谢西安文物保护考古研究院主持唐墓工地发掘的考古工作者张小莉，她邀请笔者观察了这方珍稀墓志，并赐赠墓志拓片，为我们解读该墓志提供了第一手资料。

一　填补了奚族质子缺载的空白

这方墓志分上下两部分，上方墓盖用篆书镌刻有"大唐故奚质子右威卫将军热瓌墓志铭"16字，篆刻圆头起笔而尖头落笔，秀丽规整。下方墓志内容共有15行255字，楷书疏朗平正，苍劲大方，不失为盛唐书法的优秀作品。墓志上盖侧边刻有忍冬卷草花纹，墓志下侧四周则刻有16个壶门式大翻卷花装饰图案。

墓志中有个别字漫漶不清，但不影响整体通读，原文标点后如下：

大唐故奚质子、右威卫将军、员外置宿卫、右羽林 /
军上下，热瓌と /
原夫轩丘有子，朔垂分王，代雄辽碣，厥胤繁昌。候 /

---

[1] 本文对出土热瓌墓志的考释，一直在等待该墓考古发掘简报的整理，此次与简报一同刊发，特此说明。

图1 奚族质子墓志盖

月开弦,空闻故事,占风入款,已契前修,故能钦 /
我皇明,归诚 紫阙。遽参衣缨之列,早渐华 /
质之风,沐浴 圣恩,亦已旧矣,金日䃅之内 /
侍,方藉宠私;呼韩耶之远归,如何沦谢;呜呼哀哉,/
以开元十八年七月五日遘疾终于礼泉里第,享 /
年廿六,即以其年七月廿日迁窆于昆明原,礼也。/
蚁幕象车,咽箫笳而不进;牛冈马腊,思松楸而已 /
行。永眷芳猷,理存刊勒。词臣衔命,乃作铭云: /
轩后之胤,称雄塞埃,巍巍碣石,森森辽川,藉彼灵 /

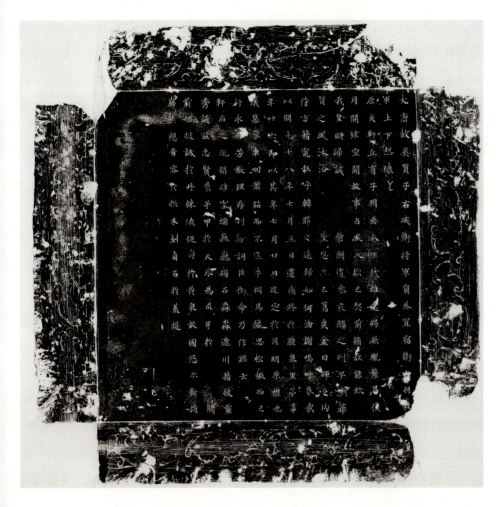

图2 奚族质子墓志铭

秀，诞兹忠贤，弃矛甲于天外，为爪牙于 阙/
前，始披诚于丹棘，俄促寿于黄泉，故国悠尔新坟/
岿然，想音容于拱木，刻贞石于荒埏。/

这方目前仅见的唐代奚族质子墓志，首先引人注目的是，墓盖上明确刻有墓主人热瓌名字，但墓志中头行热瓌之后有"と"，究竟是碑别字还是使用了奚族人名，一直未解。

我们在研讨时，有人曾怀疑此字是否采用了契丹小字石刻中所见契丹人名字的使用方式，即契丹人名字，通常包括小名和第二名，全称时第二名在前，小名在后。在奚族历史上，一直存在着不为人知的借用契丹风俗命名的过程，奚人很可能使用着契丹人的命名习俗，即热瓌（字）在前，小名"と"（孩子名）在后，这种附加名字是后世辽契丹人墓志常见的。[1] 但也有学者指出，契丹文字是920年契丹建国后借助汉字结构才推出的新文字符号，唐代不可能存在契丹文字，盛唐开元时期奚族更是根本不可能借助其他民族文字。[2]

众说纷纭中，有人判断"热瓌"是姓，"と"是名字，但难以定谳。还有人认为，と是奚族族徽，或与《唐会要》记载的"诸蕃马印"相同，其中"奚马，好筋节，胜契丹马，余并与契丹同，今饶乐都督北，印□"[3]。也有人推测，墓盖上为了排列整齐，将热瓌名字后的"と"字省去也是可理解的，此类省字现象在墓志盖上比较普遍。至于墓志中"と"很有可能是"墓志铭"三字的省略符号，暂且存疑，聊备一说。

令人疑惑的是，汉文墓志中刻写着"と"符号，这到底是被汉文化氛围笼罩下保留本民族的题名，是质子合璧式姓名带着奚部落的标记，还是一种身份尊称或荣宠称谓的标识，以及是否双语制或是双名制，都还需要学术界进一步探讨。

从墓志记载来看，奚质子热瓌住在长安城内紧靠西市的礼泉里[4]，这里是外来侨民与各族移民最集中居住的坊里之一，礼泉坊内有波斯胡寺、袄祠以及礼泉寺、妙胜尼寺等佛寺和三洞女冠观等道观，可谓是各种宗教、各类民族杂汇的地方，唐廷将热瓌未安置四方馆居住而分流在此寓居，或许是为了便于鸿胪寺统一注籍宿卫的管理。按照唐朝对质子授职的规定，热瓌只是右威卫将军、员外置宿卫，可能宿卫时间短还没有升迁更高实职。

唐代盛行以"留宿卫"名义纳蕃质子，周边国家"选其酋首，遣居宿卫"较多，但唐廷"辨其嫡庶、辨其等位"，授予不同散官虚职，热瓌的官职就是虚衔散职。

至于墓志中采用唐朝对外来民族惯用招降纳叛的金日䃅、呼韩邪之类典故用

---

[1] 刘浦江《契丹名字研究——文化人类学视野下的父子连名制》，见《松漠之间——辽金契丹女真史研究》，中华书局，2008年，第122页。
[2] 感谢中国社会科学院民族学与人类学研究所契丹史专家刘凤翥先生提出指导意见。
[3] 《唐会要》卷七二"诸蕃马印"，中华书局，1955年，第1306页。
[4] 徐松撰，李健超增订《增订唐两京城坊考》卷四《西京》，三秦出版社，2006年，第227—230页。

词，不再一一对应解释，包括常用的牛冈马腊典故，"腊"字是马行的意思[1]。

二 墓志所反映的奚与唐朝关系

奚族是4世纪起就出现在中国蒙古高原东部地区的一个民族，北魏时称库莫奚，隋代开始略称为奚，和契丹同出于"东胡"。据史书记载，奚是一个农业社会与游牧社会的复合体，部落统治集团始终保持着车马为家的游牧生活方式。《隋书》卷八四《奚传》记录，奚人"随逐水草，颇同突厥"。奚族活动居住在饶乐水（今内蒙古西拉木伦河）流域，东与契丹为邻，西接突厥大漠，南至大凌河，北至大兴安岭，分为五大部落，"五部奚"分别是"辱纥主""莫贺弗""契个""木昆""室得"，每部首领称"俟斤"。

贞观二十二年（648），契丹帅窟哥、奚帅可度者带领部落内属，唐朝以契丹部为松漠府，以窟哥为都督；以奚部为饶乐府，以可度者为都督。为了羁縻控制这两个部族，以其首领为都督，赐姓李，专门设置东夷校尉进行监管，从此确定了藩属关系。

奚族部落酋长以"奚王"相称，奚人虽与契丹共同附于唐，但往往反戈无常，背弃信义，武周万岁通天元年（696），奚与契丹一起背叛唐朝投靠突厥，景龙三年（709），奚犯塞州县，抢掠而去；第二年，奚首领李大酺又遣使贡方物。奚的扰动经常引起东北亚的连锁反应，羯胡、突厥、契丹为了称霸北方都与其连环互动，迫使唐朝必须认真对待东北边患。

开元三年（715），奚王李大酺入朝，封饶乐郡王，复为饶乐都督，隶属营州都督府。玄宗以宗室甥女辛氏为固安公主嫁之。开元八年，李大酺与契丹作战，战死，其弟鲁苏继位袭爵饶乐都督。开元十年四月，"以契丹首领、松漠都督李郁干为松漠郡王，奚首领、饶乐都督李鲁苏为饶乐郡王，各赐物一千匹，银器七十事，及锦袍、细带等"[2]。由都督提升为郡王，这是对契丹和奚的笼络策略，表现了唐朝对质子来去自由的"诚顺德厚"。

综合《资治通鉴》《册府元龟》《唐大诏令集》等史书记载，按照时间排列奚族

---

[1]《中华大字典》引《玉篇》，中华书局，1978年，第282页。
[2]《册府元龟》卷九六四《外臣部·册封二》，中华书局，1960年，第11344页。

◀ 图3 风帽俑，奚族质子墓出土

图4 小幞头俑，奚族质子墓出土

▶ 图5 女俑，奚族质子墓出土

与唐朝关系，可见奚族历史与中原汉族紧密相连。

开元十年七月，奚遣其兄奴默俱及婿锁高来朝，皆授将军，赐紫袍留宿卫。开元十二年二月，奚遣大首领李奚奴等十人来贺正作庆。五月，饶乐府奚遣使献麝香，并授折冲，放还蕃。开元十四年正月，饶乐王李鲁苏为奉诚王，以宗室故成安公主之女韦氏为东光公主，妻鲁苏[1]。同时，奚御史郡王父李缀进位右武卫员外大将军，赐紫袍，放还蕃。六月，奚遣使阿布高来朝，授中郎将，赐紫袍，放还蕃。

开元十六年二月，"奚质子，右令军卫将军李加越卒，制赠左骁卫大将军，官造灵辇，给运还奚"[2]。同年八月，奚大首领特没干来朝，授中郎将，赐紫袍、金带，放还蕃。十月，奚首领李窟何来朝，授左威卫将军，赐紫袍、金带，放还蕃。

开元十八年五月，契丹衙官可突于杀其主李邵固，率部落投降突厥，并胁迫奚部落亦随之叛变。奚王李鲁苏来奔，其妻东光公主韦氏则投奔平卢军。当时左丞相张说就预言"奚、契丹必叛"。但是同年十一月，史书又记载"契丹、奚遣使来

---

[1]《资治通鉴》卷二一三，玄宗开元十四年，中华书局，1956年，第6770页。
[2]《册府元龟》卷九七五《外臣部·褒异二》，第11451页。

图6 陶骆驼，奚族质子墓出土

朝献方物，赐帛，放还蕃"[1]。这条史料所说契丹可能是五部奚之一，因为唐朝派遣单于大都护、忠王李浚领河北道行军元帅，以御史大夫李朝隐、京兆尹裴伷先为副手，率十八总管讨伐奚、契丹。开元十九年八月，幽州前线抓获叛奚"寿斤"来献，这个寿斤"放命不恭"，却被唐玄宗以只是"胁从""悔过"为由免死，目的仍是让奚就范，化干戈为玉帛。

唐朝为了鼓励奚和契丹"输诚保塞""柔远恩睦"，不惜赐名赐物、授官加封，下嫁宗女、许婚怀柔，奚与契丹也不断派送质子、请官、请婚、请赐物。根据史书记载，当时质子变换非常频繁，符合要求者被留宿卫，未批准者被放还蕃，几乎二三年就轮换一次。真是"秋山既罢复来此，往返岁岁如旋蓬。弯弓射猎本天性，拱手朝会愁心胸"[2]。

在这一时期，奚族入贡人物屡见于史书，但未发现墓志主人热瓌的名字。特别是唐朝赐李姓于众多奚族上层人物，但热瓌并未获赐李姓，间接说明热瓌"蕃望不大"，不是当时有功勋的奚族重要人物子弟。由于奚所属五大部落并不统一，与唐朝的关系也叛附不常，因此热瓌究竟是哪一个部落派送的质子并不清楚，墓志无载

---

[1]《册府元龟》卷九七五《外臣部·褒异二》，第11453页。
[2] 苏辙《虏帐》，《栾城集》卷一六，《四部丛刊》缩印本，第196页。

图7 黄釉胡人俑，1957西安鲜于庭诲墓出土

或漏阙。当时入唐质子在身份称谓、留居年限、封授职位等方面都有等次区分，开元十六年，奚质子、右领军卫将军李加越死后不仅制赠左骁卫大将军，还"官造灵轝，给运还奚"。26岁的热瓌似乎没有这么高的待遇，这也证明他在唐廷眼中可能地位并不高。

三 奚族质子揭示的历史意义

质子就是遣送人质，目的是增加信任、约束对方，其实却是互不信任的表现。质子有时成为民族或国家友好的代表，有时成为双方讨价还价的筹码，有时又成为双方反目的牺牲品。尽管双方都口口声声讲诚信，但这只不过是掩饰暗地里的财富攫取与利益争夺。

奚族和契丹搅在一起，变化无常，双方攻伐蚕食，争斗不断。奚一会儿臣服突厥，一会儿又臣服唐朝，在唐人眼中留有"背恩之贼""狡诈奸猾"的印象，被称为"林胡边患、东胡余孽"。开元十三年（725），唐玄宗大驾东巡封禅，曾派中书直省袁振摄鸿胪卿赴突厥谕旨以告其意。突厥小杀（可汗）就说："吐蕃，狗种；奚、契丹，本突厥奴也；皆得尚主。突厥前后求婚独不许，何也？且吾亦知入蕃公主皆非天子女，今岂问真伪！但屡请不获，愧见诸蕃耳。"[1]这说明当时唐朝为了让东北安定，屡屡嫁女与奚、契丹和亲，引起突厥的不满，抱怨这些突厥的"旧奴"都能请婚和亲，也说明突厥眼中奚、契丹地位很低。

唐朝对奚与契丹是"以蕃制蕃""以狄克狄"，不仅软硬兼施采取两手策略，也

---

[1]《资治通鉴》卷二一二，玄宗开元十三年，第6765页。

图8 唐代胡人俑,河北临安邢窑博物馆藏

图9 蕃人俑,西安市长安区郭杜唐墓出土

利用降奚攻击契丹,安禄山正是依靠袭击奚族成名,后收养奚壮士,名为"曳落河",成为反叛主力。唐对奚和契丹质子这类"信用抵押物"自然也是恩威并重,开元十年唐玄宗敕令:"今外蕃侍子久在京国,虽威惠之及,自远毕归;而羁旅之志,重迁斯在。宜命所司勘会诸蕃充职宿卫子弟等,放还归国。契丹及奚斤通质子并即停追。前令还蕃首领等至幽州且住交替者,即旋去。"[1]

这里讲的奚"斤通"质子,史载不明,当时一面放还"充职宿卫"的质子,一面频繁轮换交替的质子,人数众多,京城接待不便,统统在幽州居住。天宝二年(743),"奚刺史达利胡等一百八十人并来朝,多册勋",至德年间(756—758)之后更为普遍,河北虽为藩镇占据,奚每年常遣数百人至幽州,其中只选三五十人至长安朝贡,其余就在幽州进行贸易交流。

唐玄宗开元十二年,《止和蕃公主入朝制》专门针对奚和契丹发布细致的招抚政策,赏赐绢布给各个部落。[2] 唐朝为了消弭边患,先后有三位"公主"封号的女子嫁给奚王,故对质子与和蕃公主都有具体政策保护。

奚由五大部落组成,内部纷争不断,又与契丹矛盾丛生,因苦于契丹压迫,故部分奚族西迁,分为东奚、西奚,但"奚持两端"是其特点,在唐与契丹的夹缝中左右逢源。开元二十年正月,奚归义王遣其首领细苏来朝,授将军称号,放还蕃。同月,奚又遣使贺正,并授郎将。由此可见,奚一个月内派遣不同人物来朝,极有可能就是"五部奚"中不同部落派出的入贡使节。因为此后同年三月,唐军大破叛奚及契丹于幽州之北,并将"两蕃背恩叛虏"押至长安告功于祖庙,

---

[1]《册府元龟》卷一七〇《帝王部·来远》,第2054页。
[2] 宋敏求编《唐大诏令集》卷四二,商务印书馆,1959年,第205页。

证明来朝遣使的部落与被打败俘虏的部落不是一伙人。在唐军的积极反击下，"奚酋李诗琐高帅五千余帐来降"[1]，这应是又一个部落，唐朝赐他爵位充归义州都督，徙其部落置幽州境内。十月，奚首领铺都来朝，授官赐帛，放还蕃。开元二十一年四月，奚首领属鹕来朝，授官位，留宿卫。这些史料均证明奚族不同部落纷纷归降唐朝的历史过程，这也是奚与唐关系最为密切的黄金时代。

值得回味的是，奚与契丹互为表里，号称"两蕃"，既是政治联合伙伴，又是民族同化对象。有学者认为奚族与契丹萧氏同源同流，属于同一民族，奚族主体即辽代后族萧氏家族，辽皇族耶律氏与后族萧氏并称于政坛，是契丹与奚缔结婚约长期维持的结果。[2] 只是奚的崛起与契丹互有消长，唐朝东北边疆防务中对奚的重视，也是当时北狄诸族相继渗透融入东北、华北、漠北的必然结果。

唐朝后期，奚族五部名曰"遥里""伯德""奥里""梅只""楚里"，与唐前期的"五部奚"名称不一样了，随着奚族逐步被纳入契丹族或慢慢同化于汉族、突厥，这种原来约定俗成的名称开始发生多种多样的变化。有从中国之俗赐姓，有从契丹名号改姓，总之"等以徽称，加以美号，质于隋唐，文于故俗"[3]。

由于热瓌墓发现时已被破坏严重，墙上壁画脱落无存，墓室内虽有风帽俑、幞头俑、侍女俑以及家畜动物俑等，但未见有关奚民族的文化印迹。2001年西安发现的契丹王李过折墓中棺床四周置放有12个祭祀铁牛，显示了契丹图腾崇拜。[4] 而热瓌墓却没有这些参照物，因而没有增添新的物证理据。但将奚族、契丹"两蕃"放在一起考量，则应引起人们的关注思考。

现存有关的奚文物很稀少，这次发现的奚质子热瓌墓志无疑值得我们珍视与研究。它不是一个个人记忆，而是一个民族历史积淀的公共记忆，尽管奚族已经在历史进程中消失，但是这方墓志很好地揭示了盛唐时期奚与中原的密切关系。

---

[1] 《资治通鉴》卷二一三，玄宗开元二十年，第6797页。
[2] 陈永志《奚族为辽之萧族论》，见《契丹史若干问题研究》，文物出版社，2011年，第44—49页。
[3] 《辽史》卷七一《后妃传》一，中华书局，1974年，第1198页。
[4] 拙作《考古新发现唐长安一方契丹王墓志的解读》，《考古》2003年第9期。

12

THE ARCHAEOLOGICAL SIGNIFICANCE OF THE NEWLY DISCOVERED MURAL TOMB OF NORTHERN DYNASTIES: ANALYSIS ON THE MURAL TOMB OF NORTHERN DYNASTIES IN JIUYUANGANG, XINZHOU, SHANXI PROVINCE

新发现北朝多民族形象壁画墓的考古意义
——山西忻州九原岗北朝壁画墓探察手记

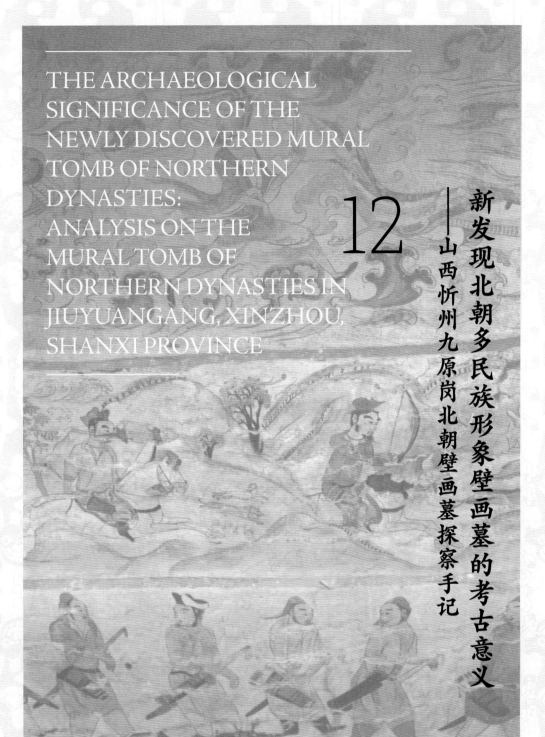

新发现北朝多民族形象壁画墓的考古意义
——山西忻州九原岗北朝壁画墓探察手记

冬去春来，万物苏醒，三月初我们在春寒料峭中奔赴山西忻州，实地考察了抢救性发掘的九原岗北朝墓。过去我们爱对陕西西安、河南洛阳的汉唐壁画墓深查细究，对山西大地上发掘的北朝壁画墓只是吉光片羽，匆匆了解，但是近年来北朝库狄回洛墓、娄睿墓、徐显秀墓以及其他一系列大型壁画墓的出土，震惊了海内外学术界。翻开历史皱褶里许多不为人知的东西，或者使我们对已经熟知的东西又有了新的解读，还原了北朝贵族的精神图谱和活动轨迹，通过壁画中的细节建构当时的历史，使文史经典隐去的历史人物与历史文献过滤掉的历史场景，在一千五百年之后再现人间，邂逅世人。

壁画墓考古是 20 世纪以来中国考古发掘最重要的收获之一，墓葬壁画既是古代文化形象的身份证，也是审美艺术的载体与源流之本，不仅使僵硬文字难以记载的历史场景清晰展现，而且使我们通过壁画图像寻找另类的历史。尤其是近年对美术考古价值有了新的认识，自然也吸引了盗墓贼贪婪的目光，原来墓葬中不被重视又无法揭走的壁画也成了他们垂涎的抢手货。2013 年 6 月山西考古所抢救性发掘的忻州九原岗北朝壁画墓，就是被盗较为严重的一座。

我们进入这座长方形斜坡墓道砖砌单室墓中，除了高达 8.8 米穹窿顶上星象图无法够及，其余四壁墙体上的壁画已被大面积盗揭，墓室与墓道上的多个盗洞，说明盗墓者几次潜入搜刮一空，直至最后连壁画也不放过。幸亏长达 30.5 米墓道壁画由于填土未被发现，给我们留下残存的 200 余平方米壁画能够驻足细观。

迎面而来的是墓道正面上方，北壁上画有庑殿顶的木构建筑，不仅双柱式斗拱在以往古建史料中未曾见过，而且据有的学者解释为中国壁画史上最早完整的建筑图。我们仔细观察，可见建筑物上鸱吻高耸，殿脊叠累，葫芦形装饰沿着屋脊曲线布置，兽面坡头瓦镶嵌在屋脊与房檐交会处顶端，地面铺有黑白间隔的方砖，庭院外则铺设长方形壁砖，强调了墓道行走和甬道通行的含义。

木构建筑正房的龙头铺首和泡钉门后，站立的六位侍候女仆正在探首张望，似乎在等待迎接主人回家，达官显贵家庭氛围特别浓厚。沿袭北魏以来的习俗，绘有盛开的莲花比喻出污泥而不染，还有挺直的莲蓬寓意蓬勃朝气，两旁配有七叶树和桑果树，象征生命不息。

图 1　墓道壁画中挎包女性图

墓道东西两壁的壁画，自上而下分为"大界"与"人界"的四层长栏，第一层长栏是神禽异兽、仙人羽人等，充溢着神话的祥和气氛，即天界。第二层长栏是狩猎场面、动物飞禽等，有着刺激与浪漫的倾向，即人界。第三层长栏为禁卫骏马出行、刀箭备身武官等，充满了军功立身的写实风格，这是人界的继续。第四层长栏东壁虽被盗墓挖掘盗洞毁掉，西壁却还保留有持弓拿刀的侍立武士形象。举目远望，整个墓道犹如一条壁画长廊，规模宏大，景象开阔，色彩如新，仅比河北磁县湾漳大墓短 6 米多，以略带俯视角度横向展开全景式画面，上层天界与下部人界分离清晰，使观者有气势非凡的震撼之感。

如此超大尺幅的巨卷壁画，是为了迎合墓主人尽情享受奢侈生活的要求，由画匠精心绘制的。整个墓道长廊壁画全用淡色渲染底色，在封闭后黑暗的墓道里也能顿显光亮。如果说墓道是通往彼岸旅程的生命通道，壁画中没有出现柩车或送葬的队伍，也没有仪仗鼓吹，而是一群武士侍卫和男女随从，或站立或行走，似乎要簇拥着墓主人走向未来世界，表现一种精魂不灭的永生形象。

图 2　墓道中各族人物图壁画

从北朝开始，中国壁画"应物象形"写实技巧得到了充分发挥，或许是吸纳了外来绘画的有益因素，极大地丰富了墓葬壁画的面貌，与以前相比，图像艺术视觉更加精彩。九原岗北朝晚期壁画墓的价值与意义究竟是什么？我初步认为有六点可以简单概括。

一　神异画的幻化美

墓道顶层神禽异兽与神仙羽人的特点是"奥理冥造"，大胆的想象幻化出流云、浪花围绕下的仙人、神鸟、异兽，但这种大胆想象并非凭空而来，而是有着文献典籍的依据，发掘领队张庆捷、渠传福两位专家判断墓道壁画中至少两个神兽是依据《山海经》中的描述而创作的，一种是专食虎豹的马称作"駮"，其状如马，其音如鼓；另一种是食蛇的怪兽叫作"彊良"，壁画中的"駮"口含幼虎，"彊良"则口叼长蛇，飞驰奔腾，有形有影，不仅对应出骑龙坐凤、神人合一的物象，还有着昆仑

图 3　狩猎图之一

图 4　狩猎图之二

山升仙神话的符号意义。连续整合的还有展翅神鸟、长翼骏马、骑兽仙人、雷公风神等等，为了辟邪镇鬼，导引升仙，无不显现出天界之上幻化的神奇。

兽首人身、肩生羽翼的"畏兽"过去一直被称为力士，通过对《山海经》的考证现已获得重新认识。这座墓道中有多种"畏兽"，有的张牙舞爪呲牙咧嘴，有的力挺巨石表示托山移岩，有的露牙咧呲嘴叼怪物，守墓驱鬼的传统丧葬观念与鲜卑原始信仰相结合，成为这一时期压胜避邪、领引亡魂的流行形象中的精品创作。

二 狩猎画的动态美

在这一层长栏里，北朝贵族出行打猎的场面在画师笔下有着图解式的构思，有的猎手在披鬃骏马上持弓放箭，有的猎手骑着剪鬃大马挥舞长矛，有的猎手成群结队追击成双成对的鹿群，还有的猎手射箭追击各类岩羊、野羊，戴项圈的猎狗狂追猛扑，仿佛可以听见狩猎者的呐喊声，野兽中箭淌血后的哀嚎声，以及猎狗吠叫声和战马的嘶鸣声。北朝"围猎练兵""军旅出猎"沿袭了北方草原游牧民族的习俗。

尤其引人注目的是，一个骑马猎手正反身对准扑上来的老虎满弓射箭，与西亚波斯银盘上贵族骑马持弓射杀狮虎的造型一样，使人疑惑是否有外来画匠专注于这一题材。而三个猎手执矛持剑围住一只倒地的狗熊猛刺，狗熊流血挣扎的场面更是栩栩如生。这些都是以前壁画中从未见过的珍品。

三 动物画的意趣美

以前所见的北朝艺术中猎物常常是虏获的，是没有生命的、死的，这次壁画中狮虎同行、虎豹寻觅、鹰兔追击、野猪猛冲、狍子蹦跳、角鹿竞逐等，全是在奔跑中被追杀、是动态的。特别是熊罴的描绘是其他壁画中很少见的，有两只小熊在玩耍，有三只狗熊在追跑，还有的熊正在躲避猎人。其中虎熊搏斗最动人心魄，一只猛虎扑向成年狗熊咬住它的臀部，而成年熊拼命挣脱力图挽回生命之危。这样的动物搏斗场面在以前壁画中还未展现，确实珍贵。

另一个有趣的"猎鹰逐兔"画面上，不知是来自靺鞨的海东青还是来自西域的苍头鹰，用它的利爪紧紧抓住身下的狡兔，回头反望向骑马狩猎的主人报功，表现了捕猎时的驯禽与猎人的关系。

四 人物画的传神美

墓道两壁平列的人物高度与真人大小无异，皆为单独画面，没有顾盼呼应，可是不同人物有不同的神情。武士中有的脸色凝重，有的忧郁沉闷；而文官有的心事重重，有的喜眉笑眼，有着不可模仿的传神美。整个场面没有显出葬礼仪式的肃穆庄重气氛，反而是温情脉脉，犹如私人家园的聚会。虽然墓道壁画是为丧葬服务的，但在此失去了葬礼的氛围。

这座墓道上也有不少胡人，但与北朝粟特人墓葬中画像不同，与后世一些隋唐墓葬画匠所画的胡人猥琐形象不同，这些胡人至少是"高大上"品位，有的胡人头戴高顶毛帽，神态自若；有的胡人拉缰牵马，手语驯马；有的胡人束发披巾，持弓抚胸，充分反映了北朝入华胡人的职业与地位。

从壁画直视来看，墓道里几十个人物不分主次，不是面面俱到，而是一笔画就，将人物的神态表现得十分生动。众多人物似乎身长腿短，但在墓道上方就可看出整个布局，比例匀称，有一种互动的关联。

五 风景画的意境美

风景画不同于山水画，用线条如实描绘出眼前所见实景，并不赋予景物更多的文化意蕴，只是利用植物表现远山近丘对人物活动的陪衬。北朝壁画墓中，山水画并不常见，用长卷式绘画表现山水更少，而此墓道主要用散点透视法构思风卷云舒的远山，在山脚点染树木草丛，每个段落都将主峰与诸多辅峰组合起来，局部群山涌动，恰似苍龙滚地，山水中松峦起伏，绿树耸立，特别是几种松树的画法很有特点，开启了之后中国画有关松树的画法。

六 服饰的时尚美

壁画中的服饰丰富多彩、生动活泼，画匠为了显示精兵猛将的威武强悍，刻意描绘了身材高大的武士身穿虎皮裤或豹皮服，史书上记载的"虎贲"将士形象有了

图 5　狩猎图之三

图 6　狩猎图之四

▲ 图7 正面墓道启门图

▼ 图8 仙人云游图

图12 山西忻州九原岗北朝墓考古发掘现场

图13 发掘现场墓道过洞门楼图

实物的印证。由于民族杂汇，所以服装各异，有的左衽褶服，有的圆领宽袖，有的胡服直领，有的折巾方冠，还有很少见的佩刀挎弓武士头戴大圆形遮阳帽，既未洗却鲜卑服装旧俗，又有西域胡服的新风，为中古服饰史研究增添了新的资料。

壁画中对女性的描绘也是独树一帜，站立的侍女眉清目秀，窄袖长袍，姿态优雅，有的穿胡服、着胡靴，有的持团扇、捧物件，有一个身材修长的女性竟然在肩上挂着当时最时髦的方形挎包，令人吃惊之余亦有惊叹。

上述轮廓式简略概括，已使我们不由得对北齐文化"刮目相看"，需要纠正原来对带有鲜卑"异质文化"的偏见，鲜活的壁画素材更符合真实历史的情景，"以图证史"引导人们沿着民族精神线索发掘更值得深思的规律。

晋阳地区是北齐的陪都，与邺城有着政治军事及文化同等重要的地位，不仅壁画墓规格不低，而且艺术水平绝不逊色，足以占据当时北方文明的"双峰并峙"历史地位。山西省考古研究所这次抢救性发掘时，为取得最佳成果，与忻州文管处、太原市文物考古研究所、浙江大学、山西晋之源公司几家单位组成多学科发掘保护组，与发掘同步的壁画保护和多手段提取信息，给人留下深刻印象。一边发掘一边做保护，加固一层扫描一层，超过了以往传统临摹的效果，留下了壁画最鲜艳的色彩，达到了壁画墓现场保护的最佳效果。尤其是他们为了保护壁画色彩不变，在发掘现场大棚外创造性地垒砌地炉，铺设大钢管达到保暖目的，效果很好，值得推广。

总之，透过忻州九原岗北朝壁画墓墓道壁画长廊上连续的视觉层次，我们看到壁画作品的艺术成就，即使线条勾勒尚欠行笔之功，可能不如娄睿墓壁画的艺术语言，但壁画创作的气势与境界，呈现出墓葬空间与图像之间的密切关系，有三点对我们有着标本意义：一是墓室中轴线延长确立了墓道两壁画廊的对称布局，二是墓室门口正墙木构建筑画确立了以后隋唐墓葬建筑构架的基本模式，三是墓道长卷式壁画扩展了墓主生活的叙事性视觉，这些实例贯穿中古墓葬发展史，成为我们观察北朝以后墓葬空间演变的重要主题和关键课题，相信会有更多学者各显其能从信仰史、社会史、艺术史、建筑史诸方面，推出一篇篇价值不低的成果。

13

REFLECTION ON THE STUDY OF TIBETAN EMPIRE'S PRESENCE IN XIYU

关于吐蕃在西域的研究反思

关于吐蕃在西域的研究反思

西域，在藏文中并没有对应专称。"黎域"是指于阗，"朱古"是指突厥。因而藏文史籍与汉文史书中的"西域"概念一样均比较笼统，因为西域这片广袤的土地是几大文明交锋的地区，也是各个文明向外扩展延伸的前沿，所以没有确定的话语权垄断不变。根据吐蕃王朝在西域的活动范围，即现在新疆南部地区，因而将藏文史籍里出现的"黎域"限定为今天南疆于阗地区比较妥当。

在7—9世纪西域中亚以武力为手段的领土争夺史上，西突厥、唐朝、大食、回鹘、突骑施、葛逻禄等皆以西域为战场活跃了二百多年，青藏高原上吐蕃政权崛起强盛后，不仅征服了吐谷浑、党项等民族，而且吐蕃打通了从阿里向北通往塔里木盆地的"吐蕃—于阗道"，往西通往兴都库什山的"吐蕃—勃律道"，这有利于吐蕃联合西突厥向唐朝发起进攻，咸亨元年（670），唐朝被迫放弃了龟兹、疏勒、于阗、碎叶四镇，将安西都护府撤回了西州。此后唐蕃双方多次争夺西域诸镇，互有胜负。安史之乱后，吐蕃趁乱攻占了北庭、西州和于阗，占领了从鄯善到于阗以至小勃律等地，从此吐蕃统治西域特别是新疆南部长达百年之久，对于这段历史，学者们论述已经很多[1]，但是仍有许多问题"乱花渐欲迷人眼"，不清不白，疑窦丛生。

一 军事部落联盟统治难以认定

唐朝的天子，吐蕃的赞普，西域的可汗，都是当时政权存在的象征标志，也是彪炳各自族属统治的一件大事。唐朝的陇右、河西、安西、北庭即唐人所指的"河

---

[1] 王小甫《唐·吐蕃·大食政治关系史》，北京大学出版社，1992年；王尧《西藏文史探微集》，中国藏学出版社，2010年；杨铭《吐蕃统治敦煌西域研究》，商务印书馆，2014年。

陇四镇",原先各项施政措施已相当成熟。吐蕃占领河陇地区后,遭到被征服民众的激烈反抗,吐蕃原先在西藏本土实行奴隶制部落的千户长,到了新占领地区面对急剧扩大的领域,千户长制度显然不再适合,因而实行了军政合一的所谓"节度使"制度,名称上是仿效唐人的管理办法,实际是设置一个新的军政合一机构来统一指挥,目的是将各个阶层都作为吐蕃军事扩张机器的附属零件,并按照"九头领""七牧者""六匠人""五商贾""三执者"划分阶层,区别出"更"(kheng)、"扬更"(yang-kheng)和"宁更"(nying-kheng)三个奴隶等级,地位之低,前所未有。

吐蕃是从部落军事联盟发展而来的奴隶制政权,他们对西域文明程度较高地区的占领,无疑是一种统治历史的滞后或倒退。唐贞元二年(786)吐蕃攻占敦煌后,废掉原有的十三个乡,以部落制取而代之。这种军事部落将民众作为奴隶,从封建制农户转为奴隶制奴婢,不仅包括汉人虏民或其他民族战俘,甚至抄掠沙州汉地女子为奴婢,《禁止抄掠汉户沙州女子牒》虽说"勿再令无耻之辈持手令前来择配,并允其自择配偶"[1],但是造成的家庭痛苦无疑是深重的,深深的伤痛演变为长期难以愈合的心灵创伤。限于史料记载的缺乏,掩藏在历史暗处的悲剧鲜为人知,吐蕃其他占领区估计也是如此。吐蕃落后的掠夺制度能否为西域各个小政权接受呢?西域是否实行半独立自治的管理制度以保持原有的政治结构和经济制度呢?吐蕃是否在西域实行了"一个政权两种制度"呢?

从南疆麻扎塔格(Maza-tagh)和米兰(Miran)遗址出土的古藏文写本与木简看,吐蕃曾派遣过十多个千户先后驻守过鄯善和于阗。在8—9世纪中叶,他们在这些地区屯守、作战与维持地方统治,但是地域这么广,不依靠本地人显然不够。从敦煌文书可知,吐蕃占领当局可能还是部分起用当地汉人大户家族、破落官吏参与基层管理以维持统治,官制的核心是为军事占领服务,即使汉人入职吐蕃地方系统也多是为了便于引路与对应交往。扩张是吐蕃内政的延续,奴隶制军事部落联盟的本性是掠夺更多财富,不管是在河西还是南疆都是如此,将扩张掠侵抬高为"辉煌武功"恐会使学术研究误入歧途。

吐蕃政权在西域占领区虽然可能突破了地域界限,被征服的本地小官吏可能为吐蕃服务,在部落奴隶制军事统治下不得不从,但是在城市文明方面不可能向前推

---

[1] 王尧、陈践译注《敦煌吐蕃文献选》,四川民族出版社,1983年,第52页。

图1 敦煌五代挂幅画维摩诘经变,吐蕃赞普问疾听法图

进,不可能给各个绿洲居民带来经济繁荣、社会进步的推动,特别是吐蕃控制的占领区内,商业贸易活动明显减少,货币几乎绝迹[1],可以说在吐蕃统治时期货币基本停止使用,汉藏契约显示基本上都是以粮食进行交易。我们不能仅凭吐蕃考古发现几件粟特造型金银器、汉地漆器和西方丝绸纹饰就判定吐蕃也建立了丝绸之路高原段,这些物品究竟是抢劫来的还是贡使进献的,或是被掠工匠制作的,都与正常的贸易性质是截然不同的,这也是吐蕃掠夺性经济的本质决定的。《周书·吐谷浑传》记载553年"是岁,夸吕又通使于齐氏。凉州刺史史宁觇知其还,率轻骑袭之于州西赤泉,获其仆射乞伏触扳、将军翟潘密、商胡二百四十人,骆骡六百头,杂彩丝绢以万计"。因而有人据此推测吐蕃继承了吐谷浑与中亚丝绸贸易的传统,认为同样有规模不等的商队活动在"高原丝绸之路"上。实际上,吐蕃统治时期不仅唐朝联结中亚的丝绸之路受阻停滞,而且连最活跃的粟特商人也备受打击,敦煌从

---

[1] [日]藤枝晃《吐蕃支配期の敦煌》,《东方学报》第31册(1961),第252—259页。

图2 折叠高足铜鎏金盘,唐代吐蕃用具,中亚粟特风格,1979年肃南县西水乡出土

化乡300余户1400余口的粟特移民大部分沦为当差纳贡的"寺户"[1]。

近年来关于青海郭里木墓葬墓主人的族属有吐蕃、苏毗、吐谷浑等不同争论[2],虽然吐蕃在不断扩张与征服基础上构成了自己的统治区域,囊括了苏毗、吐谷浑、党项等许多民族的成员,上层家族通婚与下层民间婚丧,文化习俗互为影响不足为奇,但是没有历史文献记载的印证支撑,很难识别吐蕃、吐谷浑之区别,仅凭棺板图像泛化、滥化统统归于"吐蕃化"的强大,恐不是冷静理性的公允讨论。

蹊跷的是,在西域吐蕃军政长官为核心的官衙主导体制下,除了敦煌保留残存的少许吐蕃文书外,没有留下可资参考的文档文献,于阗出土的写本与木简也非常零散,米兰和麻扎塔格藏文古文献作为官方文献特点比较单一,是何人所写至今未定,日本学者武内绍人教授解读这些木简书写者非藏族,而是汉人、于阗人等,多种多样的书写载体时间也持续到10世纪[3]。为什么在吐蕃本土反而没有木简或其他文书出土?为什么非藏语族群也用藏文交流?在西域多种语言和多族群交会地区,吐蕃控制下是否有使用藏语可体现社会声望的作用和统治认定的问题,是否与后吐蕃时代有关?出土古文书是其经营管控的投射和聚焦,需要认真寻找辨别,否则既使史实真相不为人知,也增加了研究的难度。

---

[1] [日]池田温《八世纪中叶敦煌的粟特人聚落》,载刘俊文主编《日本学者研究中国史论著选译》第9卷,中华书局,1993年。
[2] 将学术讨论意气用事延伸到民族族属和政治定性之争,不利于进一步深入进行学术研究。见《都兰吐蕃文化全国学术论坛论文集》,文物出版社,2017年。
[3] 见刘欢《19世纪中亚的藏语文及佛教:前弘与后弘之间》,四川大学藏学所2017年9月20日网站讲座通讯。

二 压迫不同族群难以强化认同

每一个政权扩大疆土后首先就是建构新的族群认同,尤其是异族入侵占领区内不可避免地会出现民族压迫现象。吐蕃占领西域后,寻找自己的同盟者和排斥异己,不仅将政权历史变为优先考量的族群文化,而且对各族实施痛苦的文化转型,汉人不仅备受政治压迫和经济剥削,而且受到沉重的民族歧视,实际地位是很低的。身份认同往往与族群认同是密切相关的。

落后的部落制统治和沉重的苛捐杂税,再加上经常性的征伐混战,使得各族民众都受到一波接一波的灾难。吐蕃对汉人推行强制性的同化政策,《新唐书·吐蕃传》记载敦煌被占领后"州人皆胡服臣虏,每岁时祀父祖,衣中国之服,号恸而藏之"。"赭面状""面缚相""哭啼妆""乌膏唇""文身体""毡裘服"等风俗的强迫同化,从心理上激起人们的反感。敦煌文献 P.3556《周故南阳郡娘子张氏墓志铭并序》记载的"属以羯胡屯集,陇右陷腥俗之风;国耻邦危,尘外伴逍遥之客",可见当时敦煌人对陷落蕃风的厌恶之情。即使对附蕃的于阗王臣和归顺的汉人官

图3 青海都兰热水大墓出土

图4 唐胡人抱狗俑，墨尔本维多利亚美术馆藏

吏，吐蕃也是实施"宇（告身）高位卑"的政策，表面上授予他们较高告身，实际上却使这些人处于被监视被鄙视的处境，被征服汉人官吏的附庸地位非常低下，甚至落在吐谷浑部落官吏之后。我们不知当时族群区分是否有等级之分，是否按征服先后区分高低？任何一个异族执掌政权者都会这样，只不过吐蕃更具"驱使为用"的残酷性和"鞭挞奴虏"的掠夺性。杨铭先生《吐蕃统治下的汉、胡诸族》对吐谷浑、党项、白兰、回鹘、沙陀、粟特被吐蕃役使的情况做了很好的分析。[1]

强制同化、强制改宗无疑是本地族群毁灭、文化毁绝的前奏，这种结果只能造成族群认同的刺激性，激化其他族群脱离吐蕃统治控制的正轨，一度与吐蕃联盟或归附的回纥、葛逻禄、沙陀等族群最后都与其脱离，甚至反叛，就是不满吐蕃无度索取、逼迫驱使、过激压榨的不对等政策。敦煌遗书《张议潮变文》（P.3451）记述归义军初期，长安朝廷使节看到河西"甘、凉、瓜、肃，雉堞凋残"，没落于吐蕃的族群不愿与"蕃丑齐肩"，向往内地人物风华，这种族群之间的矛盾加深，只会导致分离性、排他性的族群情绪高涨，从而进一步强化族群认同的复杂性，并引起一系列的矛盾和冲突。

在新疆出土的藏文写本和木简中，所载族群有吐谷浑、回鹘、突厥、于阗、粟特人尤其引人注目。在西域最活跃的粟特胡人移民自隋唐之际迁入南疆等地后，胡人首领曾被唐朝屡屡任命为镇守官员，不仅招徕西域胡商，而且如康佛耽延、康地舍拔兄弟等主持当地政事[2]。在唐蕃争夺西域战争中，他们往往会站在唐朝一边。吐蕃也知道西域占领区分为"近心者"与"远心者"，但是其掠夺性无法改变，游牧无馈粮，虏获为资财，史书上记载吐蕃军队掠取青年男女和百姓

---

[1] 杨铭《吐蕃统治下的汉、胡诸族》，《吐蕃统治敦煌西域研究》，商务印书馆，2014年，第33—52页。
[2] 张广达《唐代六胡州等地的昭武九姓》，《北京大学学报》（哲学社会科学版）1986年第2期。

图5 唐蕃俑，西安文物考古研究院藏

财富，"焚烧庐舍、驱掠人畜"比比皆是，反对暴力掠夺是各族民众的共同愿望，他们很难认可与野蛮的落后部族合作，很难认同在一个极端封闭的奴役族群圈子里生存。

从敦煌文书来看，吐蕃每年增加年贡，不仅将编入部落的唐人称为"边鄙之民户"，而且"节儿长官等经常不断欺压掠夺乃至霸占果园"。[1]吐蕃蛮横的压迫政策产生的离心倾向从根本上动摇其政权的基础，吐蕃在西域占领地区并没有消弭族群离心倾向的措施，即使缓和矛盾也是以被征服民族的阶层划分的，"诛杀无遗，恐吓诸族"，"大略鄯、廓、瓜、肃、伊、西等州，所过捕戮，积尸狼藉"；[2]吐蕃严酷的族群统治包括黥面文身、杀人徼叛、易服辫发、清查户口等，特别是吐蕃的残酷肉刑，如剁手足、灌铜汁、挖眼珠[3]，使民众备受苦楚，因而沦陷吐蕃后的族群抗蕃从未停止，包括吐蕃本土的奴隶起义。848年张议潮起兵推翻吐蕃统治，吐蕃统治区内各地民众揭竿而起、一呼百应，"奉瓜、沙、伊、肃、甘等十一州地图以献"，河西唐人"解胡服，袭冠带"，欢呼雀跃，就是怀念唐风、不忘故土的明证。

---

[1] P.T.1085《大尚论令下沙州节儿之告牒》，见王尧、陈践编著《敦煌吐蕃文书论文集》，四川民族出版社，1988年，第45页。

[2] 《新唐书》卷二一六《吐蕃下》，中华书局，1975年，第6106页。

[3] 《贤者喜宴·吐蕃王统》，参阅黄颢译文，见《西藏民族学院学报》1981年第2期。

图6 唐载物骆驼俑，西安博物院藏

在落后军事联盟奴隶制度下，吐蕃是无法维持族群认同，也不可能确立民众忠诚感和认同感的，凡是固化族群差异和世袭特权，不用民族和谐相处之道，土崩瓦解是迟早的事。粗鄙落后的统治制度必然导致民众愚昧麻木，但靠野蛮掠夺发展起来的政权也没有一个是长久的王朝。

三 西域多元宗教难以认可藏密

西域地区长期以来流行着佛教、祆教、摩尼教、景教等多种宗教。我们在于阗、龟兹（库车）、高昌（吐鲁番）、鄯善等地都能见到佛教、摩尼教和景教留下的宗教遗址，为何唯独不见藏传佛教密宗留下的痕迹？于阗是西域佛教圣地之一，吐蕃统治于阗半个世纪为什么不利用占领的政治特权，大力推行藏传佛教呢？[1] 790年，吐蕃征服龟兹地区，但在当地佛教石窟中几乎见不到吐蕃人的身影，没有留下藏传文化的痕迹。这也说明宗教信仰并不完全是政教合一、族教一体。

历史上，宗教往往成为统治者平息安抚被统治者的有力工具，有着抚慰调剂和舒困济危的作用。据藏文史料载，佛陀释迦牟尼为利益众生而成佛后，有21所居住地，其中西域就是最后一处，且比其他地区更为功德广大。有观点认为吐蕃王朝经营西域的过程中，宗教在其中起到了加强双方关系的积极作用；并认为在吐蕃人眼里西域是一块不可随意骚扰的圣地，所以吐蕃王朝对西域佛教的政策非常宽大，比较符合当地诸民族的意愿。[2]

---

[1] 和田地区丹丹乌里克遗址出土木版画等，有人揣测有藏传密宗影响，并没有直接证据，未敢苟同。
[2] 尕藏加《吐蕃佛教与西域》，《西藏研究》1993年第1期。

其实，这是一种误判。人们爱用吐蕃王朝早期史料说明其崇奉佛教，赤德祖赞时曾收容过因政治和宗教上的原因，被迫逃到吐蕃辖区以求庇护的西域僧众。"汉地公主（金城公主）任施主又将受难于于阗、安西、疏勒、勃律、克什米尔的众僧侣请到吐蕃，安置在寺庙供养了三四年。"[1]当时吐蕃本土尚无出家僧尼，收容避难的西域僧众没有引起冲突。但随后吐蕃内部护佛和反佛斗争十分尖锐，西域僧众不久就被驱逐出藏土，连舍利、经卷、供养法器也通通被带走，在苯教的强大压力下，佛教传播受阻。

9世纪初，因赞普急需用佛教作为统治工具，故吐蕃佛教接受印度佛教密宗成为国教，并顶住了汉地佛教禅宗在吐蕃的影响。[2]《佛教史大宝藏论》记载，吐蕃王朝吸收了印度、汉地、黎域（西域于阗）等不同语言翻译来的佛经，将许多很难理解的词语译成藏语，并制定了译名标准，其实，吐蕃口中的西域语基本是于阗语，说明吐蕃与于阗的交往比其他西域诸小国更为密切，但是史书没有记载是否有西域佛僧，于阗也没有留下"吐蕃化"色彩的文化遗迹，藏传佛教亦无痕迹踪影。有人说吐蕃将自己的佛教文化带到了西域，恐能坐实的证据不多。藏传佛教移植于印度，与西域是否互动融合，究竟是单向还是双向的交流尚不清楚，有待新的考古发现以便进一步研究。

如果说敦煌在吐蕃统治下还留下66座石窟，大多绘有宇宙图示的坛场，还留下藏语写经，有的壁画还特别强调吐蕃赞普等供养人，但这并不是吐蕃工匠创造的，而是利用敦煌本地原有画匠实施的，即使有吐蕃装供养形象，也是"形夷"而"华心"。吐蕃样式的密教艺术并没有在敦煌洞窟中传播开来。[3]在于阗、库车等地则看不到藏传佛教的影响，甚至连一些密教的元素都找不到。相反，出土简牍中涉及的是苯教，而藏文史料显示其全为佛教，恐怕更多的是后来为了掩盖苯教与佛教

---

[1] 达仓宗巴·班觉桑布《汉藏史集》（藏文）上册，四川民族出版社，1985年，第68页。
[2] 《中亚文明史》第三卷第十五章《唐帝国统治下的西域与吐蕃王国》，中国对外翻译出版公司，2003年，第307页。
[3] 沙武田《榆林窟第25窟：敦煌图像中的唐蕃关系》，商务印书馆，2016年，第177页。

之争，有意篡改的。[1]

让人疑惑的是，于阗麻扎塔格出土的木简表明吐蕃占领者还在使用早已淘汰的文字记录载体，纸张在唐朝已经普及情况下，为什么吐蕃统治于阗的军政中心还未全部使用纸张呢？何况唐朝的纸、纸匠、造纸法早在高宗时期已经输入吐蕃，连印度用纸都是从吐蕃传过去的。史学界总爱用吐蕃统治西域促进了民族交往和融合的说辞来掩盖真实的民族认同，这种夸张拔高的说法恐怕阻碍了进一步深入的研究。真实的史料才有力量。

吐蕃能多次与唐朝、西突厥、大食等大国对抗，除了短暂的妥协结盟外，其余一直处于争夺竞争状态中，吐蕃的军事实力究竟如何？仅就锁子甲和索波剑装备的骑兵就能所向披靡吗？林冠群先生《论唐代吐蕃之对外扩张》一文对吐蕃从"穷兵黩武"到"战争机器"作了很好的分析[2]，但对攻略西域的原因仍可继续探讨。比如苯教有关前赴后继不怕死的说教，是否在吐蕃军队中有很大影响？吐蕃军队能与唐朝郭子仪军队对峙、与大食争夺西域，其中苯教是否起到了很大的精神作用？

7世纪以来唐朝在中亚西域设立了众多羁縻州与都督府，从葱岭到碎叶控制区内，尽管多次遭到吐蕃、西突厥和其他部族的侵扰，但唐文化的影响遍及西域。唐朝吸取了来自西方的文明养分，保持了自己强烈的民族认同，也赢得了大国的地位。在文明交锋区域内，吐蕃王朝是一个军事部落联盟奴隶制政权，其占领并统治的唐朝河陇地区早已是封建社会，社会性质不同，能说是促进了双方的融合吗？即使西域出土的藏汉契约文书也反映吐蕃占领区均是按照唐朝律令"翻版"行事。[3] 短时间的杀戮征服和急促的对外扩张，使得吐蕃不仅与唐朝、西突厥、回鹘、大食等角逐对抗、攻杀争夺，而且陷入长期被孤立的状态[4]，创伤性历史进程也不可能留下大量自己值得夸耀的文化遗产。

---

[1] 薛宗正先生提醒笔者，仅使用汉文史料研究吐蕃历史恐有缺陷，不了解吐蕃藏文史料，很多问题不易说清楚。但是后来他发现藏文资料中，前期历史被后期篡改得也很多，将松赞干布时期全部描述为佛教信仰，遮蔽了其苯教面目，包括红教、黄教等都有篡改问题，所以使用后期史料证明前期吐蕃必须谨慎。
[2] 林冠群《唐代吐蕃史论集》，中国藏学出版社，2006年，第220—263页。
[3] T. Takeuchi, *Old Tibetan Contracts from Central Asia*, Daizo Shuppan, Tokyo, 1995.
[4] [美]白桂思著，付建河译《吐蕃在中亚：中古早期吐蕃、突厥、大食、唐朝争夺史》，新疆人民出版社，2012年。

余论

在中国民族史和边疆史研究中，近年对吐蕃的神化有增无减，甚至只许膜拜不许剖析，只能赞美不能置疑，虚构净土、泛化藏文化的文章连篇累牍。吐蕃的历史是落后野蛮征服先进、逆转正常文明发展的历史，包括民族压迫、族群歧视等种种不平等规定，造成的社会倒退令人唏嘘，宗教差异多元也没有形成宽容包容的推力，严峻的残酷性不能变成温柔的和谐性，理想化"世外桃源"或"田园式想象"不能成为浅层次描述的主流。如果说"弱肉强食"是千古一律，那么历史的变迁总是伴随着血腥暴力和苦难。历史叙事必须是整体性的，不可对历史底线无原则退让，尊重历史，反思历史，当代史学研究不可虚无颠倒与选择性地遗忘，我们怎么回答和解释这一历史现象与文明进程，不仅关系古代汉藏交流，也涉及中古西域诸族的历史发展，确实需要深思。

A CONJECTURE THAT LAO AI'S ETHNICITY IS HUNS

14 秦国嫪毐为匈奴人之推测

秦国嫪毐为匈奴人之推测

透视秦国历史激荡的政治风云，解析秦王嬴政暴君兼英雄的人生轨迹，诠释司马迁《史记》昭示秦统一前的各类人物，都无法淡忘一个被后世鄙视的"有野心"的丑角——嫪毐。两千多年的沧桑巨变，时过境迁，嫪毐的真实面目已无人知晓，只留下残篇断简的传闻记录，从"面首"到"长信侯"，从"大阴人"显贵到谋窃王权的"假父"，这样一个炙手可热的显赫人物最终被车裂惨死，其中一些蛛丝马迹的历史线索还可再寻觅拓深，以进一步揭示嫪毐身上存在的疑点。

一 嫪毐名字的来源

司马迁《史记》记载"嫪毐"二字没有任何线索说明，但这两字非常突兀奇怪，从春秋战国到秦汉时期都很罕见。按《说文解字》解释："嫪，惜也，谓恋不能去也。"[1]"嫪"的古汉语字义是恋惜的意思。"毐"的字义是男子品行不端，"毐，人无行也。从士，从毋。贾侍中说，秦始皇母与嫪毐淫，坐诛，故世骂淫曰嫪毐"[2]。因此，这两字并连的释义就是爱恋淫乱的男子，显然是当时编造男女交合流传的贬语。

"嫪毐"两字，在汉以后读音为"lao ai"，也是古音学上长期不明之谜，很可能是误释。唐林宝《元和姓纂》[3]与《王力古汉语字典》等依颜师古注将"嫪"字

---

[1] 玄应《一切经音义》引李登《声类》。如韩愈《荐士》诗："念将决焉去，感物憎恋嫪。"
[2] 许慎《说文解字》卷一二下，中华书局，1963年，第265页。
[3] 林宝撰，岑仲勉校记，郁贤皓、陶敏整理《元和姓纂 附四校记》卷九"嫪姓"条，中华书局，1994年，第1312页。

作为姓,无疑是误解了"嫪毐"二字贬语的结果。史书词语一般讲究典雅精炼,但先秦两汉期间,言文一致,书面语和口语基本上没有什么差别,像"嫪毐"这样贬詈的俗语在难登大雅之堂的场合可通用,可是编入具有严肃性和庄重性的史书,说明当时的词汇覆盖面非常宽广,也反映了日常生活中各类人物涉及的经历。

明张萱《疑耀》卷五就怀疑"嫪毐"非姓名,他认为后世诨语指奸夫或嫖客的孤老、姻嫪,就来源于嫪毐。[1]笔者也认为,"嫪毐"并不是真正的人名,而是一个侮辱骂人的俗语称呼,类似于后世对人所起的绰号。就语言学来说,"嫪毐"不是一个街谈巷议、耳熟能详的流行俗语,史书中没有另外的例证,如果说"嫪毐"是秦代的新生词语,那么它很可能与外来语词关联,是从其他民族借用来的译语。语言的历史和民族的历史密不可分,词语借用的音译或意译均与民族的交往息息相关。汉语的外来词语源流,按照时代和民族分为四个高潮时期:秦汉魏晋外来词来源于匈奴、西域、鲜卑诸语言;南北朝"五胡乱华"外来词来源于梵语、中亚、周边民族;隋唐五代外来词来源于突厥、波斯、粟特、回纥等民族;宋元明清外来词来源于蒙古、满族等民族。战国末期秦汉时代的"匈奴"一词始见于《战国策》《史记》,《史记·匈奴列传》:"匈奴,其先祖夏后氏之苗裔也,曰淳维。唐虞以上有山戎、猃狁、荤粥,居于北蛮,随畜牧而转移。"匈奴的起源具有悠久的历史,匈奴语没有文字,但它曾经使用过的词语在《史记》《汉书》中仍有保留和反映,正史中偶尔也有解释说明。例如"屠耆"义为聪明、贤能,"撑犁孤涂"义为天的儿子,"吾斯"义为王公,"单"义为大,"单于"即大王,"若鞮"义为孝,"阏氏"义为皇后,"居次"义为公主等。又例如"师比"(serbi)为匈奴人使用的一种带钩,"络鞮"(luodi)为匈奴人的一种鞋,"橐它"(dada)为匈奴人对骆驼的称呼,"赀"(ze)为匈奴人对奴婢的叫法。[2]这些词汇和用语都是秦汉时匈奴人的惯用语,只可惜很多匈奴语在史籍中消失了。

匈奴语言系属,有突厥、蒙古、伊朗诸说,迄今尚无定论,但现在国内外的语

---

[1] 张自烈《正字通》"嫪"条:"又倡妓谓游婿曰姻嫪。"王素认为姻嫪意谓奸夫,游婿意谓嫖客,两者似乎仍有区别。

[2]《汉语外来词词典》,上海辞书出版社,1984年。又见方壮猷《匈奴语言考》,《国学季刊》第2卷第2号,1930年。

言学家大多认为匈奴语属突厥语系。[1] 前辈学者依据突厥阿尔泰语 kottok 对音还原，发现"嫪毐"语源 kotok 原是男性生殖器之义。[2] 这和《史记·吕不韦列传》记载嫪毐为"大阴人"恰恰一致，"嫪毐"就是"大阴"的

图1 汉代铜祖，西汉江都王陵1号墓出土

意思，因为"太后（秦始皇母亲）时时窃私通吕不韦……吕不韦恐觉祸及己，乃私求大阴人嫪毐以为舍人，时纵倡乐，使毐以其阴关桐轮而行，令太后闻之，以啗太后"[3]。所以，"嫪毐"别无他意，犹如后世的羞辱绰号，为猥亵谩骂之语，其真正的姓名并不清楚。这与《史记·匈奴列传》："其俗有名不讳而无姓字"，也是十分吻合的。

正确理解史书中"嫪毐"词义是研究当时历史的基础。如果关于嫪毐是秦汉时匈奴语"生殖器"的推断无误的话，即可发现嫪毐有匈奴人或匈奴族后裔的嫌疑，从而为进一步搞清嫪毐种族提供了线索。

二 嫪毐种族的索隐

《史记·秦始皇本纪·索隐》考证云：嫪氏出邯郸。同书《吕不韦列传》说吕不韦在邯郸，见到困境中的秦国质子子楚，以"此奇货可居"而交往密谋。因此，

---

[1] 林幹《试论匈奴的族源族属及其与蒙古族的关系》，见《匈奴史论文选集》（1919—1979），中华书局，1983年，第86页。

[2] 明周祈《名义考》卷八认为嫪毐应为摎毐，嫪与刘同音，但音义并不明朗。岑仲勉则认为"嫪毐"依《切韵》应该读为"摎毐"，他从突厥阿尔泰语对应破读为 kieu d'ouk，可能更接近原义，见《突厥集史》下册，中华书局，1958年，第1106页。笔者认为应读 kao ái，此类侮辱骂詈语至今仍在河南、陕西、广东等地的粗鄙方言俚语中使用，kao（音栲）为男阴，ái（音挨）为女阴，是上古沉淀的语言"活化石"。

[3] 《史记》卷八五《吕不韦列传》，中华书局，1959年，第2511页。

图2 战国银首人俑铜灯,1976年河北平山县三汲中山王墓出土,战国穿长袍男子,双目嵌黑宝石,高鼻粗目,发髻工细。

有学者认为吕不韦与嫪毐相识应在邯郸之时，既能于此时相识，当在成年以后，而吕不韦在嬴政立为秦王后即十余年后向太后推荐嫪毐以代替自己，嫪毐应在30—40岁之间。以此推测，嫪毐应生于秦昭襄王二十五年（前282）前后。[1] 如果这个推测能成立，那么嫪毐在邯郸相识吕不韦时也就是20余岁。

邯郸既是赵国的都城，又是战国以来北方著名的工商业城市，吕不韦在此经商，家累千金。特别是邯郸地处太行山东麓交通北方匈奴的大道上，而匈奴的发祥地在今内蒙古河套地区及大青山一带，与赵国接壤，正如《史记·匈奴列传》叙述战国地域分界时说："当是之时，冠带战国七，而三国（燕、赵、秦）边于匈奴。"赵国与匈奴有对峙地带，也有民族交流区域，燕赵北部一直为汉人和胡人的错居之地，如匈奴民族的"摇篮"九原郡（今内蒙古包头西），战国时先为林胡、楼烦托足之地，后为赵国所有，战国末又被匈奴所据，秦国北攻九原郡，直接得手于匈奴，间接得之于赵国。因此，赵国境内有匈奴人混居就毫不奇怪了，邯郸有匈奴人或匈奴人后裔也就不难理解了。

《史记·匈奴列传》记载："赵武灵王亦变俗胡服，习骑射，北破林胡、楼烦。筑长城，自代并阴山下，至高阙为塞。而置云中、雁门、代郡。"赵北界长城大约是在武灵王二十年至二十六年（前306—前300）间，击败东胡后向北拓进而修筑的，依南北两列划分，北列西起高阙（今内蒙古杭锦后旗乌拉山与狼山间缺口）沿阴山南麓向东行经五原、固阳县北境，至呼和浩特西北大青山；南列西起乌拉特前旗黄河东岸，东行经包头、呼和浩特、卓资、集宁、察右后旗、化德等，进入山西东北的云中、雁门，全长650公里，考古已发现内蒙古有不少赵长城遗址。[2] 有学者曾认为赵武灵王主动接受"胡服骑射"是指林胡、楼烦（今山西宁武、岢岚），而非匈奴，这恐非事实，只要了解赵国的疆域变化，就可知所谓"胡服骑射"主要是指匈奴。

赵武灵王修筑北界长城，目的是为了保卫新开拓的北疆边境。其后，匈奴骑兵愈发频繁地"驱驰于楼烦之下"，扰赵边疆。赵孝成王元年（前265），派大将李牧驻守代郡、雁门，"大破之，杀匈奴十余万骑，灭襜褴，破东胡，降林胡，单

---

[1] 张文立《无能而贪的嫪毐》，见《秦史人物论》，陕西人民教育出版社，1993年，第377页。
[2] 杜荣泉等《燕赵文化志》，上海人民出版社，1998年，第128页。

图3 战国时期匈奴虎狼咬斗纹饰金带扣，鄂尔多斯博物馆藏

于奔走。十余岁匈奴不敢近赵边城"[1]，赵国还向内蒙古河套平原大量移民，《水经注·河水》引《竹书纪年》记载，赵武灵王二十四年（前302），"命吏大夫奴迁于九原"，增加边地戍屯兵民，并在呼和浩特平原建立了云中城（今托克托县）。近年来，战国时期匈奴贵族墓出土了不少汉式丝绸、漆器、铜镜等，北方汉人墓中也发现了许多受匈奴影响的马匹、马具，足见双方交流和文化接触未完全断绝。

赵国与匈奴民族交往的历史背景，对识别嫪毐身世虽无破解，但对嫪毐种族线索却有帮助，当时匈奴人有可能在邯郸居住，至少有几种类型：战争俘虏、通关商贾、叛逃胡兵、邦交使臣、胡医胡巫、贩卖奴隶、强制移民、被释部落首领等。嫪毐能和吕不韦相识，来往密切，不会是一个默默无闻的小人物。

目前考古表明，匈奴属于突厥种族的可能性最大[2]，而突厥人有浓密的胡须，嫪毐被吕不韦推荐入宫时"拔其须眉为宦者，遂得侍太后"[3]。可见嫪毐有胡须的外貌非常引人注目，这也正是匈奴人的特征。但也有人说"匈奴形貌与汉人同"[4]；有

---

[1]《通典》卷一九四《边防十》"匈奴上"，中华书局，1988年，第5303页。又见《史记·李牧列传》。
[2] 林幹《试论匈奴的族源族属及其与蒙古族的关系》，见《匈奴史论文选集》（1919—1979），第86页。
[3]《史记》卷八五《吕不韦列传》，第2511页。
[4] 吕思勉《胡考》，《国学论衡》第6期，1935年12月。

人说汉代匈奴人皮肤白色，高鼻多须，汉代以后与汉人血统相混，鼻低额阔，头圆肤黄[1]。各种推测尽管众说纷纭，但估计嫪毐形貌仪容不会太差，否则地位悬殊又有皇家贵族自尊的太后不可能倾情于他。嫪毐必有能深深打动太后的地方，只不过被历史蒙上了一层神秘的面纱，令人难以看清真貌。

三 匈奴对秦的影响

匈奴与秦、赵、燕三国相邻接壤，实际活动区域非常广阔，东自燕、代，西至河套以北。匈奴作为游牧民族不仅活动在北方草原上，而且与羌、乌桓、东胡和西域各族都时有往来。匈奴自战国以来与中原的接触更为频繁，《战国策·燕策》记载，燕王喜二十七年（前228），秦将军樊於期有罪由秦逃到燕，太子丹收容了他，太傅鞠武怕秦国借口攻燕，劝谏太子丹赶快把他送往匈奴，并联结匈奴以图秦。这说明匈奴与中原早有交结，《汉书·匈奴传》颜师古注，谓秦时有人逃入匈奴，今其子孙仍称"秦人"。

春秋战国之际，匈奴在形成过程中渐露头角，融合兼并了荤粥、鬼方、猃狁、戎、狄、胡等原活动于大漠南北的各族或部落，匈奴民族成分本身也不单一，包括了休屠（屠各）、宇文、独孤、贺赖、羌渠等部，还有挛鞮氏、呼衍氏、兰氏、须卜氏、丘林氏等氏族，囊括的"别种""别部"更多。秦人从偏居的"西垂"兴起和发展过程中，也糅合了大量的戎狄文化因子，以至于很多人判定秦人就是起源于戎狄的戎族。[2]因此，秦文化即使有多个源头，但始终有一种农业和游牧混合文化的特征。[3]如匈奴攻战"斩首虏赐一卮酒，而所得卤获因以予之，得人以为奴婢。故其战，人人自为趣利"[4]。秦人攻战也赏军功，置斩敌首赐二十级爵之制，以重武功。匈奴对征服的部落或国家，将其部落酋长连同人口强迫迁移于自己统治支配之地；秦人对征服的东方六国，也采取强迫迁移被俘贵族于咸阳的措施。匈奴"士力能弯弓，尽为甲骑"，"其长兵则弓矢，短兵则刀铤。"秦人也重骑兵，善弓射，秦

---

[1] 何震亚《匈奴与匈牙利》，《中外文化》第1卷第1期，1937年2月。
[2] 王国维《秦都邑考》，见《观堂集林》卷一二。蒙文通《周秦少数民族研究》之秦为戎族，见《古族甄微》（《蒙文通文集》第2卷），巴蜀书社，1993年。
[3] 拙著《秦陇文化志》，上海人民出版社，1998年，第101页。
[4] 《史记》卷一一〇《匈奴列传》，第2892页。

▲ 图4 东汉胡人陶奁盖，宝鸡博物院藏

▼ 图5 东汉绿釉烛台，陕西历史博物馆藏

兵马俑坑中步骑混编的军阵就是表征。匈奴贪婪无度，抢掠成风；秦也以野蛮和非华夏之国而闻名。所以，与秦毗邻的国家才说："秦与戎翟同俗，有虎狼之心，贪戾好利无信。不识礼义德行。"[1]正如卜德所指出："秦的统治者和人民在文化上——很可能还在种族上——深受其邻近部落的影响。"[2]虽然我们不能说秦国许多做法与匈奴完全一致，但匈奴对秦的影响无疑是很多的。

特别是秦法律中对其他民族融合的人有明确规定，形成年代很早的秦《法律答问》中规定"臣属于秦的少数民族的人，对其主长不满而想去夏的，不予准许"。"什么叫'去夏'？想离开秦的属境，称为'去夏'。""臣属于秦的少数民族的父母所生子，以及出生在其他国的，称为'真'。什么叫'夏子'？父为臣属于秦的少数民族，母亲是秦人，其子称为'夏子'。"[3]这些法律条文说明秦国境内纯属其他民族血统的人不在少数，包括有戎狄君长等人物。

---

[1]《史记》卷四四《魏世家》，第1857页。
[2]《剑桥中国秦汉史》，中国社会科学出版社，1992年，第46页。
[3]《睡虎地秦墓竹简》，文物出版社，1990年，第135页。

回头再看，假如嫪毐真是匈奴人种或后裔，他和太后私通的"丑行"在当时也不是史无前例的。秦国上层妇女早有与外族男子私通的习俗，秦昭襄王母亲宣太后是楚人，昭襄王继位（前306）后，匈奴别种"义渠戎王与宣太后乱，有二子。宣太后诈而杀义渠戎王于甘泉，遂起兵伐残义渠。于是秦有陇西、北地、上郡，筑长城以拒胡"[1]。宣太后与义渠王私通生二子的故事，距嫪毐与秦始皇母亲私通有60余年，可见秦人对妇女与戎狄男子同居之事并不惊惶失色，而是司空见惯，这也表明匈奴及邻族对秦的社会习俗影响较大，不足为怪。

四 嫪毐轶事的质疑

秦史的编纂记载留于后人的主要是司马迁的《史记》，《史记》记述秦在战国时期的历史只有很少一部分，且非常简单。另一种叙述小部分秦史内容的是《战国策》，但其具有文学轶事性质而非史书，其传闻颇令人怀疑。已有学者指出由于当时人们抱着一种敌对态度和憎恨情绪来描述秦人历史和秦始皇，把一些不实的传说窜入史书，甚至有杜撰想象的情节或故事。这就助长了传统文化对秦人未受儒家教化及"野蛮"的厌恶，增加了对秦始皇冷酷无情和残暴统治的恐惧，不仅引起人们一致谴责秦朝，而且蔑视秦人的非正统性发展史。例如，战国时代秦在130年中参与的15次大战就使敌国伤亡148万人，统计数字很可疑。[2]又如，吕不韦将自己的怀孕舞姬送给子楚，生下私生子秦始皇，这个传说很可能来源于楚人向楚考烈王献怀孕之姬事件，蹈袭前人旧说，目的是否定秦始皇合法继承人的血统。

关于嫪毐的传闻轶事同样也有可疑之处。按《史记·吕不韦列传》所说："太后私与通，绝爱之。有身，太后恐人知之，诈卜当避时，徙宫居雍。嫪毐常从，赏赐甚厚，事皆决于嫪毐。"既然太后暧昧隐私怕人知道，为何又有意突出嫪毐暴发户的显贵，招摇过市，一个宦阉俨然成为新权贵，"嫪毐家僮数千人，诸客求宦为

---

[1] 司马迁将义渠写入《史记·匈奴列传》，蒙文通认为义渠与匈奴始为同族。黄文弼认为义渠是匈奴之建国于内地的族类，见《边政公论》第2卷第3期，1943年。王宗维《西戎八国考述》(《西北历史研究》1986年号)、杨铭《义渠族属辨》(《陕西历史博物馆馆刊》第4辑)、李白凤《义渠考》(《东夷杂考》，齐鲁书社，1981年，第190页)等都支持义渠为匈奴、狄或白狄说。余太山持反对说，见《古族新考》，中华书局，2000年，第131页。

[2] 卜德《〈史记〉及其他史料的统计数字》，见《剑桥中国秦汉史》，第117页。

嫪毐舍人千余人"。嫪毐以宦官加面首的身份被封为长信侯后,"予之山阳地,令毐居之。宫室车马衣服苑囿驰猎恣毐。事无大小皆决于毐。又以河西太原郡更为毐国"[1]。如前面所说"毐"字是男子无行之义,岂有以"毐国"命名封地的吗?

秦始皇九年(前238),嬴政正式执政,"有告嫪毐实非宦者,常与太后私乱,生子二人,皆匿之。与太后谋曰:'王即薨,以子为后。'于是秦王下吏治,具得情实,事连相国吕不韦。九月,夷嫪毐三族,杀太后所生两子,而遂迁太后于雍。诸嫪毐舍人皆没其家而迁之蜀"。[2]《史记·秦始皇本纪》则说:"长信侯毐作乱而觉,矫王玉玺及太后玺以发县卒及卫卒、官骑、戎翟君公、舍人,将欲攻蕲年宫为乱。"这两段史料叙述混淆不清,使人搞不清秦王政杀嫪毐究竟是为了其与母私通生二子,还是嫪毐要反叛作乱。若真要"作乱",其中有"戎翟君公"很可能是其他民族人物,透露出嫪毐与他们的不寻常关系。

至于西汉刘向《说苑·正谏》渲染嫪毐更为放肆狂妄:"专国事,浸益骄奢,与侍中左右贵臣俱博饮酒醉,争言而斗,瞋目大叱曰:'吾乃皇帝之假父也,窭人子何敢乃与我亢!'"与嫪毐争斗者上告后,秦始皇大怒,车裂嫪毐,并"取其两弟,囊扑杀之"。这又是一个版本说法,看来史书可以相互参照,但并不可以相互印证,尤其是相隔了几十年或上百年的史册编撰,更不可全部当真。

还需质疑的是,嫪毐性丑闻的女主角即秦始皇母亲,她的出身也扑朔迷离。《史记·吕不韦列传》一会儿说她是邯郸美貌舞姬,"子楚遂立姬为夫人";一会儿又说"子楚夫人,赵豪家女也"[3]。究竟是邯郸舞姬还是赵国豪强闺秀?司马迁记载前后矛盾,令人疑窦丛生。若是赵国豪强之女,能使"吕不韦取邯郸诸姬绝好舞者与居"?若是一个舞姬,子楚逃归秦国后,"赵欲杀子楚妻子"能藏匿脱身?纷繁重叠的历史现象已让女主角面目全非,可能的答案就是子楚夫人(嬴政母亲)为赵国豪门之女,她凭借豪家势力"得匿,以故母子竟得活"。六年后子楚立为太子,"赵亦奉子楚夫人及子政归秦"。所谓秦始皇母亲是邯郸舞姬,只不过为秦汉时期人们谣传丑化罢了。

---

[1]《史记》卷六《秦始皇本纪》,第227页。
[2]《史记》卷八五《吕不韦列传》,第2512页。
[3]《史记》卷八五《吕不韦列传》,第2509页。

总之，本文旨在论述秦时中原与匈奴进行交流的一个例证，通过匈奴"胡"[1]的胡名、胡貌、胡俗来钩沉嫪毐身世的嫌疑，以构建嫪毐有匈奴血统的假说。这种推测能否成立，不敢强为立说，有待考古学、语言学、人类学等方面的证据进一步支持，考据者在史料短缺无法再生的情况下，所能做的不过是摆列可疑性和可能性而已，笔者姑妄言之，读者亦姑妄听之吧！

---

[1] 岑仲勉《伊兰之胡与匈奴之胡》，《真理杂志》1944年第3期；吕思勉《胡考》，《国学论衡》1935年第6期；见林幹编《匈奴史论文选集》，中华书局，1983年。

本卷论文出处

(胡貌汉魂与外来文明专题)

- 曹野那姬考——唐玄宗的西域姬妾
  《中国史研究》2007 年第 4 期

- 崔莺莺与唐蒲州粟特移民踪迹
  《中国历史文物》2002 年第 5 期
  附：谈崔莺莺身世角色的探索——与宁宗一先生商榷
  《光明日报》2003 年 10 月 8 日

- 论唐代长安西域移民的生活环境
  《西域研究》2005 年第 3 期

- 唐宋时代的胡姬与吴姬
  《中国历史文物》2005 年第 3 期

- 唐长安黑人来源寻踪
  《中华文史论丛》第 65 期（2001.1）

- 唐长安印度人之研究
  《唐研究》第 6 卷（2000 年），北京大学出版社

- 新出土《唐故突骑施王子志铭》考释
  《文物》2013 年第 8 期

- 西安出土西突厥三姓葛逻禄炽俟弘福墓志释证
  《古代中外关系史：新史料的调查、整理与研究国际学术研讨会论文集》，科学出版社，2003 年

- 东突厥阿史那摸末墓志考述
  《中国边疆史地研究》2003 年第 1 期

- 考古新发现唐长安一方契丹王墓志的解读
  《考古》2003 年第 9 期

- 唐代奚族质子墓志解读
  《考古》2014 年第 10 期

- 新发现北朝多民族形象壁画墓的考古意义
  《中国文物报》,《文物考古周刊》2014 年 3 月 28 日

- 关于吐蕃在西域的研究反思
  《社会科学战线》2018 年第 5 期

- 秦国嫪毐为匈奴人之推测
  《历史学家茶座》2006 年第 1 期

本卷征引书目举要

（为节省篇幅，征引史料古籍全部省略）

- 姚薇元《北朝胡姓考》（修订本），中华书局，2012年。
- 马长寿《碑铭所见前秦至隋初的关中部族》，广西师范大学出版社，2006年。
- 段连勤《丁零高车与铁勒》，上海人民出版社，1986年。
- 段连勤《中国古代北方民族史论著选集》，西北大学出版社，2015年。
- 周伟洲《新出土中古有关胡族文物研究》，社会科学文献出版社，2017年。
- 周伟洲《中国中世西北民族关系研究》，西北大学出版社，1992年。
- 林幹《突厥史》，内蒙古人民出版社，1988年。
- 薛宗正《突厥史》，中国社会科学出版社，1992年。
- 安介生《民族大迁徙》，江苏人民出版社，2011年。
- 安介生《山西移民史》，山西人民出版社，1999年版。
- 朱学渊《中国北方诸族的源流》（The Origins of the Ethnic Groups of Northern China），中华书局，2004年。
- 汪荣祖、林冠群主编《胡人汉化与汉人胡化》，中正大学台湾人文研究中心，2006年。
- 廖幼华《中古时期河北地区胡汉民族线之演变》，花木兰文化出版社，2010年。
- 林冠群《玉帛干戈：唐蕃关系史研究》，联经出版事业公司，2016年。
- 王寿南《隋唐史》，三民书局，1986年。
- 刘义棠《中国西域研究》，正中书局，1997年。
- 张庆捷《民族汇聚与文明互动——北朝社会的考古学观察》，商务印书馆，2010年。
- 毕波《中古中国的粟特胡人：以长安为中心》，中国人民大学出版社，2011年。
- 李鸿宾《中古墓志胡汉问题研究》，宁夏人民出版社，2013年。
- 童岭主编《皇帝·单于·士人：中古中国与周边世界》，中西书局，2014年。
- 王小甫《边塞内外：王小甫学术文存》，东方出版社，2016年。
- ［日］桥本万太郎编《汉民族と中国社会》，《民族の世界史》第5册，东京山川出版社，1983年。
- ［日］西嶋定生《中国古代国家と東世界》，東京大学出版会，1983年。
- ［日］池田温《中国古代籍帐研究》，龚泽铣译，中华书局，2007年。

- ［日］森部丰《ソグド人の東方活動と東ユーラシア世界の历史的展开》，关西大学出版部，2010年。
- ［日］石见清裕编著《ソグド人墓志研究》，汲古书院，2016年。
- ［日］三崎良章《五胡十六国——中国史上の民族大移动》（新订本），东方书店，2012年。
- ［美］白桂思著，付建河译《吐蕃在中亚——中古早期吐蕃突厥大食唐朝争夺史》，新疆人民出版社，2012年。
- ［韩］朴汉济《大唐帝国及其遗产：胡汉统合与多民族国家的形成》，韩国世昌出版社，2015年。
- ［日］杉山正明著，黄美蓉译《游牧民的世界史》，北京时代华文书局、中华工商联合出版社，2014年。
- ［美］班懋燊著，耿协峰译《唐代中国的族群认同》，人民出版社，2016年。
- ［美］托马斯·爱尔森著，马特译《欧亚皇家狩猎史》，社会科学文献出版社，2017年。
- Findley, Carter Vaughn. The Turks in World History, Oxford University Press, 2004.
- Golden, Peter Benjamin. Ethnogenesis in the Tribal Zone : The Shaping of the Turks. Studies on the Peoples and Cultures of the Eurasian Steppes, Române, 2011.
- Sinor, Denis. The Cambridge History of Early Inner Asia, Cambridge University Press, 1990.

Han and Hu:
China in Contact with Foreign Civilizations

by Ge Chengyong

ETHNICS

A Study of "Cao Ye Na Ji"—A Concubine of the Emperor Xuan Zong in Tang Dynasty from the Western Regions

This paper makes a textual analysis of the "Cao Ye Na Ji" in the history books of Tang Dynasty. "Ye Na" (Yanakk) originally means "the person you like best" in the Sogdian Language. As a concubine in the Emperor Xuan Zong's Harem during Tang Dynasty, this Hu woman may have been the dancer of the "whirling" dance from the Cao State in Central Asia.

Cui Yingying and Traces of Sogdian Emigrants in Pu Zhou, Tang Dynasty

More than half a century ago, Chen Yinke, a great Chinese scholar, famous for his expertise of digging out history from memorial novels, wrote an article called Reading the Biography of Cui Yingying, suggesting that Cui Yingying depicted by Yuan Zhen is stereotyped on a Sogdian emigrant girl working in a "Tavern Hu" from the Central Asia. He bases his argument on three criteria: her Hu surname, Hu given name and Hu customs. First, Cui Yingying is hypothesized to have her original name of Cao Jiujiu. Many people from the "Cao" State in the Central Asian Sogdian area settled in the Middle Plains, who not only assumed official positions in the court, but were also good at playing Pipa. It is quite possible that Yingying's surname is Cao rather than Cui, while the ancient pronunciation for "yingying" is close to "jiujiu". It is not uncommon for girls in the Tang Dynasty to have a given name consisting of two repetitive characters. So Cui Yingying phonologizes Cao Jiujiu. Secondly, Puzhou, where Yingying was living, is famous for its wine made from "Qianhe Grape on River East". At that time, areas in the Middle Plains where popular wines were produced were main settlement areas inhabited by the Hu people from the Central Asia. A pub operated by Hu people is called "Tavern Hu". Young and pretty Hu girls would sing and dance there to attract business. Therefore Yingying is likely to be a "Tavern Hu" girl. What's more, Yingying herself excelled at her musical talents and skills, mourning over the unstable society with her sad melody and flying feather garment. Could you not subtly see from her the artistic features of Hu girls?

Chen Yinke had been considering Cui Yingying's ethnic origin until his last days. In a supplement to the book Inquiry into Yuan Zhen and Bai Juyi's Poem Manuscript, he reaffirmed: "this girl, surnamed Cao with given name Jiujiu, is probably originated from the Central Asia's ethnic groups". "As a proof, Puzhou, where Yingying lived, had been a Hu settlement area before the Tang Dynasty".

In this paper, new proofs are added in the following five aspects along Mr. Chen's track of thinking:

(1) Puzhou, capital city of Hezhong, Tang Dynasty, was located right between the two state capitals--Chang'an and Luoyang, on an optimal route and served as a good rest place. It is also a settlement area for the Sogdian emigrants from the Central Asia when they traveled along the Silk Road into China. The iron figures made during the Kaiyuan years of the Tang Dynasty were unearthed at the Pujin Ferry in recent years. Among them were figures in Hu dresses with high nose and hollow eyes. They could be a side proof of the activities of the Hu people in this area. The office of the Hezhong government is called "Lusha Hall", where Lusha might be a Chinese transliteration of "leader" or "chief" in Sogdian. Naming a provincial government for the Hu people in its language suggests the existence of Hu settlement in Puzhou.

(2) During the Dali and Zhenyuan eras of the Tang Dynasty, based in Puzhou was Li Huaiguang, Hezhong's Governor and a native of Mohe, Bohai. The army commanded by him consisted mostly of the Hu people. His foster son, Shi Yanfen, was indeed a Hu from the West Regions. "Fen", in Sogdian meaning "privilege" and "good luck", is a common Hu name. This is the most specific and direct record in historical documents that proves the existence of the Hu people in Puzhou. As another note, the fact that officials named Shi, Kang and Cao lived in Puzhou is also taken as a typical sign for Hu's identification.

(3) Puzhou is home of many famous wines. In the Yuanhe eras of the Tang Dynasty, scholars Li Zhao wrote the Supplement to the Tang History, where he recorded: "the Qianhe wine in the east of the river" enjoyed a widespread fame. "Qianhe", a Chinese transliteration, in the Turk language means "leather purse for wine" or "leather bag for wine". From its language origin, "Qianhe" wine must be a name used by the Turki—speaking Hu people, another sign that the Hu brewery industry existed in Puzhou in the Tang Dynasty, which in turn proves the possibility of "Tavern Hu" there.

(4) There were "Tavern Hus" since the beginning of the Tang Dynasty. During the Zhengguan years, Wang Ji, from Longmen, Jingzhou (today's Yongji, adjacent Hejin), abandoned his tenure to return his hometown. Afterwards, falling in love with goog wines, he wrote a poem on a wall for "Tavern Hu": "Though guests should be treated with wine, be refrain from drinking when penniless. After long time on credit, I am so guilty to Tavern Hu." The pub where Wang Ji wrote his poem on the wall was operated by the Sogdian Hu people. He was a frequent customer so as to be able to buy wines on tally.

(5) Yuan Zhen, very familiar with Hu's living, wrote many poems on the social style impacted by Hu. He described the Hu people and their lives in a very exquisite and lively way. Though he made up the Cui Yingying character as a well brought up girl in a noble family, traces of her stereotype could still be found.

On the Living Condition of the Immigrants from the Western Regions in Chang'an of Tang Dynasty

The living condition of the immigrants from the Western Regions had been changing with the time since they entered Chang'an, that is, from the amalgamation of the Han and Hu people in the Early Tang Dynasty to the Great Power mentality in the High Tang, then the sense of humiliation in the Middle Tang and being supplanted and suppressed in the Later Tang.

The author expatiates on this change through Tang people's attitude towards feudal military officers, Hu merchants and the art and custom of Hu people.

Hu-jis and Wu-jis in the Tang and Song Period

Hu-jis (ji in Chinese means a beautiful girl) and Wu-jis, so-called ordinary women from lower social class in the Tang and Song period, represent different cultural styles of the north and south. Hu-jis are straightforward and rough but not raffish. Wu-jis are graceful and refined yet not cissy. As women from the Western Regions Hu-jis are remarkable, while Wu-jis from the southern region of the rivers and lakes evoke many memories and imagination. Intellectuals of the Tang and Song period, in their interactive lives with the Hu-jis and Wu-jis, described Hu-jis and Wu-jis in an exotic and vivid way, leaving lively records of the unique sensual and social life of the north and the south. Though there left nothing detailed in the Tang and Song historical documentation about the Hu-jis and Wu-jis, description in literal poems could be found here and there for us to review and restitute that part of history from the perspective of culture.

The author suggests that male intellectuals of the Tang and Song period were not playing literal games when they wrote about the Hu-jis and Wu-jis, but depicted a thriving social life and fashionable cultural style. Since the geographical cultures differ between the Tang and the Song, their social and mental ideas and aesthetic tastes are different as well. As a result, distinctive Hu-jis and Wu-jis were possible to be passed on in history legacy. The special historical phenomenon of Hu-jis and Wu-jis, representing different women groups of the north and the south, is worth our exploration and research.

On the Origin of the Black People in Chang'an City of Tang Dynasty

Where did the black people in Chang'an city of Tang Dynasty come from? The question has been lingering on for a long time among scholars home and abroad. Since the black pottery figures were excavated in Xi'an in 1940s, they have received a lot attention from the academia. More black pottery found in the 50's made people search for their origin. Though quite a few researchers agree on the suggestion that the black figures, or Kunlun people, originated from Africa, the record in Chinese history about the Kunlun people in their continuous descendance might help us in our quest for their true origin in the direction of the South China Sea or the Southeast Asian or the South Asian ethnic groups near the Indian islands. In the author's opinion, it is not quite reasonable that just by presuming their African origin from the Tang Dynasty we can come to the conclusion that any Tang people or merchantman had reached the Africa. Even if there has been discovered a few Tang porcelain pieces, they are only indirect trade commodities. Otherwise more commodities, art works or durables should have been found on the ships than only a few isolated proofs. As a summary, those historical documents of the Tang and Song dynasties and the dress of the Tang black figures leave us with only one impression: both the Kunlun Slavery or the Kunlun refer to the black or dark brown people distributed in the South China Sea and the South Asia, who had little to do with African people.

The Indians in Chang'an city of Tang Dynasty

The Tang Dynasty marks the brilliant zenith of Sino-Indian exchange. However, many facets of their relations are unknown, and one of them is the number and occupations of Indians in the Tang capital. Lacking historical records on Indians' activities in Chang'an, it is difficult to discuss the achievements and contributions of their individuals. This paper makes an attempt to probe this problem further, on the basis of new clues such as stone inscriptions, relics, and frescoes. It analyzes in detail a wide range of Indian occupations such as high-ranking monks, ordinary monk envoys, alchemists, sorcerers, imperial kinsmen, doctors, translators, prisoners of war, astronomers, artists, etc. In addition, it investigates the Indians who served as officials in the Tang government. It is very peculiar that there is no record on the activities of Indian merchants and businessmen. Nevertheless, the profound cultural influence exerted upon Chang'an by Indians requires further study.

A Study of the Epitaph of the Prince of the Turgish

In the 7th to 8th centuries, a Western Turk tribe called Turgish was active in the Western Region. This tribe and the Sogdians lived close to each other and influenced each other. Turgish used to imitate the coin of the "Kaiyuan Tongbao" of Tang Dynasty and cast coins of their own with the Sogdian inscription, on the front of which is the Circular Coin with a Square Hole in 22 years of khan period. Although Turgish artifacts are rarely found in midland China, the Turgish coins in this style have been found repeatedly in Xinjiang as the currency of the products of east-west convergence. A Tang tomb excavated in the southern suburb of Xi'an in November 2011 was unearthed with many cultural relics, like figurines of Hu people, kneeling figurines, and figurines of a maid. One of the most important cultural relics found in this tomb is the Epitaph of the Prince of the Turgish, which provides valuable information for researchers to understand the history of the Western Regions and the history of the Turkish and Turgish.

Interpretation and Study of the Epitaph of Zhiyi Hongfu from West Turk Karlouk Unearthed in Xi'an

Karlouk, located in the area north to the Tian Shan Mountain in Xinjiang and east to Kazakstan, was an active and famous tribe governed by the West Turk in the 6th-9th century in the inland Asia. The historical documentation about Karlouk in its early time is scarce. The epitaph unearthed recently in Xi'an of Zhiyi Hongfu, a family member of the chief of Zhiyi Group who is one of the three groups of the West Turk Karlouk tribe, is the only stele found up till now in Chang'an about Karlouk. It provides valuable information for researchers to understand the close relation between Karlouk and the Tang Dynasty in the late 7th century. The author reinterprets the original text of the epitaph. On that basis, this paper studies the history of Karlouk under the West Turk during the 6th and 7th centuries, traces the occupant's political and military life from the west to the Central Plain and his exile, draws out the descent of the family members, and analyses the conciliating and nursing policies of the Tang government towards the Western Regions. The study is helpful for further researches on the relationship between the Tang and the Western Regions during the 7th century and the ethical relation history of the Central Asia.

A Study on the Epitaph of Ashinamomo of East Turk

After studying the epigraphy of Yusheshe Ashina, a member of the royal family of Ashina, this article analyzes the throne following the five generations of the family lineage and their rise and fall. This not only helps us find the close relations between East Turk and Sui and Tang dynasties, but also conduces to our understanding of the historical role of various nationalities in the eastern Asian region in the period of Sui and Tang dynasties as well as the changes of political and military situation of Northern China.

Interpretation of the Epitaph for a Khitan King Newly Discovered in Chang'an City of Tang Dynasty

In recent years, scholars home and abroad have paid close attention to studies on the activities of ethnic groups living in the northeast area during the Tang Dynasty. The relationship of the Khitan Nationality with those in the Central Plains is one of the focal points. In August 2001, a piece of epitaph for a king of Khitan, Li Guozhe, during the Tang Dynasty was found in the eastern suburb of Xi'an. It records the historical relationship between the Khitan and the Tang regime, discloses the internal disputes and disintegration within this nomadic regime, reflects the borderland policies of the Tang Dynasty, and tells stories of King Li Guozhe and how his descendants served the Tang Dynasty. The epitaph is not only highly valuable as a cross-proof of historical records, it also fills a gap of rarity of information concerning early Khitan activities. Here the text of the epitaph is, for the first time, published for academic deliberation.

Interpretation of the Epitaph of Regui, the Prince of the Xi Ethnic Group in Hostage to the Tang Empire

The Epitaph of Regui, the late prince of the Xi ethic group in hostage, and the recordings in the historical literatures about the princes of the Xi ethnic group in hostage to the Tang Empire has high historical values. The Xi ethic group was living in the east of the Mongolian Plateau and had close relationships with Turks, Khitan and the Central Plains; in the historical literatures, the impacts of the political and cultural communications between the Tang Empire and Xi ethnic group are frequently seen. Dispatching princes in hostage was an important method to maintain the relationship between the Tang court and the ethnic groups including Xi in the frontier zones.

The Archaeological Significance of the Newly Discovered Mural Tomb of Northern Dynasties: Analysis on the Mural Tomb of Northern Dynasties in Jiuyuangang, Xinzhou, Shanxi Province

In 2013, the mural tomb of Northern dynasties was excavated in Jiuyuangang, Xinzhou, Shanxi province for the sake of protection. It has become the most important discovery in the archaeological excavation of Chinese mural tombs after the 20th centuries. As newly found art treasures, the numerous murals in the tomb include murals of strange birds and animals, landscape, hunting activities of the nobles, and most of all, the figures of different nationalities, which especially reflected the history of foreigners living in Northern dynasties. This paper aims to explain that mural in the tomb is not only the identification of ancient history, but also the origin and carrier of aesthetic art; moreover, we can discover a different but authentic history via mural.

Reflections on the Study of Tibet Empire's Presence in XiYu

Based on investigation of unearthed cultural relics and introspection about historical documents, this paper rethinks the relationships between Tang Dynasty and Ancient Tibet in the 7- 9th centuries. It is also pointed that some views which think of Tang Dynasty and Ancient Tibet as the same civilized ancient feudal state ignoring the huge differences, relatively developed feudal civilization and backward slavery military alliance of tribes, are against the facts of history completely, even overturns the value judgment of the ethnic groups and distort the basic tenets of historical research.

A Conjecture that Lao Ai's Ethnicity is Huns

We cannot forget or ignore Lao Ai, an ugly character high-flying but despised by many in history, in order to understand the turbulent political situation of Qin State, to analyze whether Qin Shi Huang is a tyrant or a hero, to portray the characters of the people living before the unification of Qin State in the records of Si Ma qian. From being a "Mian Shou" (toy-boy) to being made Chang Xin Hou, from bigwig "Da Yin Ren" to "Jia Fu" plotting to usurp the throne, Lao Ai was killed in "Che Lie" and his true face was no longer known, only a little recorded in history. The author wants to solve the puzzles about Lao Ai's ethnicity in this article.

后记

我的母校西北大学是研究民族史的一个重镇,尤其是对西北民族和北方民族史的研究颇有影响。上大学时段连勤先生给我们讲"民族考古学",他惠赐我的《丁零、高车与铁勒》《北狄族与中山国》《隋唐时期的薛延陀》,至今放在我的书架上。王宗维先生上课时用浓浓的甘肃民勤口音给我们讲秦汉边疆以及汉匈关系,至今印在我的脑海里。周伟洲先生给我们讲"中国中世西北民族关系史",其中对敕勒、柔然、吐谷浑的分析令人印象深刻,他出版的学术著作经常送给我们学习。

如果说学术研究是一个不断积累的过程,那么民族史研究成果的诞生,需要几代人甚至是更长时间的持续钻研,薪火传承绝不是一句空话。事实上,历史上很多有成就的人都善于对前人成果进行借鉴、吸收和利用。牛顿曾说过:"我之所以比别人看得更远,是因为我站在巨人的肩膀上。"站在巨人肩膀上就是为了使学术研究获得更多的教益与启示,掌握和占有更多的资料,这样才会看得更远。所以许多著名的学者,并不讳言自己的师从关系,并不讳言自己思想的最初来源。那些拾人牙慧、浮躁浅薄之辈无法与其相提并论。

但是研究民族历史是一个暗礁险滩遍布的河流,因为中国民族史与边疆、边界紧密相连,几千年来的变化无常使其成为一个异常复杂的领域,既有分门别类史料缺乏的困惑,亦有作者观察立场的误差。即使在今天,仍有许多迷雾重重的问题,仍然面临种种难题需要破解,从没有理由高谈阔论,更不可能随意发挥。这些年来,我参与了一些涉及民族历史的实践工作,更理解了民族问题的错综复杂。

由于我们的学术体制很少奖励或是强调怀疑思维,所以没有一个敢于探索研究的活跃思维环境。我们学术只讲求资料式的堆积,没有思想剖析和历史反思的讨论，自我围城往往使人禁锢。但从长远看，只有忠于事实、坚持真理的研究，才能在国际上获得学术的尊敬，才能具有一流创新研究的优势。

研究民族史必须懂得或熟悉相关领域的民族语言，西南民族大学杨铭教授是我读研究生时的同学，当他每星期去学习藏文时，我们还天真地以为他读"天书"是浪费时间，如今他是著名的藏学专家，在解读翻译敦煌和新疆藏文文书领域取得了非凡的成就。我研究隋唐丝绸之路与中西关系时，不得不涉及民族关系，因而忘记了导师的劝告，关注考古发掘中新出现的民族文物，对非国有博物馆收藏的民族人物墓志和有关文物也抱有极大的兴趣，请教了很多方面的专家学者，从语言到民俗，从常识到专史，因而写了一些没有民族语言底蕴的不成熟论文。

在民族史研究中，我深深感到以往的学术界长期以来存在着"以书说书"的落伍意识，用一些本来就是不可靠的史料或是不可尽信的官方记载去印证另外一些问题，结论自然是失之千里。每当我参加博士、硕士论文答辩会，看到那些还在旧史书中转圈圈的长文繁章时，看到那些跳不出传统政治影响下的题目时，看到那些一点儿不了解考古资料和西方研究新动态的所谓注释条目时，总感觉到我们还在使自己的学生沉迷于封闭的传统学术路子，既消耗了生命时间，也自外于世界潮流。

对于学术研究领域的讨论，我历来的态度是不和不读书、不思考的人讨论专业问题。读书是学术交流的前提，看文物是交换信息的必需。尽管我们都生活在一个时代，但因时代的差异，见识的差异，阅读的差异，思考的差异，往往认识不会完全相同。与那些强词夺理情绪化的人，或是偷换概念硬抬杠的人，去争论一些一时半会儿解决不了的难题，实在是浪费时间与脑力。

目前国际上在中国民族史研究方面取得了很多值得称道的研究成果，涉及族群认同、民族迁徙、边界变更、宗教信仰等方面，给了我们许多开阔眼界的收获，也带给我们很大的冲击。我们对西方民族理论既不能生吞活剥照搬袭用，也不能采取削足适履搞虚无主义回避史实，挟洋自重与自我夸大均不可取，所以今后民族研究将会越来越引起关注，值得我自己在后半辈子继续探讨。

感谢许多文博考古单位同事好友提供我拍摄文物的机会，并拷贝赠送我诸多图片。感谢所有帮助过我在学术研究艰难路程上的老师、同人、学生。